基于数据驱动的高速公路服务区运营状态分析及模式优化研究

董 辉 郝 颖 主编

中国建材工业出版社

北 京

图书在版编目（CIP）数据

基于数据驱动的高速公路服务区运营状态分析及模式优化研究/董辉，郝颖主编. --北京：中国建材工业出版社，2024.7

ISBN 978-7-5160-3651-8

Ⅰ.①基… Ⅱ.①董… ②郝… Ⅲ.①高速公路－服务设施－运营管理－研究－中国 Ⅳ.①U491.8

中国版本图书馆CIP数据核字（2022）第249739号

基于数据驱动的高速公路服务区运营状态分析及模式优化研究
JIYU SHUJU QUDONG DE GAOSU GONGLU FUWUQU YUNYING ZHUANGTAI FENXI JI MOSHI YOUHUA YANJIU
董 辉 郝 颖 主编

出版发行：中国建材工业出版社
地　　址：北京市西城区白纸坊东街2号院6号楼
邮　　编：100054
经　　销：全国各地新华书店
印　　刷：北京天恒嘉业印刷有限公司
开　　本：787mm×1092mm　1/16
印　　张：12.75
字　　数：270千字
版　　次：2024年7月第1版
印　　次：2024年7月第1次
定　　价：148.00元

本社网址：www.jccbs.com，微信公众号：zgjcgycbs
请选用正版图书，采购、销售盗版图书属违法行为
版权专有，盗版必究。本社法律顾问：北京天驰君泰律师事务所，张杰律师
举报信箱：zhangjie@tiantailaw.com　举报电话：（010）63567684
本书如有印装质量问题，由我社事业发展中心负责调换，联系电话：（010）63567692

本书编委会

主　编：董　辉　郝　颖
副主编：张良武　李石头　贾　清　戎　贤
编　委：辛　博　李　峥　李岩松　潘少娟
　　　　　孟令博　刘亦宁　占　林　温　明
　　　　　王　芸　张　倩　张桂宁　牟玲玲
　　　　　刘　平　单　通

前　言

随着经济的快速发展，高速公路网及其配套服务逐渐健全，伴随消费者对出行需求的日益多样化，"服务区＋"的概念逐渐兴起，打造"基本功能"＋"拓展功能"的综合服务区能够使高速公路客户获得优质且独具特色的服务体验，这是"十四五"期间河北高速燕赵驿行集团有限公司（简称燕赵驿行集团）实现经营收入增长的重要一环。

现实中，高速公路服务区传统的服务对象及现有功能与实际需求存在对接错位的现象，因此，面对资源环境约束和价值回归要求，必须推动高速公路综合服务区的更新提升与运营模式的优化。高速公路服务区是交通领域的重要环节，是交通枢纽的重要配套设施，其服务水平、服务内容以及运营模式需要随经济以及人们需求的发展变化进行更新提升，急需利用数字化技术不断提升高速公路服务区的服务水平，通过服务功能拓展，以及新型运营模式来实现与区域社会经济的融合，加强高速公路服务区与区域社会之间服务、物资、文化和信息等方面的交流，实现服务区及周边地区经济社会发展的耦合效应，形成客户获得优质特色服务、管理方获取收益和地方经济获得发展的"三赢"格局。

本书主要针对河北省高速公路服务区运营模式的现状，采取理论分析、文献调研、实地调研相结合等方法，全面梳理宏观支持政策以及国内外现有的运营模式，总结了河北省高速公路服务区运营模式的关键要素以及更新定位，力争像江苏省提出的"有文化，有记忆，有特色"定位一样，打造河北省"有历史，有情怀，有温度"的更新定位。同时运用理论分析工具，系统分析了服务区运营条件及运营模式特点，提炼了高速公路服务区运营模式优化策略，并针对特定服务区进行实例分析，最终形成一套可落地、可推广的河北省高速公路服务区更新提升及运营模式方案。本书的研究有助于为整合服务区优势资源、充分挖掘各服务区发展潜能、丰富服务区经营业态、打造高速公路服务区新型运营模式提供理论依据与决策模型。通过系统分析服务区运营模式及其关键要素，有助于确定高速公路服务区的更新定位，以便提出高速公路服务区的运营新模式以及优化策略，并针对特定服务区进行提质增效改造，达到提升服务区的整体服务水平与经营质量、推动高速公路服务区整体转型升级、培育新的经济增长点、带动集团经济的整体性发展的效果。

编　者

2023 年 11 月

目　录

1　绪　论　/ 1
　　1.1　选题背景和意义　/ 1
　　1.2　研究内容与方法　/ 2
　　1.3　技术路线与预期目标　/ 3
　　1.4　国内外高速公路服务区现状　/ 5
　　1.5　宏观政策梳理　/ 14

2　燕赵驿行集团及所辖服务区运营现状　/ 19
　　2.1　集团概况　/ 19
　　2.2　服务区运营现状　/ 22
　　2.3　与国内其他省份服务区差异分析　/ 36

3　燕赵驿行集团所辖服务区消费潜力分析　/ 41
　　3.1　结构方程模型　/ 41
　　3.2　研究设计　/ 44
　　3.3　模型研究实证分析　/ 55

4　燕赵驿行集团所辖服务区运营状态评价模型　/ 61
　　4.1　评价方法的选择　/ 61
　　4.2　服务区运营状态评价模型　/ 63

5　服务区关键要素和建设途径　/ 71
　　5.1　"服务区＋旅游"建设理念及关键要素　/ 71
　　5.2　"服务区＋商业"关键要素及建设途径　/ 77
　　5.3　"服务区＋文化"关键要素及建设途径　/ 82
　　5.4　"服务区＋物流"关键要素及建设途径　/ 88
　　5.5　"服务区＋农业"关键要素及建设途径　/ 93

6 燕赵驿行集团所辖服务区未来客流情况预测 / 97
6.1 基于萤火虫算法优化的灰色模型的建立 / 97
6.2 客流量预测结果 / 101
6.3 服务区用地规模预测 / 104
6.4 停车位布局 / 116

7 燕赵驿行集团所辖服务区分层化管理研究 / 123
7.1 服务区分层化管理原则 / 123
7.2 服务区分层化管理 / 124

8 燕赵驿行集团所辖服务区未来规划 / 134
8.1 基于SWOT框架燕赵驿行集团管理能力分析和发展战略 / 134
8.2 燕赵驿行集团所辖服务区的更新定位 / 144
8.3 激活发展内生动力 / 149
8.4 服务区功能差异化建设 / 158
8.5 服务区前瞻性建设 / 185
8.6 结论 / 191
8.7 展望 / 192

参考文献 / 193

1 绪 论

服务区作为交通运输体系的重要组成部分，承担着为行车者提供休息、用餐、加油等服务的重要功能。随着经济的发展和人们生活水平的提高，服务区的地位和作用日益凸显。服务区的更新定位成为一个重要课题，以适应经济、社会和消费习惯的变化。

1.1 选题背景和意义

高速公路服务区是一种客流量大的特殊公共建筑。当前，我国高速公路通车总里程位居世界第一，按照 2022 年年末高速公路运营里程为 17.7 万公里来统计，全国正在运营的高速公路服务区数量已超过 3000 对。伴随高速公路建成及通车里程的不断增加，高速公路服务区数量快速增长，服务区产业进入了蓬勃发展时期。

1.1.1 选题背景

交通运输部数据显示，2022 年高速公路车流量 95.32 亿辆，2022 年完成交通固定资产投资 38545 亿元，比 2021 年增长 6.4%，其中公路水路固定资产投资 30205 亿元，比 2021 年增长 9.8%。按照高速公路服务区的收入占同路段收入的 20%~30%的比例计算，服务区将会是一个千亿级的市场。当前高速公路的发展方向已经由建设阶段向经营阶段转移，服务区的设施功能、服务质量不断提高，其经营模式受到越来越多的关注。

现阶段，高速公路建设已遍布全国各地，网络密度不断加大，县县通高速正加快实现，对服务县域及乡村经济、社会发展等方面起到了积极的促进作用。当前，燕赵驿行集团距离省国资委、高速集团的要求和期望，距离同行业先进企业标准和改革发展目标，仍存在一定差距。因此，开展对高速公路服务区综合改造方案和运营模式的探索研究非常必要。运用数据对燕赵驿行集团所属服务区从规划建设、服务功能、运营模式等方面进行转型升级，将其服务功能、服务对象深入拓展到经济和社会发展中，不断放大社会服务价值，主动实现助力经济发展的目标。高速公路服务区是国家高速公路主线实现强化通道能力、提升路网效率等核心功能的重要组成部分。高速公路服务区的特点更加鲜明：出行热度相对集中，出行需求不断提升；运营理念和模式持续创新以满足社会需求、紧跟行业发展等。然而，高速公路服务区最突出的特点还是从单向赋能向双向赋能转变。高速公路服务区正从经济、区位、里程等条件带动发展的单向赋能，逐步向通过品牌经营、服务提升等带动高速公路交通量增加、经营模式创新、管养技术升级等的双向赋能迈进。

综上所述，我们应充分关注国家高速公路服务区的发展，站在更高的视野规划、建设、管理、运营服务区，整体统筹、多元融合；深度思考服务区与新时代社会民生、市场经济、中华文化等之间关系的新内涵，聚焦新需求、新渠道、新空间；还应对标国际，进一步挖掘和利用主线高速的优势，大胆探索和实践服务区适度超前的发展模式，在交通强国建设进程中，打造高质量服务区。

1.1.2 选题意义

本文的研究有助于为整合服务区优势资源，充分挖掘各服务区发展潜能，丰富服务区经营业态，打造高速公路服务区新型运营模式提供理论依据与决策模型。通过系统分析服务区运营模式及其关键要素，有助于确定高速公路服务区的更新定位，以便提出高速公路服务区的运营新模式以及优化策略，并针对特定服务区进行提质增效改造，达到提升服务区的整体服务水平与经营质量，推动高速公路服务区整体转型升级，培育新的经济增长点，带动集团经济的整体性发展的效果。

本书针对高速公路服务区的消费者潜力、高速公路服务区运营状态、高速公路服务区未来客流量以及应采取的运营模式及其特点分析构建了一系列应用模型，有助于客观全面地分析高速公路服务区的新型运营模式，从而提出完善有效并且可落地的高速公路服务区运营模式优化方案，指导高速公路服务区的更新提升，为河北高速集团的相关决策制定提供模型工具和决策依据。本书成果将丰富系统性高速公路服务区功能挖掘与模式拓展方面的研究，是高速公路服务区更新提升及运营模式的百科全书，将为科学合理实施高速公路服务区运营模式提升提供全方位的理论指导和实施操作手册。

1.2 研究内容与方法

研究内容主要分为3部分，其中第1部分为资料的搜集和分析，包含第1章绪论、第2章燕赵驿行集团及所辖服务区运营现状。第1章主要介绍了选题的背景、研究的内容方法以及技术路线和预期目标，并且通过对相关宏观政策以及国内外高速公路服务区运营模式的总结整理，分析国家宏观政策战略从哪些角度为服务区运营模式优化提供了指引，国内外先进的服务区运营模式又具有什么样的特点，从而为接下来的分析提供基本思路；第2章着重研究公司和服务区的概况，并将燕赵驿行所辖服务区与省内外先进服务区进行对比，分析不足。

第 2 部分为数据的运用和模型的构建，包含第 3 章到第 7 章，主要是对燕赵驿行公司及所辖服务区的研究。第 3 章利用大数据用户画像的手段，综合分析燕赵驿行高速公路服务区的潜在消费者及其特点，并利用数据驱动方法，对不同类型的消费群体的消费需求进行分类分析，从需求侧为服务区分析与运营模式提供决策依据；第 4 章通过综合运用粒子群算法确定最优的组合权重，结合传统数学方法和智能算法，提出基于组合评价的高速公路服务区运营状态评价模型，为发掘服务区运营所存在的问题，提出运营模式优化策略提供模型工具；第 5 章借鉴高速公路服务区运营模式的要求、实现形式和对应的实现条件，通过以主带次、以模仿＋创新的形式对各种运营模式的基础条件进行分类、比较，从而界定每种运营模式落地的关键要素，并对其要求条件进行明确，基本厘清关键要素和对应的实现条件，做好基本层面的分析，最终明确高速公路服务区运营模式关键要素；第 6 章总结了服务区历史数据，提出了基于改进萤火虫算法的高速公路服务区流量预测模型，通过预测模型对未来的基本趋势进行模拟，在此基础上引入情景分析，对可能影响的因素进行梳理和总结，充分考虑未来外部形势变化对预测结果可能产生的影响，以便更好地确定高速公路服务区未来可能存在的客流量，为服务区运营模式提升优化提供决策支持；第 7 章通过层次分析法，构建高速公路服务区运营状态分级评价体系，从而对服务区运营的现有状态进行评估。

第 3 部分为模式更新的对策和建议，包含第 8 章，主要是对燕赵驿行所辖服务区的未来规划和发展建议。在充分梳理分析燕赵驿行服务区现有资源的基础上，利用 SWOT 模型对燕赵驿行公司的管理能力进行分析，在现有条件和运营模式的基础上综合分析服务区管理能力，尤其是投融资能力，并提出相应的运营模式发展战略。为实现服务区资源利用最大化和功能配置最优化的目标，利用等级偏好优序法等思想，结合国家高速公路服务区经营和运营模式的指导意见，对所有服务区更新提升进行定位。力争像江苏模式所提出的"有文化，有记忆，有特色"定位一样，打造河北省"有历史，有情怀，有温度"的更新定位。基于前面总结并分析国内外现有高速公路服务区运营模式，燕赵驿行集团提出相应的优化策略，包括品牌化建设、标准化建设、功能差异化建设、合作多元化建设。

1.3 技术路线与预期目标

技术路线可以指导企业或组织在技术方面的发展方向。通过分析市场和行业趋势，确定未来几年的技术发展方向，制定适合自己的技术路线。这可以帮助企业或组织避免盲目跟进、浪费时间和金钱在不必要的技术研发上。同时，技术路线还可以帮助企业或组织掌握新技术，提高市场竞争力。预期目标可以帮助企业或组织明确自己的发展目标，并制定相应的计划和策略。预期目标应该是具体、可衡量和可实现的，在设定目标时需要考虑到市场和行业的变化。通过制定预期目标，企业或组织可以更好地规划自己的业务和发展,提高效率和成果。

1.3.1 技术路线

高速公路对社会经济发展的作用不言而喻,作为其配套设施建设的服务区将有着可观的利润前景。本文希望通过如图 1-1 所示的技术路线来对课题进行研究,并最终完成相关预期目标。

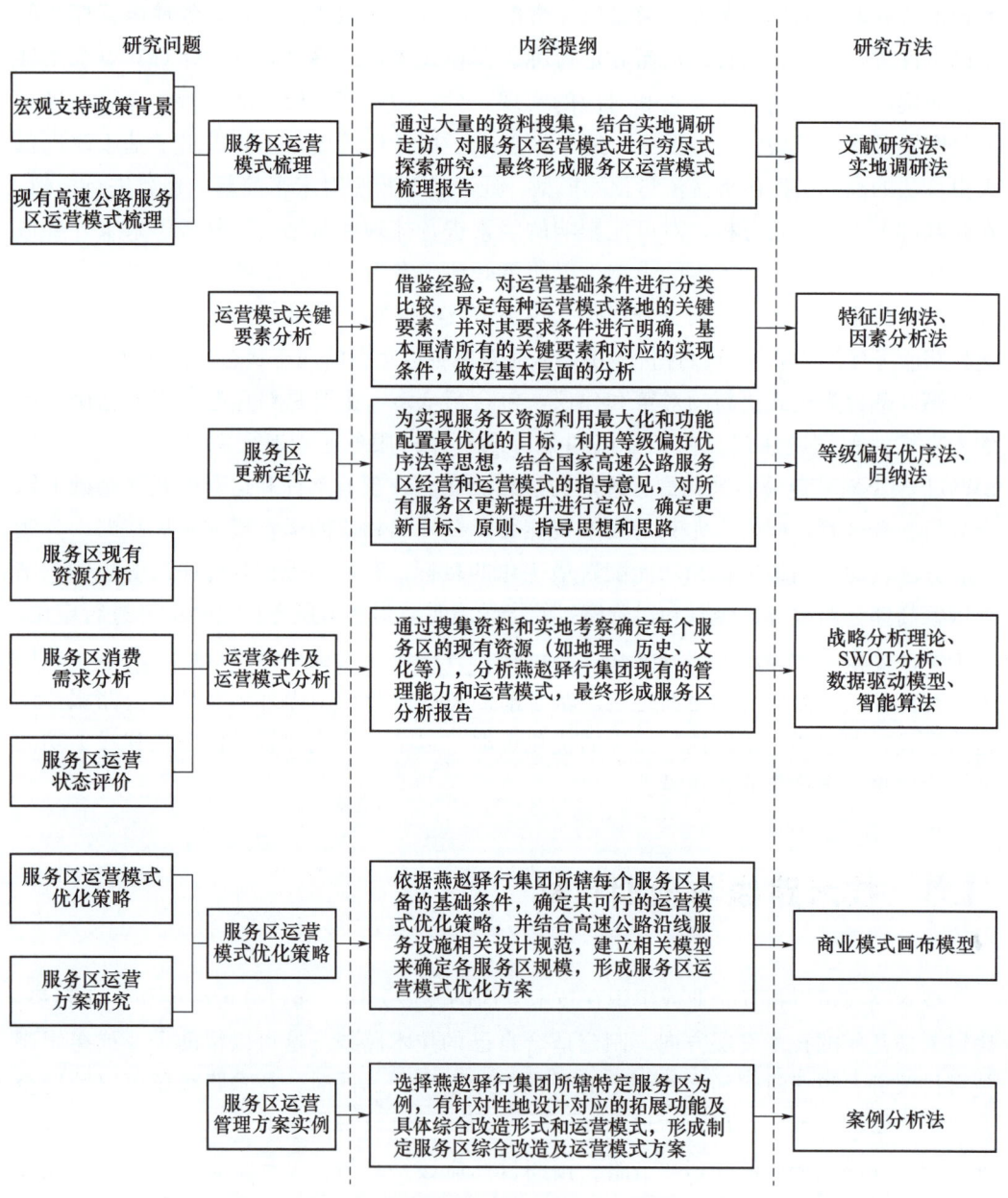

图 1-1 研究思路

1.3.2　预期目标

通过本书能够厘清服务区运营模式更新提升的方向，找到新的业务增长点，从而带动高速公路服务区新型运营模式的落地推广，提升服务区品牌化特色服务质量，带动区域经济发展；精准把握服务区自身优势，实现资源利用最大化，降低运营成本，增强用户体验感、打造服务区品牌形象；创新经济发展方式，从需求侧入手深入分析消费者消费需求，针对性地解决服务区运营过程中的痛点问题，带动服务区及相关产业发展；综合梳理各个服务区现有经营资源和运营模式，并为打造河北省高速公路服务区运营模式更新提升途径提供依据，结合各个服务区自身特点与其服务区运营模式策略进行匹配，以便为服务区的综合改造指明方向，并针对特定的服务区制定具体实施方案，为服务区运营模式优化提供理论指导。

1.4　国内外高速公路服务区现状

1.4.1　国内高速公路服务区发展历程

高速公路服务区是重要的交通附属建筑和交通节点，具有多功能性，其功能主要有住宿、餐饮、公厕、购物等。高速公路服务区整体建筑体系包括餐厅、超市、加油站、休息室、厕所、维修站、医疗室和停车场等。2018年底，曲港高速公路博野北低能耗服务建筑，齐鲁交通长清高速公路服务建筑相继运营，开启了寒冷地区高速公路服务区"现代商业综合体"建设运营的新时代。随即，2020年济南绕城东环大型商业综合体高速公路服务建筑和滨莱高速文昌湖商业综合服务建筑。综合来看，国内高速公路服务建筑经历了4个阶段的发展，即从1.0版到4.0版。

1. 初期阶段（1.0版）

高速公路服务区总体规模小、功能比较单一，以停车、加油、公厕等基本服务功能为主。服务区造型比较传统、布局形式单一，主要布局为前停车场后服务楼的形式，有的高速公路服务区公厕与服务楼是分离式布局，造成司乘人员使用不便。

2. 拓展阶段（2.0版）

在初期阶段基础上，高速公路服务区逐步发展出一些更为综合的服务，并且提供更多元化的产品和服务，如超市、洗车、快餐、酒店等。商业服务功能植入服务区的初级形态，餐饮、超市、便利店等基础商业与服务业态融合。注重拓展服务区的商业效应，引入部分品牌商业业态，高速公路服务区建筑造型较为现代、内部空间越来越活泼、服务区设计和运营朝着商业综合体形式发展，服务区整体布局仍是前停车场后服务楼的形式。

图 1-2　高速公路服务区初期阶段（1.0 版）

图 1-3　高速公路服务区拓展阶段（2.0 版）

3. 提升阶段（3.0 版）

在拓展阶段，高速公路服务区进一步提升服务和产品品质，加强服务品质控制体系建设，提高服务效率和专业性，更加注重消费者体验。在高速公路服务区总体规模扩大的同时，"综合体"布局特征更加凸显，服务区功能更加完善并且多样化，商业功能拓展更为成熟，服务区建筑以大单体综合楼为主，商业业态品牌化及运营更加专业高效，建筑及内部装修更有档次、商业动线设计更合理、商业氛围较浓厚。服务区内人性化服务、旅游咨询等功能逐步完善，内部交通流线更加合理通畅，加油岛大小车加油流线分离。

图 1-4　高速公路服务区提升阶段（3.0 版）

4. 差异化阶段（4.0 版）

随着高速公路服务区全面进入市场化运作，多种经营业态不断进入，人们在餐饮、购物、住宿等方面都有了不同层次的选择，同时还能享受到附加的休闲娱乐体验，从而实现主动消费。伴随人们生活水平提高及自驾游的兴起，服务区逐渐成为旅途中的重要一站，甚至是特意停留的景点。高速公路服务建筑正快速实现餐饮、购物、文化、娱乐、休闲、新业态开发于一体的专业化运营，在有限的空间里通过丰富内涵助推高速公路高质量发展。在提升阶段，根据市场需求和消费者需求进行深度创新，综合体内多区域项目经营，包括餐饮、购物、娱乐、休闲、住宿、科技体验、区域生活馆等。服务区开始推出具有特色化和差异性的服务和产品，以更好地满足不同消费者的需求。例如，引入自动化加油、电动汽车充电技术等。服务区的功能非常完善，包括人性化服务设施、旅游服务功能、智慧信息化、商业业态、休闲娱乐服务等。4.0 版服务区构建了多层次、高品质的商业业态，管理运营更加高效规范，吸引了更大的高速公路服务区客流。

图 1-5　高速公路服务区差异化阶段（4.0 版）

1.4.2 国外服务区发展现状

目前，发达国家综合运用园林、建筑、旅游、城乡规划、文化等学科知识，设计高速公路服务区方案，已经形成了一套较为完善的设计理论和设计规范，使服务区臻于完善，功能趋向多元化。

1. 法国高速公路服务区

法国的高速公路服务区以巴黎至里昂 A6 号高速公路服务区最具代表性。该高速公路全长约 460km，沿线设有 14 处服务区、25 处停车区，其中服务区间距约 30km，停车区间距 10~15km 不等，根据实际情况布置，其中山地、丘陵地段多设，临近大城市的土地紧张地段少设。一方面受浪漫主义影响，各服务区的规划布局大不相同；另一方面欧洲守法、刻板的风格又使设计囿于规则，并无标准范式。服务区规划与设计特点有两个方面值得关注。一是遵循设计原则，同时以人为本、以车为本。按照大、小车辆的不同需求，分区布置不同类型的车辆，规范组织人员行为、车辆流线，满足车辆行驶、加油、停车休息等需求，尽量减少不同类型车辆不必要的流线交叉。优先满足服务区基本功能，以加油、停车为首要目标，并基于基本功能延伸其他功能。同时，分区经营服务设施，相对独立的服务设施设计也符合不同类型车辆的行为特征，使司乘人员感到便捷、舒适，既能优化服务秩序，又能增加服务的深度和专业性。二是理解、尊重与关心自然，与自然和谐共生。A6 号高速公路服务区占地面积 2~20 公顷不等，建成区形态各不相同，并且区内通常林地、草地面积占比较大。服务区用地遵循因势利导、因地制宜原则，服务区无论是前期规划设计还是后期建设，均要求有机结合各种自然地形地貌。服务区内充分利用原有的自然条件，灵活布置道路、建筑、绿化等。

2. 日本高速公路服务区

日本高速公路有两种服务区：一种是规模较大的服务区，简称 SA，间隔 50km 左右设置；另一种是规模较小的停车区，简称 PA，间隔 15km 左右设置。SA 通常设施齐全，可以停放数百辆汽车和公共汽车，提供厕所、吸烟区、便利店、宠物救助区、餐馆、地区纪念品商店、加油站等诸多功能设施，甚至设有旅游景点，如摩天轮或著名地区景点。PA 则较为精简，以满足基本需求为主，仅有小型停车场、厕所和自动售卖机等少量便利设施，个别规模较大的停车场也只有小商店、当地特色商品以及加油站。通过以下两个典型案例，分析日本高速公路服务区规划与设计特点。一是刈谷高速公路服务区。刈谷高速公路服务区是连接刈谷至名古屋市的高速公路上的服务区，位于爱知县刈谷市。该服务区充分利用邻近刈谷市区以及比邻红岩湖公园的区位优势与资源禀赋，凭借良好的经营，如今与东京迪士尼乐园、大阪环球影城并称为日本三大受欢迎的主题公园。服务区内还融合有商业、儿童游乐园、公园温泉和资料馆等各类设施。二是新东名浜松高速公路服务区。浜松作为日本的乐器之乡，其服务区充分融合当地特色，设计风格以"音乐"为主。建筑外观呈现钢琴键盘形态，室内装修也与乐器相关，感观上洋溢着音乐的气息。服务区不仅有餐饮、休息、购物功能，还设有 Yamaha 钢琴展示、交通及旅游信息查询、宠物休闲区、直升飞机停机坪等功能设施。

3. 韩国高速公路服务区

由于韩国领土面积较小、城市数量较多、建成区面积较大，高速公路、主干道路纵横交错，服务区众多。不同于其他国家高速公路服务区提供基本休息的服务，韩国高速公路服务区以餐饮和商业功能为主，购物消费与文旅发展并重。如今正进一步转变为购物中心、活动场所、新产品发布地点与主题公园，现已成为大型商业公司扩展业务的最佳选择之一。通过以下两个典型案例，解析韩国高速公路服务区规划与设计特点。一是德坪自然服务区。服务区内设计风格最为突出的是"爱情花园"、德坪林道、服装购物中心与狗咖啡馆"Run.Coco"。其中，狗咖啡馆为宠物狗及其主人提供了游乐场与学习空间。二是始兴天空服务区。始兴天空服务区上行、下行两个方向的线路可以同时使用，是韩国首个主线"上空型综合服务区"。服务区内设有服装、家具、日常生活用品、当地特产等各种消费品的购物设施。此外，服务区往往是景观高速路上的重要节点。

1.4.3 国内外服务区研究现状

国内外对高速公路服务区的研究根据高速公路建设历史不同在时间上有较大差别，但研究的主要内容都主要集中在服务区建设规模和布局方式、标准功能模块的配置、运营管理等方面。

1.4.3.1 国外研究

国内外对高速公路的研究主要始于对高速公路使用的需求，这一方面，由于欧洲、美国和日本等发达国家高速公路建成时间早，使用时间长，积累的经验丰富。据此推行的研究起步早，研究深入，并根据高速公路服务区实际使用情况反复调整，使高速公路服务区功能模块和配套设施完善。基于长时间使用中总结的经验，这些先进国家在高速公路服务区规划、功能、设施、配套等方面都建立了明确的规范化标准，并在此标准下建设高速公路服务区。

(1) 国外高速公路服务区的发展经验

在总体规划方面，美国作为公路网络系统投入较早的国家，在 1944 年的《联邦公路法案》中提出了建设一个 33900 英里的国家州际公路系统并将总里程延伸至 40000 英里，此后美国州际公路基本按此展开，这也是美国高速公路网络的雏形。美国交通部 2000—2005 年战略发展规划提出了包括安全、机动性、经济、人与自然环境、安全战略、组织结构优化等六项战略目标。

在高速公路服务区规范化研究方面，日本在《高速公路设计要领》（1980）和

（1991）两个版本中均对服务区设置规范进行了详细描述，规定服务区和停车区设置标准间隔为 15km，最大间隔 25km；服务区标准间隔为 50km，最大间隔为 100km，当服务区间隔超过 60km，应在两个服务区之间设置带有加油站的停车区；详细规定了服务区建设的技术参数标准、设计规划方法，具体量化各项技术参数，使得修建服务区有了明确的方案。而 1991 年补充修订版本在间隔基础上提出了休息区设置分期建设的观点，旨在考虑到建设费用或交通量不经济时，在不损害休息设施机能的范围内采用分期修建，对新建高速公路服务区的配置有了较为合理的规定，更加符合高速公路长期运营的特点。

在公私合营和选商方面，Chatterjee 和 Morshed 对私人和政府提供基础设施之间的差异进行了研究，提出两种模式下的收益是决定政策的主要因素。Eecke 提出公共设施对社会和经济带来良好作用，研究政府公共项目和服务区在经济层面的合理性。Schan 提出供应商选择流程对经营项目的重要性，选择过程涉及确定定量和定性因素以选择最优供应商，并建议采用交互式选择模型解决此类问题。

在运营模式方面，Kim, Byung-Hoe 等人通过对高速公路服务区基础旅游休闲设施合营模式服务质量的研究，提出采用 SERVQUAL 模型的方法应用于合营模式服务质量和满意度研究。Ramli 等人基于对高速公路使用者在安全性和舒适性方面的研究，评估与服务区需求有关的重要参数，提出车辆通行流量和服务区建筑面积与旅客停留数量有显著相关性，并建立模型用于预测相关需求。Won, Jaimu 和 Jin, Wonyoung 研究了用于高速公路服务区用户的评估模型，将这项研究应用于通过路线监测高速公路服务区，在设施、环境、位置、服务等方面进行权重排序并用于评估服务区的整体状态。Kaisy 和 Kirkemo 等人通过对高速公路总体流量以及服务区各时段实际使用率的监测，提出服务区各项功能模块在设计规模上都受到进站流量这一关键数据的影响。Koo 等人通过对百余个服务区经营状况的统计，提出建立一套决策支持系统，以确定服务区的最佳规模和预估盈利能力，基于案例推理的方法作为主要研究方案，为新的服务区提供最优规模参考。Ramli 提出影响停车需求的因素之一是主要道路上的车流量，以研究主干道车辆流量为基础对服务区需求进行分析。Nakagawa 等人对日本高速公路管理公司拥有的大约 300 个服务区基础服务设施进行统计时发现，随着服务设施规模不断增加，水源和能源消耗及其成本也随之增长，采用节能设备能有效减少能耗。Bosonetto 通过对新英格兰高速公路服务区各项功能使用情况进行统计，提出对服务区整体使用的量化分析并对各功能规模进行研究。

在研究服务区影响客户满意度因素上，Kim 等人通过研究服务区食品消费情况，提出为提高顾客满意度，高速公路服务区的餐厅经理应实施 HACCP（危害分析及关键控制点）体系，改善食品口味，并为高速公路服务区餐厅销售的食品设定合理的价格。CM Lee 研究了服务区乘客对服务质量的感知程度，服务质量与顾客满意度之间的关系，提出服务质量对满意度有正向直接影响。Cha 和 Jung 提出将 TOPSIS 法（优劣解距离法）用于选择和评估策略，通过使用模糊逻辑处理普遍问题中不准确的属性权重计算问题,并用于多目标满意度评估。Michimasa 等人提出在服务区商品销售中进行差异化战略,为服务区经营提供新的方向,以适应服务需求的增长。Blomquist 和 JL Carson 通过长距离休息区规划研究,调查休息区用户的需求和期望,提出根据服务区满意度对现场和改进类型划分优先级,并按照排序对服务区进行相应的改进、维护或保持现状。MAPerfater 对弗吉尼亚州洲际服务区和欢迎中心的驾驶员和旅客进行了统计研究,主要研究附加服务产生的影响,根据实际统计情况提出旅客对自动售货机、专用女性洗手间等设施的需求,并能由此产生大量收入。

(2) 国外发展经营的借鉴

相较于国外发达国家完善的高速公路及附属设施的整体经营理念,我国的高速公路服务区在设计、建设、规划、经营、管理等方面都存在着较大的差距。国内高速公路服务区存在选址不合适、间距太近或太远、功能设置较传统、内部设施配置对顾客不够友好、经营业务的搭配不灵活等问题,还需要进一步规划,探索灵活的发展、经营、管理模式。与国外高速公路服务区丰富的服务、经营业务相比,国内的服务区一般只设置有传统的加油站、停车区域、卫生间、小型便利店;规模稍微大一点的服务区会设置综合服务楼,提供超市、餐饮、土特产等销售服务;面积再大一点的服务区会提供汽修、大卖场、水果、咖啡厅等服务。但基于传统的经营理念,大部分的服务区在现有的经营服务业务之外,不会再主动开发新的经营业务,导致盈亏持平或者亏损的服务区不在少数。

1.4.3.2 国内研究

国内对高速公路和服务区的研究起步较晚,由于整个高速公路项目以政府出资建设为基础,最早是以行政部门下发的规范化文件为主。最早在交通部 2000 年下发的《公路建设项目用地指标》第七章中,对服务设施用地规模有了最基本的用地规定。2006 年实施的《高速公路交通工程及沿线设施设计通用规范》(JTG D80—2006)第六章指出,服务区应设置停车场、公共厕所、加油站、车辆维修、餐饮和小卖部等配套设施,服务区平均间隔不宜大于 50km,最大间距不宜大于 60km;停车区应设置停车场、公共厕所、长凳等最低限度服务,布置在服务区之间一处或多处,平均间距不宜大于 15km,最大间距不宜大于 25km。规划方面参考了日本高速公路设计要领的指标。

(1) 规划运营方向的初步探索

国内对高速公路服务区规划运营的研究基本始于 20 世纪 90 年代末期,首先是通过学习先进国家高速公路和服务区规划、建设和运营经验,结合国情在服务区规划运营方面进行探索。石东浩和周江通过对国内外服务区在交通状况、建设标准、功能布局等方面的比较,提出国内服务区应当从由行车服务向社会服务拓展,在由休息功能向休闲功能拓展的基础上,服务区也能够在更大程度上提供或引导当地特色景观、物产和文化消费。李欠标分析了美国联邦运输部、运输部所属机构及州运输部运输战略规划的主要内容及特点,提出应适时改变我国交通运输规划内容及模式结构,借鉴国外经验,构造一个适合我国国情、适应国家行政的体制。程楠通过对美国运输规划实践活动的分析研究，提出运输政策指导下的四层次运输规划体系框架，即明确发展方向的战略规划、确定空间结构的布局规划、分清主次有序推进的发展规划、侧重工程和财务可行性分析的建设规划。曹豫涛通过研究欧洲高速公路服务区设计要点，分析了服务区设计应考虑的各项要素，提出设计规划应参考服务设施分区经营的原则。王芝松对我国和美国高速公路发展现状进行比较，研究了美国高速公路设计理念和运营管理经验，提出需要加大对服务区运营方面的研究。孔佳伟和孙家驷分析了我国台湾地区高速公路服务区布局和经营特点，对比了我国台湾地区和重庆服务区在设计和运营上的差距，提出服务区应向旅游休闲的综合服务方向发展，扩大占地和建筑规模，同时采用集中管理的运营模式。颜飞和周国光从高速公路企业化经营面临着社会公益性和企业的逐利性之间的矛盾入手，通过分析日本高速公路民营化改革概况，分析了服务区垄断性经营所产生的弊端和未来改进的方向。

（2）服务规划和运营的深入研究

在服务区规划和运营方面，王勇等学者以实际服务区为基础，分析了如何将规划布局技术准则具体应用于服务设施的选址和布局中，并提出通过组建专业公司实施经营、管理一体化措施，并采用低成本、全方位的连锁式经营管理模式，提高服务区的整体效益。付建广等学者对高速公路服务区布局进行了研究，提出确定备选站址后，应进一步优化布局，以获得最大综合经济效益。孙瑜和程建川通过参考美国《高速公路与干线公路服务区设计指南》，针对高速公路服务区的设计进行研究，对服务区规模、需求和细节进行了具体分析。徐英俊等从车辆、驾驶员和旅客等服务对象，对服务区各种服务设施需求紧迫程度入手，将服务区进行了分类研究，并从车辆、人员和拓展服务三个方面对每种类型服务区功能配置进行了探讨。黄兵等建立了服务区域社会经济发展最大化的高速公路服务区定量分布模型，基于高速公路交通需求和区域社会经济发展在内的评价指标体系，将研究成果应用于四川省成德南高速公路服务区布局中。杨向莲提出通过分析服务区功能影响因素、规律，从功能属性、服务类别和功能层次等角度，将服务区功能层次分级为综合服务型、消费服务型和基础服务型，并以此为基础研究配套功能设置。蒋贵川等在网络化条件下对服务区布置进行研究，分析了高速公路网络与孤立路段的区别，总结了合理布局的原则和方法，提出枢纽节点周边服务区需要考虑多个方向相邻关系。杨楚屏提出为使服务区布局得到有效而适当的利用，在满足高速公路服务的基础上，要在统一规划下实施建设和开发。

（3）高速公路服务区评价体系的研究分析

在对高速公路服务区评价体系的研究中，段新等提出公路交通投资对经济增长作用明显，应在进一步扩大交通基础设施建设规模的同时，不断完善与优化公路网络，加强与综合运输体系的配套。王殊从服务区布局、设施水平和用户体验三个方面构建评价体系，建立面向用户的高速公路服务区综合评价体系，利用熵值法结合 TOPSIS 法对多个服务区进行综合评价和排序。赵献卫在归纳整理我国高速公路服务区经营现状后，分析了存在的规划、配套设施和经营管理问题，提出在营销管理策略上要扩大服务区经营范围，创建服务品牌以及加强成本和人本管理等几项发展策略。孙志忠和张晓燕对甘肃高速公路服务区经营战略进行 SWOT 分析，提出经济效益与社会效益统一发展，实施体制改革，加强品牌建设，相关产业拓展和实现连锁经营等发展策略。赵君莉等人通过分析高速公路各设施运行特性，提出相应的服务水平指标和分级标准，采用距离综合评估法进行水平比较。郭跃东和汤毅通过建立服务区适应性综合评价指标体系，采用三种数量分析方法，经过实际应用为高速公路适应性评价提出了新的思路。施益军等学者在梳理国内外高速公路服务区管理模式的基础上，对国内经营模式进行对比，以福建省三明市贡川高速公路服务区为例提出在组织管理上需要由各方共同组建高效的管理机构，建立项目开发投资平台，有效运用资金进行建设和运营。

经济欠发达的中西部很多省区由于高速公路车流量少、服务区管理体制不健全，致使很多服务区一直沿用传统的租赁、自营或转让方式，各服务区之间各自为政，实行着分散化管理。辽宁、广东、山东、福建等沿海发达省份现推行的是由分散走向集中的"集约化、规模化、专业化"的管理模式。高效对接服务区供给与市场需求，为用户提供高质量体验感、为参与共享共创的企业提供新的收益和效益增长点是高速公路服务区发展的主要目标。河北省对于高速公路服务区综合改造及运营模式方案的研究，目前尚没有形成系统的理论与实践体系，作为我国高速公路服务区迅速发展的重要地区之一，特别是京津冀一体化的加速推进，开展对高速公路服务区综合改造方案和运营模式的探索研究非常必要。

（4）新兴研究方法在高速公路服务区评价与满意度方面的研究

①运用 DEA（数据包络分析）方法对服务区运营状态评价模型进行构建

高速公路服务区运营质量评价是对高速公路服务区运营企业运营管理水平进行识别、衡量、判断和反馈的活动过程，其应当包括以下几方面内容：一是高速公路服务区运营质量评价是对高速公路服务区运营企业管理水平的一种量化评价，对运作数据进行的测评，其本身也是一种量化管理；二是高速公路服务区运营质量评价体系应该是由相互补充、相互关联的各项指标组成的评价体系，能够充分且全面地表现服务区在运营中各个方面的管理水平；三是高速公路服务区运营质量评价是一种综合评价，是对高速公路运营企业的一种科学、全面、客观的评价，科学的综合评价是企业科学决策的前提。

因此，基于系统分析法和因素构成法选取初始指标，采用层次分析法界定服务区的运营质量水平的权重，从运营概况、经济效益、员工满意度、司乘人员满意度等多方面提出相应的评价指标，采用 DEA 方法对服务区进行评价，从投入和产出两方面建立评价指标体系，得出服务区运营质量评价结果。

②运用 SEM（结构方程模型）对高速公路服务区用户满意度进行研究

SEM 是应用线性方程表示观测变量与潜在变量之间，以及潜在变量之间关系的一种验证性方法。它是基于变量的协方差矩阵来分析变量之间关系的一种统计方法，实际上是一般线性模型的拓展，包括因子模型和结构模型，体现了传统路径分析与因子分析的完美结合。SEM 一般来说必须在理论支撑下才能构建假设模型图，但其优势十分显著，其可以定量研究各变量间的交互关系。该模型应用非常广泛，包括经济、营销、心理以及社会学等，其常用来探究问卷调查或实验性的数据。近年来，随着我国交通事业的快速发展，SEM 开始活跃于交通服务满意度评价领域，目前相关研究主要集中于轨道交通服务以及城市公共交通服务等领域。许多研究者在相关领域研究的基础上，以高速公路服务区为研究对象，基于满意度理论，为探究服务区用户满意度影响因素间的内在机理，构建了高速公路服务区用户满意度结构方程模型，并根据方程模型结果对高速服务区提出一定的改进策略。

1.4.3.3 研究述评

通过对宏观政策和国内外服务区研究现状的梳理，可以预测燕赵驿行集团所属服务区未来发展的方向。目前，高速公路服务区传统的服务对象及现有功能与实际需求存在对接错位的现象。因此，面对不断加剧的资源环境约束和价值回归要求，必须推动高速公路综合服务区的更新提升与运营模式的优化。河北省对于高速公路服务区综合改造及运营模式方案的研究，目前尚没有形成系统的理论与实践体系，作为我国高速公路服务区迅速发展的重要地区之一，特别是京津冀一体化的加速推进，开展对高速公路服务区综合改造方案和运营模式的探索研究非常必要。结合政策的支持，对具有发展潜力的服务区大力发展"服务区+"模式。接下来，将对高速公路服务区运营模式关键要素进行分析，将基于大数据对服务区客流量、消费潜力以及服务区运营状态进行综合评价分析，为服务区未来发展方向提供可靠的数据支撑，并提出一种新的服务区分类方法。

1.5 宏观政策梳理

近年来，一些新的发展政策已经实施，以促进服务区的可持续发展。这些政策的主要目标是提供更加舒适、安全和便利的服务区，以满足广大用户的需求。利用好这些政策对服务区进行规划管理可以达到事半功倍的效果。为此，作者梳理总结了以下几个方面的发展政策：乡村振兴战略、物流业高质量发展、交通强国、智慧服务区、开放服务区以及燕赵驿行集团的相关内部政策等。结合当下新形势、新政策、新要求，来为燕赵驿行集团所辖服务区运营模式提升提供政策依据。

1.5.1 乡村振兴战略

党的二十大报告指出，实施乡村振兴战略要以农业供给侧结构性改革为主线，加快建设农业强国，扎实推动乡村农业、人才、文化、生态、组织振兴。高速公路服务区对助力乡村经济振兴有着得天独厚的优势，需要深度挖掘服务区和乡村地区共有的发展着力点，服务区的转型升级要因地制宜，立足于当地农业产业、旅游资源和文化资源等特色资源，并以此作为依据或基本因素实现服务区服务功能的拓展和业态布局的完善。

为助力乡村振兴战略，燕赵驿行集团在其路衍经济产业发展的五年规划中提出了三项任务：一是畅通农特产品销售渠道，整合河北各地具有浓厚地域特色的优质土特产资源，以高速公路服务区为阵地进行宣传销售，做成河北省优质农特产品展销平台；二是打造农产品特色品牌，打造"燕赵山水"品牌，整合展销河北各地土、特、名、优商品，做好市场调研，确保"燕赵山水"展销商品符合消费者需要，加大"燕赵山水"品牌资金投入，推动品牌发展壮大；三是打造"驿行优品"直播带货项目，完成线上、线下选品，主播调研，平台搭建和主播队伍组建工作，并陆续开展直播活动，大力推广中央厨房产品、"燕赵山水"特色商品。

1.5.2　物流业发展战略

2022年5月，国务院办公厅印发《"十四五"现代物流发展规划》，指出现代物流一头连着生产，一头连着消费，高度集成并融合运输、仓储、分拨、配送、信息等服务功能，是延伸产业链、提升价值链、打造供应链的重要支撑，在构建现代流通体系、促进形成强大国内市场、推动高质量发展、建设现代化经济体系中发挥着先导性、基础性、战略性作用。作为高速公路服务系统的重要组成部分，在高速服务区开展物流服务，第一有利于推动服务区转型升级，发挥高速公路辐射带动作用，促进经济健康发展；第二有利于完善我国物流体系和城市物资的汇集和转运，减少尾气排放；第三有利于提升农村物流水平，整合农业资源，推动农村物流健康发展。

在燕赵驿行集团路衍经济产业发展五年规划中，集团为实施服务区物流开发行动，提出了四项内部政策支持：一是建设节点型物流设施，加强与各知名物流企业沟通合作，布局建设节点型物流设施；二是构建新型物流运输网络，与知名物流企业合作，充分发挥河北高速"东出西联、承南接北"的交通区位优势和快速通道优势，以提高物流运行效率为主线，全面推动各物流节点网络化运营；三是建设全产业供应链体系，以集团内部市场为依托，积极拓展外部市场，建成覆盖集团业务的全产业链条，实现数字化、智能化、电商化采购和供应模式；四是构建零售网络终端体系，通过搭建B2B订货平台、建设仓配体系、整合上下游资源，打造以服务区为节点，辐射周边村镇、企事业单位和学校等市场，构建集采购、生产、加工、销售、物流、增值服务为一体的零售网络终端体系，全面响应国家《"十四五"现代物流发展规划》。

1.5.3　交通强国战略

随着交通强国战略的深入发展，高速公路服务区的相关发展也随之带动起来。按照我国《高速公路交通工程及沿线设施设计通用规范》(JTG D80—2006)要求，高速公路沿途每隔 50km 至少设有一处服务区。据此，我国高速公路服务区数量至少有 3220 个。因此高速公路新增的里程在一定程度上反映高速公路服务区的建设需求。在交通强国战略背景下，高速公路服务区可根据实际情况大力发展旅游经济。2022 年，国务院办公厅和文化旅游部相继发出了《关于进一步释放消费潜力促进消费持续恢复的意见》和《关于抓好促进旅游业恢复发展纾困扶持政策贯彻落实工作的通知》，提出要持续拓展文化和旅游消费，推动中华优秀传统文化传承创新，充分挖掘旅游经济的消费潜力，完善旅游企业承接机关企事业单位相关活动实施细则，积极推动旅游经济的发展，为在高速公路服务区发展旅游业提供了新思路。

为响应上述政策，燕赵驿行集团将通过三项内部政策来支持实施交旅融合发展行动：一是开展"服务区＋旅游"主题业务，结合相关旅游服务区建设，大力发展交旅综合服务；二是开展旅游延伸服务业务，依托服务区酒店，开展旅游延伸服务；三是推进交旅融合产品创新，结合"高速＋旅游"优惠券发放活动，与旅游公司合作，让游客在服务区购买景区门票，即可获赠服务区消费券，同时结合地方特色文化、自身企业文化及自有品牌，订制一批 IP 衍生类、文化旅游类、企业品牌类文创产品。

1.5.4　智慧服务区与开放服务区

1.5.4.1　智慧服务区

智慧服务区是运用新一代信息技术手段、形成智慧服务区管理体系、构建便捷化公共服务格局的服务区。智慧服务区旨在通过全要素感知、大数据分析、智能管控和可视化展示等手段，实现体验式服务，着力提升服务区安全、绿色、高效、智能水平。

随着国内智慧高速公路建设试点工作的陆续开展，作为智慧高速的重要组成部分，智慧服务区建设热度逐年攀升，网红智慧服务区不断涌现，其中以江苏阳澄湖服务区和安徽丰乐服务区最具代表性。阳澄湖服务区以"梦里水乡、诗画江南"为设计理念，依托地域优势和苏州高度成熟的园林技艺，打造园林服务区。智慧特色部分设置了机器人餐厅、智慧指路标等内容，应用 VR、投影技术，实现古典与现代的融合，成为网红打卡地。丰乐服务区位于京台高速合安段，是安徽省首个覆盖 5G 信号的智慧服务区，以 5G 应用为特色，包含 5G-AR 娱乐、5G-VR 疲劳驾驶、5G-VR 全景播、5G 智能试衣镜等内容，为司乘人员提供了一场科技盛宴。

为打造智慧服务区，燕赵驿行集团在其路衍经济产业发展五年规划中提出了以下内部政策支持。一是推动数字化服务升级，以"数字化转型"为抓手，夯实信息化基础设施，提升数据处理、分析、展示和共享能力，谋划综合交通出行信息服务系统建设项目，启动建设京哈高速智慧服务区项目，完成服务区卡口、广场、经营区域信息化基础设施全覆盖。同时，推进综合交通出行信息服务系统建设。完成 ETC 会员营销管理平台、跨业态会员营销体系等项目建设。另外，信息化基础设施品质大幅提升，完成集信息发布、物业管理、商业管理等多层次、全方位、全过程的综合交通出行信息服务平台搭建。二是打造智慧运营管理体系，以"智慧化转型"为抓手，推动精准决策管理，优化业务流程，创新商业模式，堵塞管理漏洞。实现所属服务区信息化基础设施全覆盖，并借助高速集团"数字云"建设，完成燕赵驿行集团软件系统顶层设计。同时，完成不少于10对服务区加油站智慧化前庭改造，办公管理、能耗管控、业财一体化对接、数据中台（包含数据中心、数据分析模型、BI报表、数据大屏）等系统开发建设。另外，建成燕赵驿行集团总部级数字管理云平台，全力推动燕赵驿行集团数字化提升转型。

1.5.4.2 开放服务区

开放服务区是指位于高速公路沿线的一种服务设施，提供各类服务，包括餐饮、加油、卫生间、休息、购物等，其特点是在高速公路两侧，没有围墙，与高速公路相连。高速公路开放式服务区是满足服务区基本服务功能基础上，根据服务区的功能定位要求，进一步拓展其服务内容，既服务于高速公路用户又服务于当地群众的高速公路附属设施，可实现满足高速公路用户需求、带动地方经济发展、增加高速公路服务区经营者收益的三赢格局。

目前我国高速公路开放式服务区建设正处于起步阶段，从目前建设的成果来看，开放式服务区的数量明显不足。虽然部分服务区尝试在功能拓展、业态开发上取得成绩，但是服务区的开放程度并不高，对周边的带动差。

为了建设开放共享服务区，燕赵驿行集团推进高速公路基础设施与地方政府共建共享，打通地方与服务区的围墙，探索建设"设置高速车辆出入口"、"共享停车场"、"共享人员服务"和"共享能源"四种形式的开放式服务区。在未来也将以服务区为切入点，因区制宜突出功能特色，将高速公路服务区、商业综合体与周边城镇、工业园区、物流枢纽、景区景点等有效连通。集团在发展开放服务区的同时，也能兼顾发展实施传媒资源开发行动。一是深入挖掘服务区融媒资源，合理利用所属服务区土地资源，依托长城新媒体集团平台优势，践行"平台型媒体"理念，构建"新闻+政务服务商务"智媒生态系统，分三期在所属服务区建设LED融媒大屏。二是开发高速公路路域沿线广告资源，依托高速沿线立交互通、跨线桥、收费站等资源，开发路域沿线广告市场，实现经济创收远景目标。同时以集团所辖200余个互通（收费站）、120余个枢纽互通及收费站广场和匝道圈景观广告建设为主，结合车流、客流有针对性地选址建设，实现集团所属路段广告全覆盖。

雄安北服务区位于荣乌高速公路新线K857+643处，西靠白沟河，东邻白沟新城富强大街，此次启用的雄北服务区收费站，在服务区北侧设置2入2出ETC/MTC混合车道，在服务区南侧设置2入ETC/MTC混合车道，在服务区东侧设置2出ETC/MTC混合车道，新增路线长约236m，采用双向两车道标准建设。开通服务区内收费端口，与白沟新城富强大街连接，实现了服务区与地方道路的连通。相较传统服务区，开放式服务区在服务高速公路通行司乘的基础上，还可以让附近居民不上高速就能到服务区购物、休闲。这一举措旨在通过开放服务区有机衔接高速公路与沿线城镇，盘活城镇外围的闲置土地，实现区域资源共享和服务功能综合利用，促进新业态新模式发展。同时，依托全省交通运输体系，引导资源要素和现代服务业向高速公路节点集聚，实现公路物流商贸基础平台的功能，对推动周边区域经济建设和发展具有重要意义。

雄安北服务区作为河北省内单侧占地面积最大、内部功能最完善、首家设有下沉美食广场的开放式服务区，主打"白洋淀文化"、"购物中心"和"商贸物流"三大主题，成为集购物、休闲、物流集散为一体的多功能商业综合体。此外，雄安北服务区作为全省首个综合能源零碳智能服务区，以绿色低碳引领高速公路高质量发展为总目标，按照"碳达峰"与"碳中和"一体谋划的思路，以服务区运营管理为突破点，提出"零碳"要求下的"全绿色"高速公路发展概念，通过风光发电、固废处理、智能监测等技术抵消自身产生的二氧化碳排放，助力实现绿色、智能、高效的交通出行环境。

综上可见，相关单位应充分关注国家高速公路服务区的发展，站在更高的视野规划、建设、管理、运营服务区，整体统筹、多元融合；深度思考服务区与新时代社会民生、市场经济、中华文化等之间关系的新内涵，聚焦新需求、新渠道、新空间；还应对标国际，进一步挖掘和利用主线高速的优势，大胆探索和实践服务区适度超前的发展模式，在交通强国建设进程中，打造高质量服务区。

2 燕赵驿行集团及所辖服务区运营现状

研究服务区运营现状十分重要,因为它可以帮助我们了解服务区发展趋势、存在的问题以及改善方向,同时还可以提供数据支持和经验教训,促进服务区行业的健康发展。

2.1 集团概况

燕赵驿行集团 2020 年 1 月 17 日注册成立,注册资本 8 亿元人民币,由原河北省高速公路管理局服务管理中心(河北国建高速公路投资管理有限公司)转企改制而来,是一家经河北省政府批准,河北高速集团单独出资,依照《中华人民共和国公司法》和相关法律法规设立的一人有限责任公司,主要负责河北高速集团辖属 30 条路段 104 对服务区的运营管理,开展多元化经营。燕赵驿行集团总部设有办公室(党委办公室、党委宣传部、董事会办公室)、纪检监督室、党委组织部(人力资源部)、企业管理部、财务资产部、市场管理部、安全环保部(应急办公室)、审计法务部、工会(共青团、妇委会)办公室 9 个内设机构,下属 24 个子(分)公司,其中,服务区分公司 11 个,专营公司 13 个(分公司 7 个,子公司 3 个,控股子公司 3 个),现有在职职工人数 1631 人。其组织构架如图 2-1 所示。

图 2-1 燕赵驿行集团组织架构图

燕赵驿行集团下属11个分公司、104对服务区，整区面积最大的服务区为石家庄东服务区，为133333m^2。年用电费用最高的是廊坊香河服务区，为115万元。服务区主要运营有加油站、加气站、充电桩、餐厅、超市、汽修站、客房、摊位、档口、公共卫生间等。燕赵驿行集团为提升自身品牌效应、增强自身市场竞争力，着眼服务品质提升，从服务水平、服务能力两大方面提升企业形象，增强顾客体验感。燕赵驿行集团编制了《集团路衍经济发展三年品质方案》和《集团路衍经济发展五年规划》，为服务区未来的发展起到了很好的指导作用。

2.1.1　集团路衍经济发展三年品质方案

为落实河北省委省政府、省国资委、省交通运输厅关于发展路衍经济的决策部署，推动河北高速集团路衍经济三年行动方案及燕赵驿行集团"十四五"发展规划各项目标任务落实落细，集团制定了路衍经济发展的三年品质方案。

燕赵驿行集团作为河北高速集团发展路衍经济的载体，以路域资源开发为着眼点，优化产业格局，重点培育战略性定位，有序推进路衍产业经济项目建设，初具成效。一是开展服务区综合体改造，有效提升其服务形象和经济效益；二是开展服务区＋旅游项目建设，在服务区设立门票代售点和旅游咨询服务站，售卖相关景点观光旅游门票；三是践行服务品质提升，推进卫生间环境提升整治活动，遵循分区分类原则对服务区公厕进行升级和整改，切实解决卫生间脏、气味大等问题，提升公共服务能力与水平；四是优化能源格局，巩固传统能源核心地位，完善能源供给链条，打造再生能源用能新模式；五是开发物流产业，利用政策、资源和功能三大优势条件，编制服务区物流产业发展规划，系统性指导物流产业发展；六是践行降本增效和多元发展，利用元氏服务区地理优势建设具有标准化、专业化、集约化和产业化特点的中央厨房生产车间，目前已具备试运行条件；七是助力乡村振兴，与省乡村振兴局签订战略合作协议，拓展助农产品销售渠道。

2.1.2　集团路衍经济发展五年规划

《河北省路衍经济及交通产业发展五年行动方案》深入挖掘高速公路路衍经济潜力和服务区社会价值、经济价值，加快培育路衍经济产业集群，积极搭建路衍经济产业链，形成"一业带动、多业支撑，跨界融合、联动发展"的路衍经济产业发展格局，不断提升燕赵驿行集团服务国省战略、服务交通强国河北篇章、服务京津冀协同发展的能力和水平，为推动中国式现代化河北场景落地及经济强省、美丽河北建设注入新动能。通过对高速集团路衍经济规划的研究，从中总结出了集团对以下九个方向的政策支持。

1）实施服务区物流开发行动

（1）建设节点型物流设施。加强与各知名物流企业沟通合作，布局建设节点型物流设施。

(2) 构建新型物流运输网络。与知名物流企业合作，充分发挥河北高速"东出西联、承南接北"的交通区位优势和快速通道优势，以提高物流运行效率为主线，全面推动各物流节点网络化运营。

(3) 建设全产业供应链体系。以河北高速集团内部市场为依托，积极拓展外部市场，建成覆盖河北高速集团业务的全产业链条，实现数字化、智能化、电商化采购和供应模式。

(4) 构建零售网络终端体系。通过搭建B2B订货平台、建设仓配体系、整合上下游资源，打造以服务区为节点，辐射周边村镇、企事业单位和学校等市场，构建集采购、生产、加工、销售、物流、增值服务为一体的零售网络终端体系。

2) 实施服务区品质提升行动

(1) 建设高品质主题服务区。依托公路路网及区域文化、旅游资源，打造一批集公共服务、美食购物、休闲娱乐为一体的主题服务区。

(2) 建设开放式服务区。打通地方与服务区的围墙，探索建设"设置高速车辆出入口""共享停车场""共享人员服务""共享能源"四种形式的开放式服务区。

(3) 优化服务区经营布局。整合服务区现有餐厅、超市、外走廊等区域，形成多业态、串联式经营布局，打造功能多样、优势互补、互相带动、运转流畅的综合体服务区。

(4) 拓展省内全域道路救援服务。践行"高速无忧"理念，开展"汽修＋救援"，推动高速公路道路救援与汽修业务联合发展。

3) 实施交旅融合发展行动

(1) 开展"服务区＋旅游"主题业务，大力发展交旅综合服务。

(2) 开展旅游延伸服务业务。依托服务区酒店，开展旅游延伸服务。

(3) 推进交旅融合产品创新。与旅游公司合作，让游客在服务区购买景区门票，即可获赠服务区消费券。结合地方特色文化、自身企业文化及自有品牌，订制一批IP衍生类、文化旅游类、企业品牌类文创产品。

4) 实施数字赋能行动

(1) 推动数字化服务升级。以"数字化转型"为抓手，夯实信息化基础设施，提升数据处理、分析、展示和共享能力。

(2) 打造智慧运营管理体系。以"智慧化转型"为抓手，推动精准决策管理，优化业务流程，创新商业模式，堵塞管理漏洞。

5) 实施能源布局优化行动

(1) 完善油气氢能源服务网络。坚持以油品自营为主，创立"燕赵能源"自有品牌，积极探索油品上下游产业拓展渠道，实现"产、储、运、销"全产业链布局。

(2) 推进充电基础设施建设。结合交通体系、路段流量、停车配建区域、地理位置和区域经济等因素，在各服务区布局充电设施，打造智能高效的充电基础设施体系。

(3) 推进换电基础设施建设。探索引进货车、重卡换电站合作项目，积极与项目单位沟通洽谈，计划在环京服务区试点推进。

6） 实施传媒资源开发行动

（1）深入挖掘服务区融媒资源，合理利用所属服务区土地资源。

（2）开发高速公路路域沿线广告资源。依托高速沿线立交互通、跨线桥、收费站等资源，开发路域沿线广告市场，实现经济创收远景目标。

7） 实施节能低碳行动

（1）推进分布式光伏、风力发电项目。采取合资合作模式，利用服务区屋顶、护坡底、停车区、绿化带等区域，分批开发建设分布式光伏、风力发电项目。

（2）污水改造延伸项目。围绕中水利用打造中水冲厕绿化灌溉、中水蔬菜大棚灌溉、中水花卉大棚灌溉、中水边沟蒸发四种模式，实现污水站改造分级达标、中水收益保障后期运维、中水用途带动多元发展、节约建设投资等目标。

（3）推进碳资产综合管理平台建设。通过设置数据采集、碳排放核算与分析、降碳产品价值计算与分析、模型配置管理、碳中和路径跟踪、全景一张屏等功能模块，搭建碳资产综合管理平台。

8） 实施降本增效行动

（1）推进存量资源开发。充分盘活存量资产，深入挖掘存量资源开发潜力。根据各子（分）公司存量资源优势、市场需求、地域特征等因素，开展差异化存量资源开发行动。

（2）深耕中央厨房品牌。通过中央厨房集约化采购、自动化加工、标准化生产、精细化管理，进一步降低餐饮板块整体运营成本。

（3）锻造多元开发能力。充分发挥自身专业人员优势，结合企业项目建设需求，申办建筑工程总承包资质和装修装饰工程专业承包资质，打造专业化房建、装修建设队伍。

（4）开展高速行业路用材料业务。着眼高速公路行业全产业链发展需求，立足河北高速和燕赵驿行集团重点项目建设、养护和资源开发。

9） 实施助力乡村振兴行动

（1）畅通农特产品销售渠道。整合河北各地具有浓厚地域特色的优质土特产资源，以高速服务区为阵地进行宣传销售，建成河北省优质农特产品展销平台。

（2）打造农产品特色品牌。打造"燕赵山水"品牌，整合展销河北各地土、特、名、优商品。

（3）打造"驿行优品"直播带货项目，完成线上、线下选品以及主播调研。

2.2 服务区运营现状

燕赵驿行集团为提升自身品牌效应、增强自身市场竞争力，着眼服务品质提升，从服务水平、服务能力两大方面提升企业形象，增强顾客体验感。燕赵驿行集团编制服务区服务品质提升三年规划,为规范服务区管理提供指导和依据,明确岗位职责和考核标准,量化服务标准、工作流程;建立激励机制,试行责任承包制,落实监督制度,确保方案落实。燕赵驿行集团正优化服务区经营布局,整合服务区现有餐厅、超市、外走廊等区域,形成多业态、串联式经营布局,打造功能多样、优势互补、互相带动、运转流畅的综合体服务区。

2.2.1 服务区平台建设

根据服务区自身硬件设施确定其发展的形式,可以将服务区划分为共享、标杆、主题服务区。

河北省内共有104对高速公路服务区为燕赵驿行集团所管理,通过服务区所具备的优势划分为标杆服务区、共享服务区和主题服务区。由于服务区数量过多,将从中选取具有代表性和重要服务区,从地理位置、人文历史、旅游资源、农业特产和土地资源等方面进行阐述。表2-1为燕赵驿行集团发展战略"十四五"规划中的服务区平台建设。

表 2-1 燕赵驿行集团典型服务区的信息图

服务区类别	服务区名称	所处高速	发展优势
标杆服务区	香河服务区	京沈高速	地理位置优越,交通运输发达,土地资源剩余
	山海关服务区	京秦高速	历史底蕴雄厚,旅游资源丰富
共享服务区	石家庄东服务区	京港澳高速	服务项目和设施齐全,交通运输枢纽,红色圣地,物流业发达
	邯郸服务区	京港澳高速	交通要道,文化古城,成语之都,红色元素,旅游胜地
	张家口服务区	张承高速	交通运输业发达,景点众多,非物质文化
	武强服务区	石黄高速	地理位置重要,交通方便
	沙河服务区	京珠高速	众多风景名胜和文化古迹
	茅荆坝服务区	大广高速	风景名胜、动植物资源丰富
主题服务区	磁县服务区	京珠高速	交通运输方便,风景名胜和地方特产众多
	沧州服务区	沧黄高速	地理优势,众多农业特产和著名菜肴,旅游胜地
	固安服务区	廊涿高速	交通优势,历史文化底蕴深厚
	双峰寺服务区	大广高速	交通运输方便
	任丘服务区	大广高速	众多文化古迹和文化遗产
	深州服务区	大广高速	交通运输方便,旅游景点众多
	肃宁服务区	大广高速	交通运输业发达,历史文化底蕴深厚
	清家沟服务区	邢汾高速	服务设施齐全,餐厅、停车场面积广阔
	衡水湖服务区	邢衡高速	"鱼文化"饮食特色,旅游景点众多
	廊坊服务区	廊涿高速	地理位置重要,交通运输方便
	邢台服务区	京港澳高速	交通运输方便,人文历史深厚,旅游资源丰富
	冀州南服务区	邢汾高速	地理位置优越,风景名胜众多

2.2.2 分公司2022年运营数据分析

（1）保定分公司

保定分公司位于荣乌高速徐水西服务区，辖区内管理8对服务区，分别为张涿高速野三坡、涞水服务区，京昆高速涞水西服务区，荣乌高速徐水西、狼牙山、黄土岭服务区及涞源、桑岗停车区，主要负责所属服务区环境卫生、安全保障及区域内餐饮、商超、加油站等经营场所的日常监管工作。图2-2和图2-3分别为保定分公司所属服务区日均旅客流量和车流量统计图。

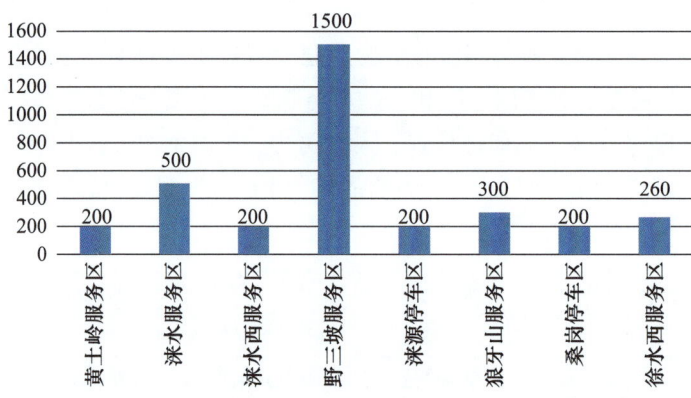

图2-2　保定分公司所属服务区日均旅客流量

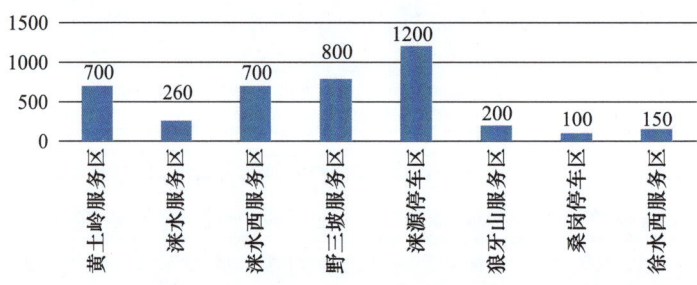

图2-3　保定分公司所属服务区日均车流量

野三坡服务区日均进站客流量最高为1500人，其他服务区日均客流量除涞水服务区为500人外，都处于200到300人。这是由于野三坡服务区距野三坡风景区较近，前来游览的旅客较多。涞源停车区日均进站车流量最高为1200辆，黄土岭、涞水、涞水西、野三坡服务区日均车流量也较好，达到700或800辆。其他服务区日均进站车流量则表现较差。涞源服务区进站车流量比进站客流量多，可能是部分车辆在经过服务区时只是简单停靠休息，并不会进入服务区内部，说明涞源服务区有很大的开发潜力。

（2）沧州分公司

沧州分公司位于京沪高速沧州服务区西区，辖区内管理7对服务区，分别为京沪高速青县、沧州、东光、吴桥服务区和石黄高速献县、沧州东、黄骅服务区，主要负责所属服务区环境卫生、安全保障及区域内餐饮、商超、加油站等经营场所的日常监管工作。图 2-4 和图 2-5 分别为沧州分公司所属服务区日均旅客流量和车流量统计图。

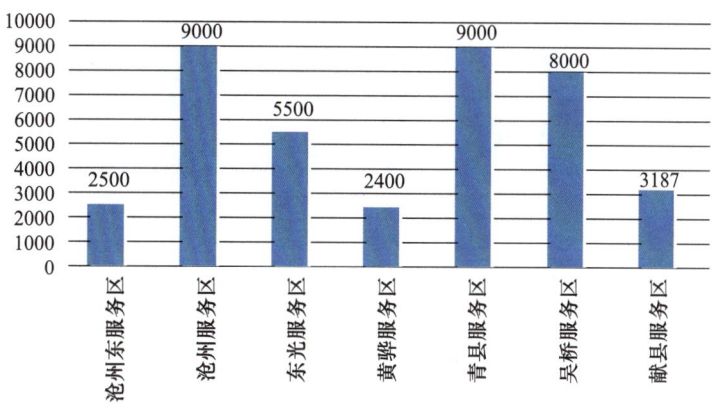

图 2-4　沧州分公司所属服务区日均旅客流量

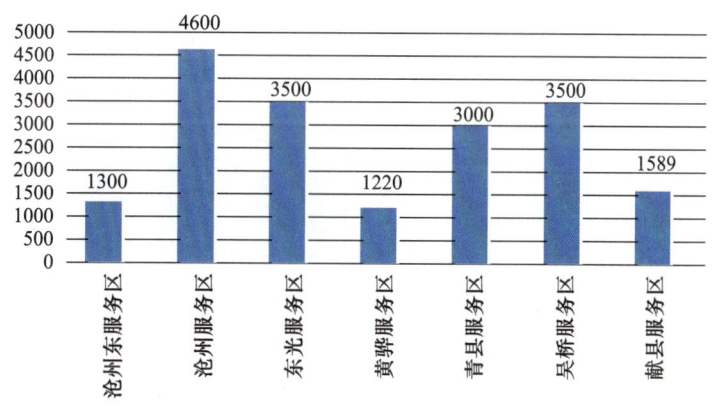

图 2-5　沧州分公司所属服务区日均车流量

沧州和青县服务区日均进站客流量最高为 9000 人，其他服务区日均客流量也很高。沧州服务区日均进站车流量最高，达到 4600 辆。其他服务区日均进站车流量也表现很好，东光、青县、吴桥服务区为 3000 辆左右，沧州东、黄骅、献县服务区为 1300 辆左右。

（3）大名分公司

大名分公司成立于 2020 年 7 月 6 日，分公司位于大广高速漳河服务区东区，辖区内管理 7 对服务区，分别为大广高速大名、漳河、邱县、威县南、威县北服务区，青银高速南宫、清河服务区，其所在地理位优越，紧邻山东、河南两省，特别是清河、大名两个服务区是进出河北的重要门户。图 2-6 和图 2-7 分别为大名分公司服务区日均旅客和日均进站车流量图。

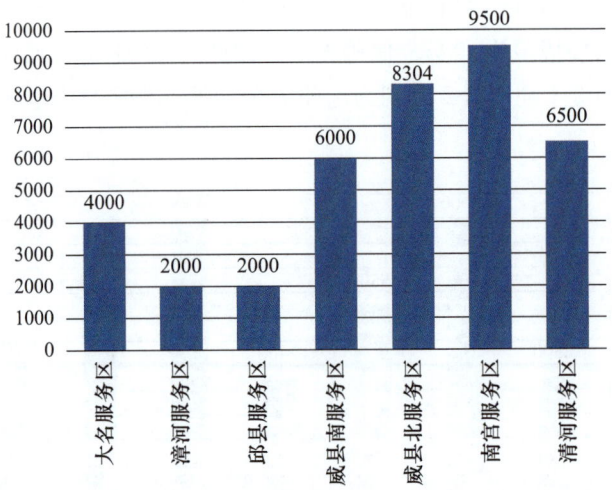

图 2-6　大名分公司所属服务区日均旅客流量

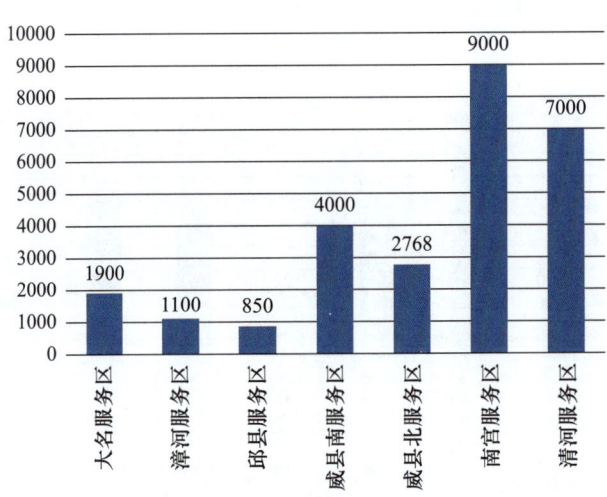

图 2-7　大名分公司所属服务区日均车流量

南宫服务区日均进站客流量最高，达到 9500 人。清河、威县南、威县北服务区都达到了 6000 人以上，大名分公司所属服务区整体客流量表现很好。南宫服务区日均进站车流量也为最高，达到 9000 辆。清河、威县南服务区都达到了 4000 辆以上，大名分公司所属服务区整体车流量表现很好。

（4）承德分公司

承德分公司位于承朝高速承德东服务区，下辖承赤、承唐、承朝、京承、张承 5 个路段的服务区物业管理及服务工作，其中承赤高速承德段双峰寺、茅荆坝、围场 3 对服务区、承唐高速承德南、兴隆 2 对服务（停车）区、承朝高速承德东等 2 对服务区、京承高速承德段安子岭、金山岭 2 对服务（停车）区、张承高速承德段隆化、凤山、选将营、丰宁、水泉、千松坝、大滩 7 对服务（停车）区，所辖共计 16 对服务

(停车)区为自主营业,兴隆北、闫营子 2 对停车区为外包租赁。图 2-8 和图 2-9 分别为承德分公司服务区日均旅客量和日均进站车流量图。

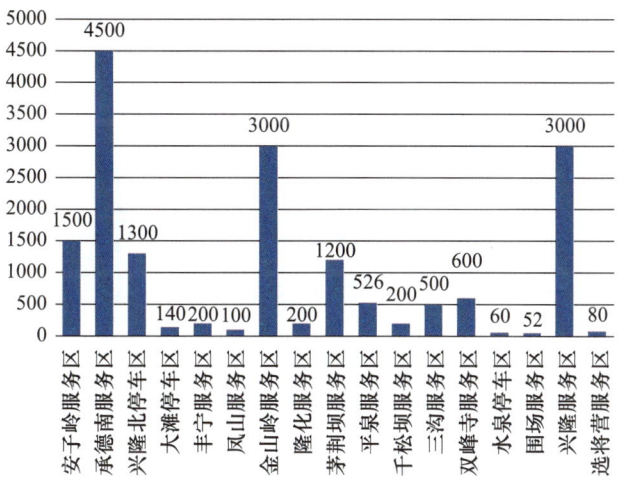

图 2-8 承德分公司所属服务区日均旅客流量

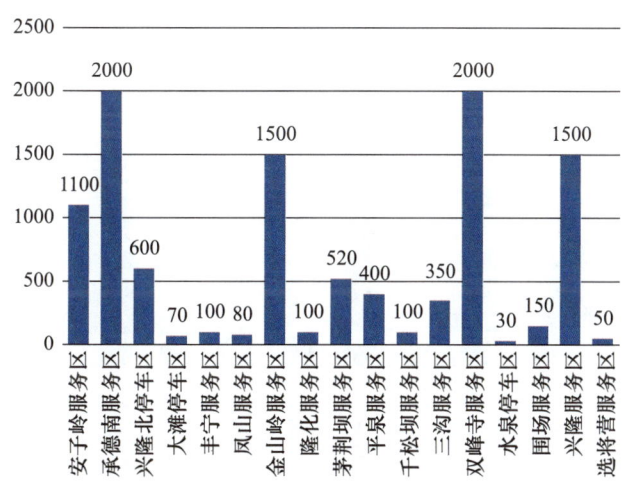

图 2-9 承德分公司所属服务区日均车流量

承德南服务区日均进站客流量最高,达到 4500 人。金山岭、兴隆服务区都达到了 3000 人以上,承德分公司所属其他服务区客流量则表现较差。承德南、双峰寺服务区日均进站车流量为最高,达到 2000 辆。安子岭、金山岭、兴隆服务区都达到了 1100 辆以上,承德分公司所属其他服务区车流量表现较差。

(5) 张家口分公司

张家口分公司位于张承高速张家口服务区东区,辖区内管理 13 对服务区,分别为张家口服务区、崇礼服务区、太子城服务区、赤城服务区、大海陀服务区、宣化服务区、化稍营服务区、阳原服务区、鲍家口服务区、涿鹿服务区、沽源服务区(整体租赁)、莲花服务区(整体租赁)、岔河服务区(未开业)。图 2-10 和图 2-11 分别为张家口分公司服务区日均旅客量和日均进站车流量图。

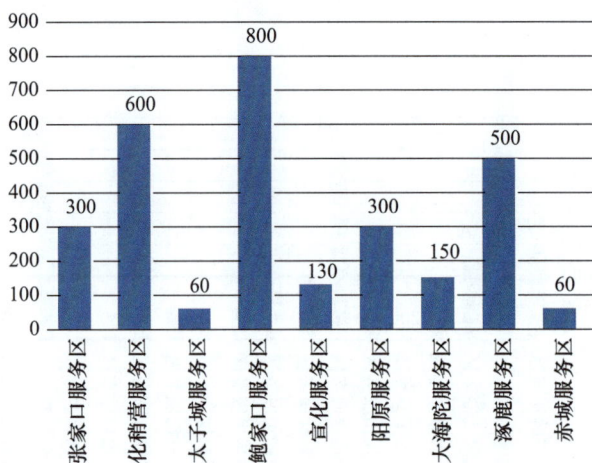

图 2-10　张家口分公司所属服务区日均旅客流量

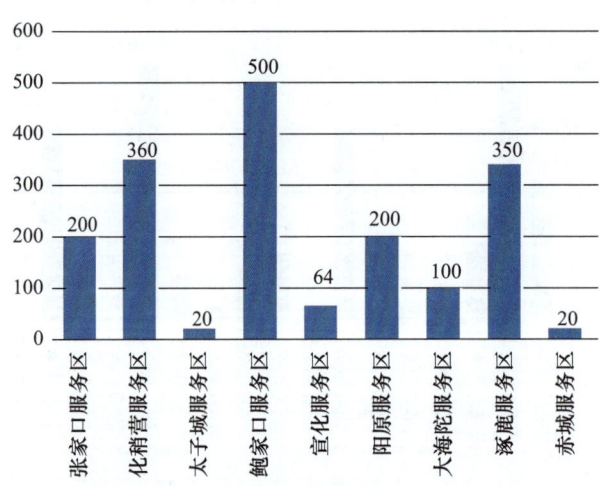

图 2-11　张家口分公司所属服务区日均车流量

鲍家口服务区日均进站客流量最高,达到 800 人。化稍营服务区达到了 500 人以上,张家口分公司所属服务区客流量表现较差。鲍家口服务区日均进站车流量也为最高,达到 500 辆。涿鹿、化稍营服务区达到了 350 辆以上,张家口分公司所属服务区车流量表现较差。

(6) 秦皇岛分公司

秦皇岛分公司位于京哈高速北戴河服务区北区,辖区内管理 6 对服务区,分别为京哈高速北戴河、山海关、卢龙和承秦高速青龙东、抚宁北、青龙服务区。图 2-12 和图 2-13 分别为秦皇岛分公司服务区日均旅客量和日均进站车流量图。

2 燕赵驿行集团及所辖服务区运营现状

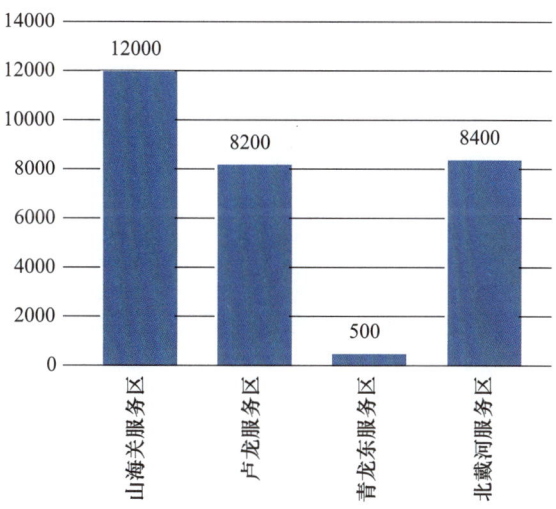

图 2-12 秦皇岛分公司所属服务区日均旅客流量和车流量

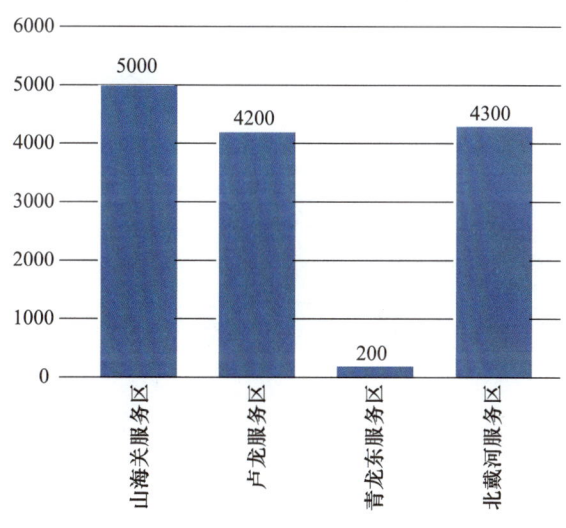

图 2-13 秦皇岛分公司所属服务区日均车流量

山海关服务区日均进站客流量最高，达到12000人。卢龙、北戴河服务区达到了8000人以上，青龙东服务区日均进站客流量仅为500人。山海关服务区日均进站车流量也为最高，达到5000辆。卢龙、北戴河服务区达到了4000辆以上，青龙东服务区日均进站车流量仅为200辆。

（7）唐山分公司

唐山分公司位于京哈高速玉田服务区南区，辖区内管理7对服务区，分别为京哈高速玉田服务区、丰润停车区、滦州服务区、迁安停车区、京哈北线高速玉田大安镇服务区、玉田郭家屯停车区、京哈北线清东陵支线遵化新城服务区。图2-14和图2-15分别为唐山分公司服务区日均旅客量和日均进站车流量图。

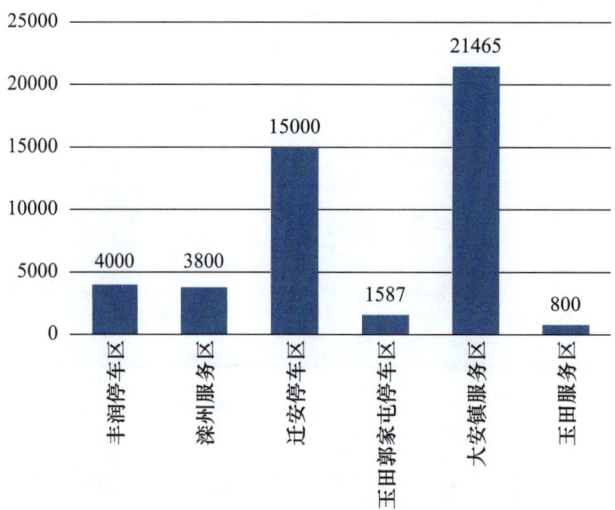

图 2-14　唐山分公司所属服务区日均旅客流量

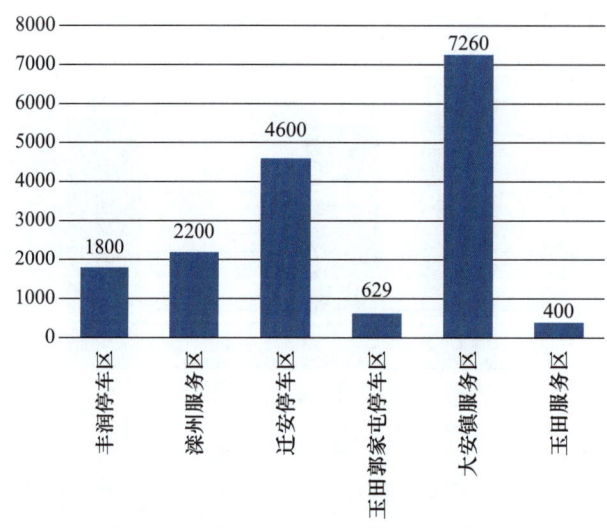

图 2-15　唐山分公司所属服务区日均车流量

玉田服务区日均进站客流量最高，达到 21465 人。迁安停车区达到了 15000 人，唐山分公司所属服务区整体客流量表现较好。玉田服务区日均进站车流量也为最高，达到 7260 辆。迁安停车区达到了 4600 辆，唐山分公司所属服务区整体车流量表现较好。

（8）廊坊分公司

廊坊分公司驻地位于大广高速牛驼服务区东区，作为全新的专业化物业服务区分公司，共管理 12 对服务区，管辖范围为西演、任丘、雄县、牛驼、雄安（白沟）、义和庄、固安、廊坊、万庄、香河、三河、大厂等 12 对服务区（停车区），辐射大广、京雄、廊涿、京昆等多条临京、环京路段。图 2-16 和图 2-17 分别为廊坊分公司服务区日均旅客量和日均进站车流量图。

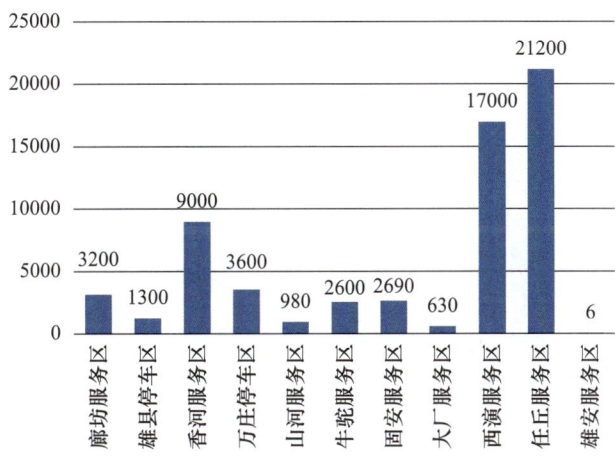

图 2-16 廊坊分公司所属服务区日均旅客流量

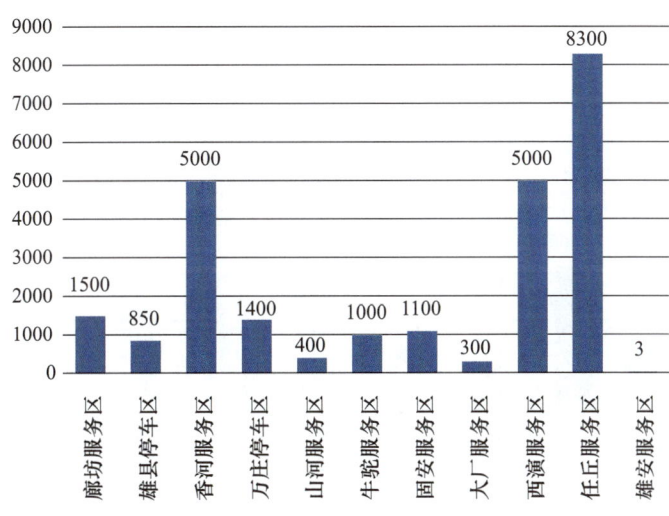

图 2-17 廊坊分公司所属服务区日均车流量

任丘服务区日均进站客流量最高，达到 21200 人。西演服务区达到了 17000 人，廊坊分公司所属服务区整体客流量表现较好。任丘服务区日均进站车流量也为最高，达到 8300 辆。西演服务区达到了 5000 辆，廊坊分公司所属服务区整体车流量表现较好。

（9）石家庄分公司

石家庄分公司位于石黄高速辛集服务区南区，所辖 6 对服务区，分别为辛集服务区、石家庄东服务区、赵县服务区、元氏服务区、石家庄南服务区及宁晋服务区，坐落于石黄高速、京港澳高速、新元高速、青银高速、复兴大街等主要高速公路干道，承载了巨大的交通运输任务，真正起到了连接南北、沟通东西，助推实体经济高质量发展的积极作用。图 2-18 和图 2-19 分别为承德分公司服务区日均旅客量和日均进站车流量图。

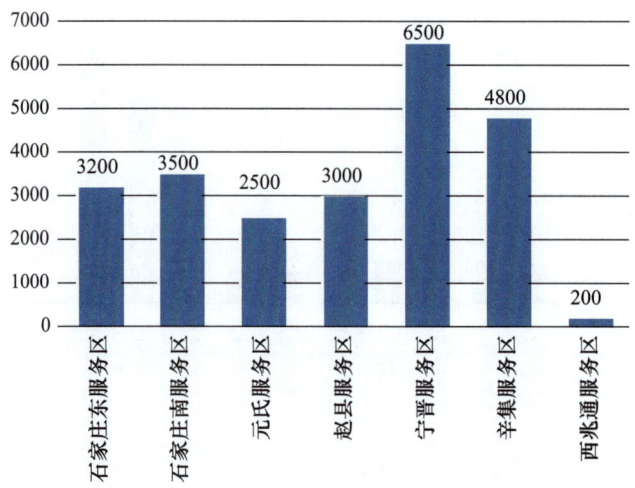

图 2-18 石家庄分公司所属服务区日均旅客流量

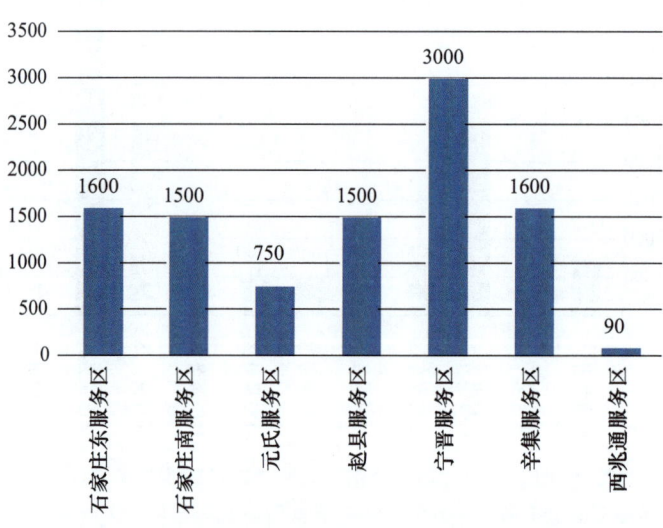

图 2-19 石家庄分公司所属服务区日均车流量

宁晋服务区日均进站客流量最高，达到 6500 人。辛集服务区达到了 4800 人。石家庄分公司所属服务区整体客流量表现较好。宁晋服务区日均进站车流量也为最高，达到 3000 辆。辛集服务区达到了 1600 辆。石家庄分公司所属服务区整体车流量表现较好。

（10）衡水分公司

衡水分公司位于大广高速衡水湖服务区西区，辖区内管理 9 对服务区（停车区），分别为大广高速肃宁服务区、饶阳停车区、深州服务区、武强服务区、衡水湖服务区、冀州服务区和邢衡高速的冀州南服务区、衡水湖西服务区、衡水北停车区。图 2-20 和图 2-21 分别为衡水分公司服务区日均旅客量和日均进站车流量图。

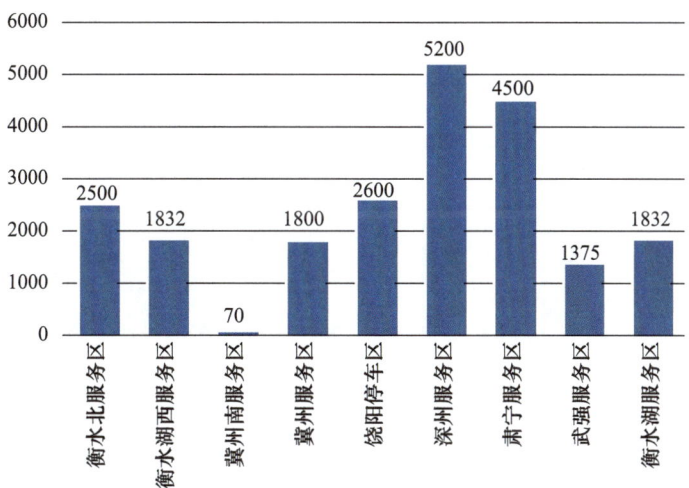

图 2-20　衡水分公司所属服务区日均旅客流量

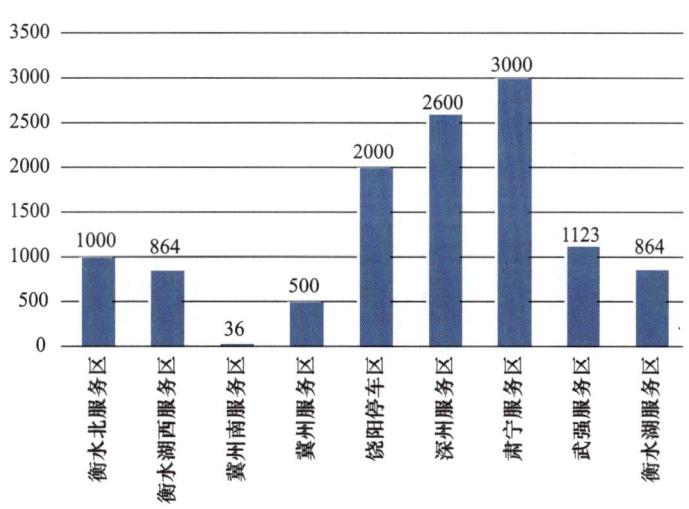

图 2-21　衡水分公司所属服务区日均车流量

深州服务区日均进站客流量最高，达到 5200 人。肃宁服务区达到了 4500 人，冀州南服务区日均进站客流量仅为 70 人。衡水分公司所属服务区整体客流量表现较差。肃宁服务区日均进站车流量为最高，达到 3000 辆。深州、饶阳服务区达到了 2000 辆以上，冀州南服务区日均进站车流量仅为 36 辆。衡水分公司所属服务区整体车流量表现较差。

(11) 邢台分公司

邢台分公司位于京港澳高速邢台服务区东区，辖区内管理 10 对服务区，分别为京港澳高速柏乡、邢台、沙河、邯郸、磁县服务区，邢衡高速巨鹿、尹支江服务区和东吕高速邢台西、龙泉寺（关停）、清家沟服务区。图 2-22 和图 2-23 分别为承邢台分公司服务区日均旅客量和日均进站车流量图。

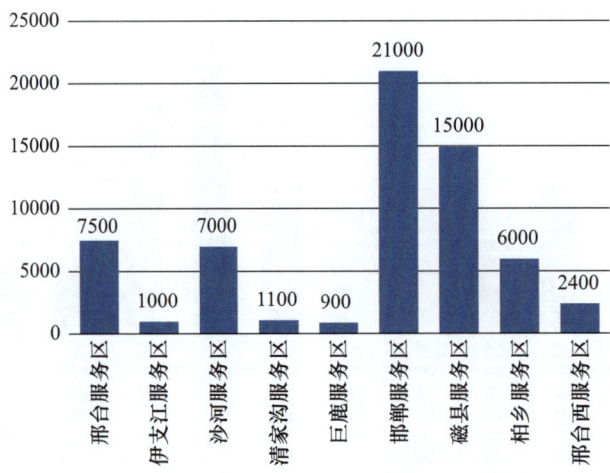

图 2-22　邢台分公司所属服务区日均旅客流量

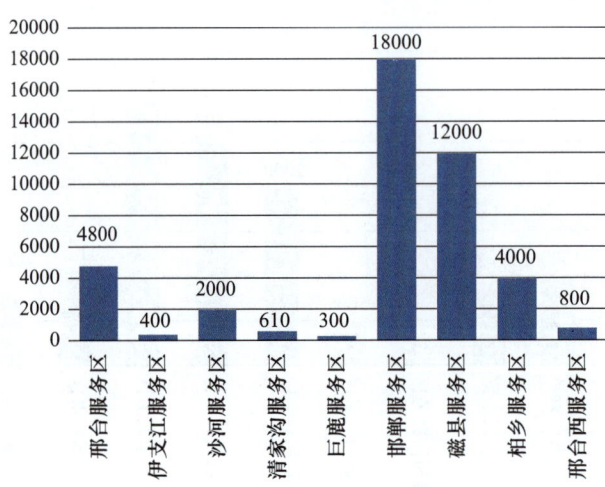

图 2-23　邢台分公司所属服务区日均旅车流量

邯郸服务区日均进站客流量最高，达到 21000 人。磁县服务区达到了 15000 人，柏乡、邢台、沙河服务区均为 6000 人以上。邢台分公司所属服务区整体客流量表现较好。邯郸服务区日均进站车流量为最高，达到 18000 辆。磁县服务区达到了 12000 辆，柏乡、邢台服务区日均进站车流量为 4000 辆以上。邢台分公司所属服务区整体车流量表现较好。

（12）分公司服务区统计数据的日均收入

山海关服务区日均收入最高为 552828 元，化稍营服务区日均收入最低为 300 元。其中有 13 个服务区日均收入超过 20 万元，23 个服务区日均收入处于 1 万到 10 万元之间（包括 1 万元）。这些服务区大多处于经济发达和旅游景区较多的地区，在地理位置上优势明显。7 个服务区日均收入处于 5000 元到 1 万元之间（包括 5000 元），这些服务区周围也具有旅游景区，可以对其进行拓展开发以提升服务区收益。9 个服务区日均收入为 5000 元以下，这些服务区所处位置大多为经济欠发达地区。燕赵驿行服务区日均收入现有数据如图2—24所示。

不同位置的服务区由于地理位置、周边环境等因素，其客流量和经济效益可能存在较大差异。针对不同服务区的经济效益，可以采取分层化管理能够更精细化地调配资源，提高整体运营效率。根据不同服务区的经济效益情况，合理分配资源。对于收益较高的服务区，可以增加人力、物资和设备投入，以提升服务质量和满意度；对于收益较低的服务区，可以适度减少资源投入，避免过度浪费。

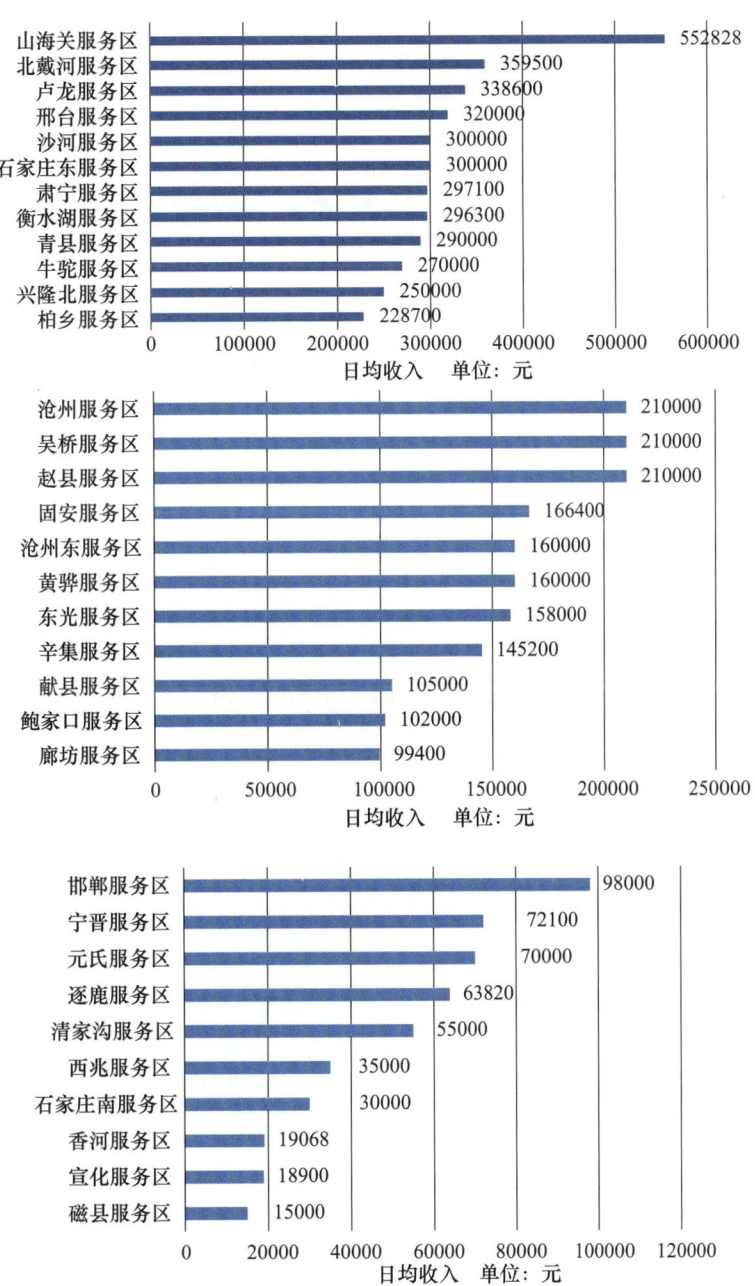

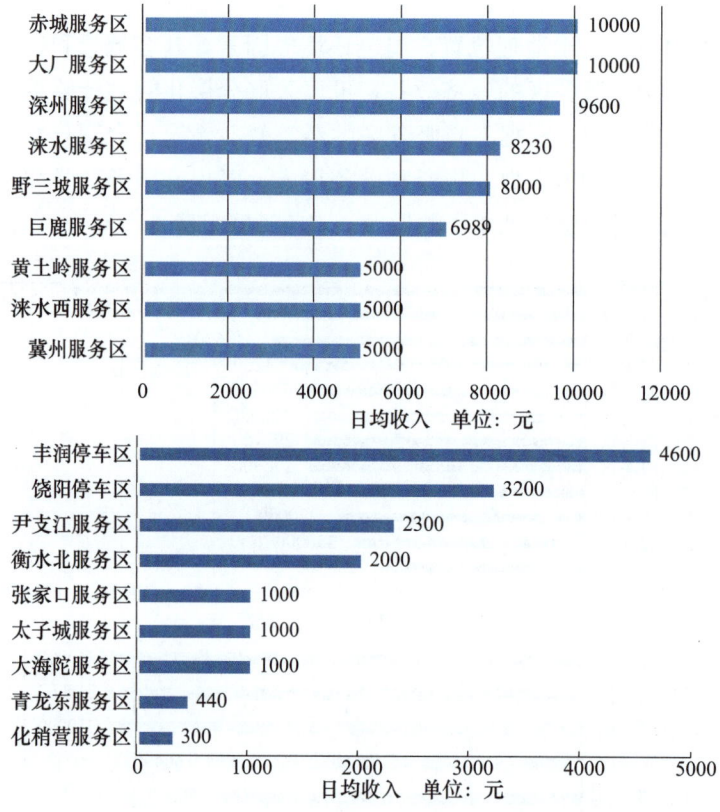

图 2-24 燕赵驿行服务区日均收入现有数据

2.3 与国内其他省份服务区差异分析

国内其他省份的服务区在管理、设施、服务质量等方面具有一定的先进性和成功经验。通过研究其差异，可以了解到这些省份在服务区管理上取得的成果和创新做法，为河北省服务区提供借鉴和学习的机会。

2.3.1 其他省份服务区现状

根据广东省交通运输厅的数据，广东省服务区卫生间和超市配备率为100%，加油站配备率85%，餐饮设施配备率80%，车辆维修场所配备率超过50%，基本满足司乘人员休憩需求以及车辆维修需要。部分服务区还配备了住宿、母婴室、第三卫生间、充电桩、信息查询机、无线网络等便民设施。同时，服务区"厕所革命"、垃圾分类工作取得较好成效，"脏、乱、差"状况明显改善。

山东省在2022年7月组织召开了高速公路服务区充电基础设施专题调研座谈会，

充分了解目前高速公路充电设施建设运营情况，积极推进高速公路服务区充电设施建设工作；山东济南东服务区在确保提供优质常规餐饮、商超基础上，积极拓展"服务区+"功能，这里可以吃到汉堡王，可以品尝到DQ冰淇淋，也可以啃个德州扒鸡的鸡腿，以济南芙蓉街为模板微缩打造了室内美食街，引进了潘佳驴肉、吉祥馄饨、正新鸡排、小叮当米线等特色小吃十余种。除了美食还可以专程打卡一下"齐鲁号·全球购"的跨境超市，以"境外直采+中欧班列运输+保税仓储+服务区直购"为主要商业模式，消费者可以买到多元化的跨境产品。除了传统的餐饮、住宿、加油业务外，还开展了车辆维修保养、物流配送等业务。例如，在某些服务区内部设置了汽车4S店或物流中心，并提供相应的维修保养、配件销售或货运代理等服务。这种多元化经营模式不仅增加了收益来源，还为旅客提供更多选择和便利。

江苏省阳澄湖服务区24小时提供餐饮、购物、加油、加气、汽修、停车、如厕等公共服务，这些基础设施建设为旅客提供了便利条件，让他们在长途旅行中能够得到充分的休息和补给。江苏省茅山服务区以道家思想为核心，打造富有浓厚的道教文化体验式服务区，融入春秋淹城文化，增添了诸子百家雕塑、春秋文化长廊；江苏省锦丰服务区挖掘张家港特色文化，园区建筑融中式唐风与日式和风于一体，以鉴真东渡为历史源头，以"遇见大桥"为主题线索，以传·飞地艺术空间为文化载体，联合艺术家举行作品巡展。沙溪服务区是江苏高速公路"智慧服务区"转型升级的实践样本，该服务区设计融入了"智慧引导+停车+智慧灯标"、"智慧安防系统"、"能耗监测系统"、"设备管理系统"、"环境监测系统"等智慧系统，并从安全文明、绿色健康、运营监管、文化融合等角度对"智慧服务区"建设的路径进行了有益探索。江苏省打造地标"记忆点"、勾画漫享"打卡圈"，构建主题鲜明的服务区文化群，进一步提升公众美好出行体验感，既实现了社会效益和经济效益的双提升，也走好了诗情画意的品牌服务区建设之路。此外，着眼管理细节、难点，通过智慧赋能提升服务区整体管理效能。聚焦"食品"，开发全国首个食品安全鹰眼系统，对服务区餐饮加工全流程智慧监管；聚焦"停车"，引入百度导航，实现服务区车位在线显示、停车智慧引导；聚焦"安全"，推广危化品智慧管控系统，实现对危化品车辆自主识别、自动管控。

福建省开工建设了一批服务区后通道出入口项目。截至2023年12月29日零时，福建全省共开工建设20个服务区后通道出入口项目，位于全省九地市，惠及57个乡镇。高速公路服务区出入口的开通就近接入地方道路，为服务区周边居民村民车辆上下高速公路提供便捷通道、减少绕行距离。在便捷出行的同时，也实现了高速公路和普通公路共享服务区，提升群众出行体验感、获得感和科技感。

山西省充分发挥高速公路服务区窗口平台作用，面向全国旅客，进一步拓宽农特产品销售渠道，提升山西农特产品的知名度，助力乡村振兴不断走深走实，努力开创企业发展、农民得利、乡村振兴的新局面。此外，通过设立专柜、直采绿色农产品、打造"青年文明号+消费帮扶"模式，统筹各方资源搭建高速公路服务区三晋名优特产供需平台，多渠道销售，为县域经济高质量发展提供有力支撑。

云南省服务区涵盖高标准仓库、智慧化物流设备、分布式屋顶光伏及综合服务等现代物流设施，是推进通道物流建设和实施绿美通道经济发展的重点项目。该建设将成为云南交投集团高速公路"通道物流"拓展工程示范项目、科技数字双赋能的智慧物流平台、绿色低碳的可持续现代物流园区。对践行"大通道带动大物流、大物流带动大贸易、大贸易带动大产业、大产业带动大发展"理念具有重要意义。

2.3.2 与其他省份服务区的差距

（1）服务区分类

在服务区分类方面，广东省根据功能把高速公路服务区分为一类服务区、二类服务区和三类服务区（含停车区）。其中，一类服务区提供全功能服务，设置停车、如厕、加油、餐饮、住宿、医疗救助、车辆保养维修等设施，并且根据服务区所处的地理位置和路段情况，建设旅游休闲（含房车营地）、商务会议、物流仓储、商业综合体等设施。二类服务区提供多功能服务，一般设置停车、如厕、加油、餐饮、便利店等设施。三类服务区（含停车区）提供基础功能服务，设置在一类、二类服务区之间，主要设置停车、如厕、便利店等服务设施，并根据具体情况设置加油设施。根据交通量差异，全省一类、二类服务区平均间距不超过 45km，一类、二类、三类服务区（含停车区）平均间距不超过 25km。

（2）出行热度

社会经济发达程度、交通区位、腹地旅游资源禀赋是影响服务区出行热度最主要的因素，但不同区域影响服务区出行热度的因素有所侧重。东部和中部地区服务区进入前百的因素侧重于区域经济发达、交通区位优势、交通量大、重点服务区的打造以及设施设备的完善等；西部地区服务区进入前百则更侧重于交通区域的优势、旅游资源的丰富等。图 2-25 为各省热度前百服务区数量。

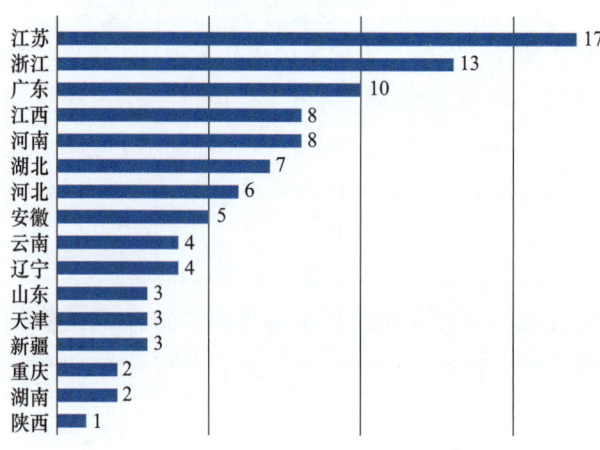

图 2-25　各省热度前百服务区数量

东、中、西部高速服务区出行热度的影响因素有所侧重,所以,处于不同区域、不同区位的服务区建议结合客观实际条件稳流、引流,避免同质化一窝蜂打造综合商业体,避免不考虑流量基础盲目扩大投资等。

通过查阅资料和调研收集了河北省出行热度较高的服务区相关信息,见表2-2。

表2-2 河北省2023年出行热度较高服务区

城市名称	服务区名称	所在高速	日均驾车热度	人均驾车频次	日均驾车活跃度	驶入率
秦皇岛	山海关服务区	G1京哈高速	14077	2.11	7214	34%
唐山	唐山服务区	S0105绕城高速	4305	2.03	4934	29%
石家庄	井陉服务区	G20青银高速	3647	2.05	2441	21%
邯郸	大名服务区	G45大广高速	3155	2.14	2716	27%
衡水	衡水服务区	G45大广高速	2047	1.89	8778	19%
唐山	唐海服务区	G0111秦滨高速	2411	1.95	4183	15%
保定	野三坡服务区	G95首都环线高速	2511	1.96	1922	21%
沧州	海兴服务区	G18荣乌高速	1769	2.04	4486	21%
秦皇岛	昌黎服务区	G0111秦滨高速	1974	1.98	3399	19%
廊坊	香河服务区	G1京哈高速	2207	1.83	1295	13%
沧州	渤海新区服务区	G0111秦滨高速	107	1.74	6581	39%
秦皇岛	抚宁服务区	G0111秦滨高速	1422	1.85	3942	30%
保定	徐水服务区	G4京港高速	1147	1.84	6884	12%
廊坊	牛驼服务区	G45大广高速	1979	1.92	2629	8%
沧州	青县服务区	G2京沪高速	123	1.70	8249	20%
石家庄	石家庄东服务区	G4京港澳高速	918	1.87	6682	18%
秦皇岛	卢龙服务区	G1京哈高速	755	1.83	6823	20%
衡水	深州服务区	G45大广高速	490	1.73	7418	17%
保定	涞源服务区	S10张石高速	780	1.79	2865	43%
唐山	玉田服务区	G1京哈高速	802	1.77	6384	18%
保定	涿州服务区	G4京港澳高速	1461	1.80	4257	14%
邢台	邢台服务区	G4京港澳高速	259	1.70	7249	18%
保定	定州服务区	G4京港澳高速	448	1.79	6407	22%
唐山	迁安停车区	G1京哈高速	169	1.89	6810	16%
保定	易县服务区	G9511涞涞高速	1105	1.92	1868	31%
张家口	宣化南服务区	G7京新高速	1216	1.90	2504	26%
邢台	宁晋服务区	G20青银高速	88	2.29	4948	24%
沧州	肃宁服务区	G45大广高速	77	1.74	6482	21%
唐山	涧河服务区	G0111秦滨高速	908	1.90	5234	15%
沧州	木门店服务区	G3京台高速	287	1.83	5155	27%

其中河北省的山海关服务区位于全国高速公路服务区出行热度的第一名,见表2-3。

表2-3 出行热度前十的高速公路服务区

序号	服务区名称	所在省份	所在城市	所在高速	热度得分
1	山海关服务	河北	秦皇岛	G1 京哈高速	87%
2	阳澄湖服务区	江苏	苏州	G2 京沪高速	72%
3	哈密服务区	新疆	哈密	G30 连霍高速	71%
4	苏通大桥服务区	江苏	南通	G15 沈海高速	64%
5	梅村服务区	江苏	无锡	G2 京沪高速	60%
6	三清山服务区	江西	上饶	G60 沪昆高速	57%
7	芳茂山服务区	江苏	常州	G42 沪蓉高速	56%
8	龙虎山服务区	江西	鹰潭	G60 沪昆高速	55%
9	唐山服务区	河北	唐山	S0105 绕城高速	55%
10	下沙服务区	浙江	杭州	G60 沪昆高速	54%

 燕赵驿行集团所辖服务区消费潜力分析

服务区作为高速公路的重要"服务窗口"和"形象窗口",是高速公路不可或缺的重要部分,是安全、舒适、便捷出行的保障,同时也是高速公路相关部门和企业的重要利润来源。随着我国经济结构及人民生活方式的转变,人们对高速公路的服务水平及服务内容提出了更高要求,出行需求趋于多元化、个性化。在高速公路飞速发展、服务区提档升级和功能拓展、人们消费理念提升的新时期,服务区在规划设计时应转变以往"重建设、轻服务"的思路,应重视提升服务质量和效率、服务形象、运营效益,多从出行者消费行为角度出发,合理定位服务区功能,高度重视服务区使用者的实际需求,使高速公路服务区建设规模和功能配置与实际需求相适应,为了提高服务区的服务质量并且增加运营效益,利用大数据用户画像的手段,综合分析燕赵驿行高速公路服务区的潜在消费者及其特点,并利用数据驱动方法针对不同类型消费者群体的消费需求进行分类分析,从需求侧为服务区分析与运营模式提供决策依据。

3.1 结构方程模型

结构方程模型是应用线性方程表示观测变量与潜在变量之间,以及潜在变量之间关系的一种验证性方法。它是基于变量的协方差矩阵来分析变量之间关系的一种统计方法,实际上是一般线性模型的拓展,包括因子模型和结构模型,体现了传统路径分析与因子分析的完美结合。近年来,结构方程模型广泛应用于经济、心理、营销等行业中,其多用来探究相应问卷调查结果与评估的准确性和可行性。

因为用户相关直观感受及满意度等指标本身不可直接测量,故需通过一定的手段对它们进行测量。本节拟采用结构方程模型各自"估计"这些潜变量,再建立其之间的模型,最终得到高速服务区用户满意度评价结果,并提出相应的改进策略。

结构方程模型与传统的统计模型不同,结构方程模型不仅可以同时处理多个回归方程的估计,更重要的是,模型变量间的处理会更有弹性。一个广义的结构方程模型,由一个结构模型和多个测量模型组成,如图3-1所示,该结构方程模型包含了1个结构模型和3个测量模型。

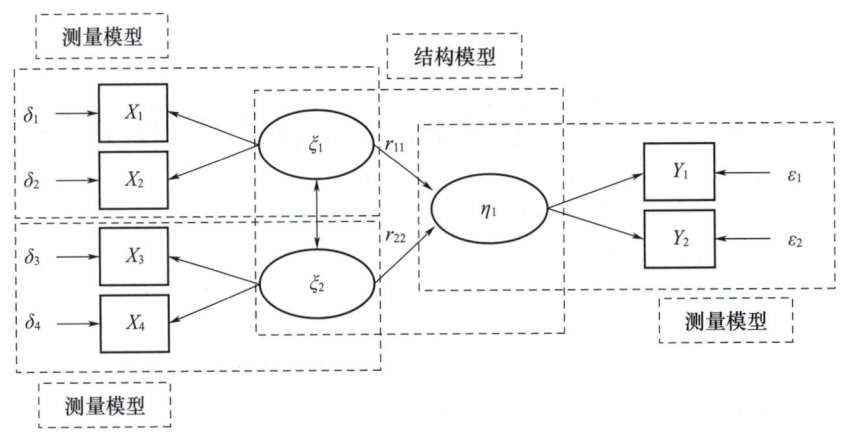

图 3-1　结构方程模型示意图

（1）结构模型用于解释潜在变量间的因果关系，即变量之间的路径关系。该模型将因子分析与路径分析相结合，公式为：

$$\eta = \Gamma\xi + B\eta + \zeta$$

式中　η——内因潜在变量（内生变量）；
　　　Γ——外因潜在变量和内因潜在变量之间的结构系数矩阵；
　　　ξ——外因潜在变量（外生变量）；
　　　B——内因潜在变量之间的结构系数矩阵；
　　　ζ——内因潜在变量的误差。

（2）测量模型可以看成是一组观察变量的线性函数，由潜在变量和观察变量组成，公式为：

$$Y = \Lambda_y \eta + \varepsilon, \quad X = \Lambda_x \xi + \delta$$

式中　Y——内因潜在变量的观察变量或测量指标；
　　　Λ_y——内因潜在变量对观测变量的影响的系数矩阵；
　　　ε——内因潜在变量的测量误差项；
　　　X——外因潜在变量的观测变量或测量指标；
　　　Λ_x——外因潜在变量对观测变量影响的系数矩阵；
　　　δ——外因潜在变量的测量误差项。

3.1.1　变量定义与设计

本消费者潜力分析模型具有较高的灵活性与兼容性，同时模型根据河北高速燕赵驿行集团所辖的高速服务区具体情况及特点共形成了七个核心潜在变量，分别是用户对高速服务区的运营服务感知、交通服务感知、硬件设施感知、环境质量感知、用户抱怨、用户满意度和用户忠诚度。各潜在变量的解释如下：

(1) 运营服务感知（Perceived Operation Service，POS）

运营服务感知即高速公路服务区用户对服务区提供的各种运营服务的主观感受，这些主观感受包括出行者对服务区各种商品价格的接受程度和出行者对服务区工作人员所提供的各种服务的满意程度。

(2) 交通服务感知（Traffic Service Perception，TSP）

交通服务感知即高速公路服务区用户对服务区所提供的有关交通服务方面的主观感受，包括出入口是否通顺、交通组织线是否流畅、停车位设计是否合理等。

(3) 硬件设施感知（Perceived Hardware Devices，PHD）

硬件设施感知即高速公路服务区用户对服务区提供的各类基础硬件设施的主观感受，包括这些设施的种类规模、现代化程度、各类指示标志等。

(4) 环境质量感知（Perceived Environment Quality，PEQ）

环境质量感知即高速公路服务区用户对服务区周围环境和舒适程度的主观感受，包括服务区所提供的卫生情况、绿化情况以及布局形式。

(5) 用户抱怨（Customer Complaints，CC）

用户抱怨即高速公路服务区用户对服务区所提供的运营服务、硬件设施和环境质量等不满而产生的显性或隐性的消极评价。

(6) 用户满意度（Customer Satisfaction，CS）

用户满意度即高速公路服务区用户事前对服务区的整体情况和工作人员的期望与实际享用服务区所提供的运营服务、硬件服务、环境服务等后所得到的实际感受之间的相对关系，若用具体的数字来定义这种相对关系，便将此数字称为用户满意度。用户满意度是用户忠诚的前提和基础。

(7) 用户忠诚度（Customer Loyalty，CL）

用户忠诚度即高速公路服务区用户事后是否愿意再次进入该服务区或向他人推荐该服务区。用户忠诚度的内在体现是出行者与服务区建立起来的信任和依赖程度，其外在表现则是出行者对服务区内的商品及所提供的各种服务的再次购买以及向他人推荐服务区的频率。用户忠诚度是此 SEM 中的最终因变量。

3.1.2 结构方程模型构建与假设

基于上述七个潜变量，将运营服务感知、交通服务感知、硬件设施感知和环境质量感知作为自变量，用户抱怨、用户满意度、用户忠诚度作为因变量，整体构成的高速公路服务区满意度影响因素结构方程模型如图 3-2 所示，其中，用户忠诚度是结构方程模型的最终因变量。

同时，根据这七个潜变量的相关关系提出了以下七个路径假设：

H_1：运营服务感知与用户满意度呈正向直接相关；

H_2：交通服务感知与用户满意度呈正向直接相关；

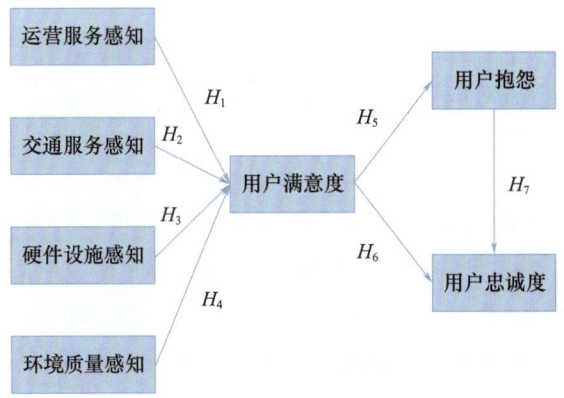

图 3-2　服务区满意度影响因素结构方程模型

H_3：硬件设施感知与用户满意度呈正向直接相关；
H_4：环境质量感知与用户满意度呈正向直接相关；
H_5：用户满意度与用户抱怨呈负向直接相关；
H_6：用户满意度与用户忠诚度呈正向直接相关；
H_7：用户抱怨与用户忠诚度呈负向直接相关。

3.2 研究设计

3.2.1 问卷设计

为了更加深入调查与了解服务区用户的满意度情况进而据此不断改善服务区整体质量与水平，本研究通过发放问卷的形式对服务区满意度进行有效的定量分析。笔者在问卷的发放与填写过程中得到了河北高速燕赵驿行集团有限公司的配合，并对公司的管理人员进行了访谈，以确保深入了解河北高速服务区的具体情况，以期获得准确的满意度评价结果，最终根据结果提出针对性的改进策略，助力高速服务区的优化与发展，也期望为出行者们提供更加舒适的服务区环境。

问卷分为三部分：第一部分是与被调查者填写信息相关的题项，包括填写时间、填写所用时间和地理信息等，以确保问卷的有效性和真实性；第二部分是涉及被调查者的基本信息的题项，包括性别、年龄、学历、职业、驾龄等人口统计与高速公路出行信息，以辅助和判断最终得到的满意度评价结果的准确性；第三部分为相应的核心潜变量测量题项，共计 26 个题项，分别为 6 个运营服务感知题项，3 个交通服务感知题项，5 个硬件设施感知题项，3 个环境质量感知题项，3 个用户抱怨题项，3 个用户满意度题项，3 个用户忠诚度题项。这 26 个题项采用李克特 5 等级量表，分为非常不满意、不太满意、一般、比较满意、非常满意，对应的分值分别为 1、2、

3、4、5。同时，在设计问卷时，为尽可能减少被调查者疲倦心情对结果的影响，每个题目都尽量采用通俗易懂的方式，保证数据的有效性。各核心潜变量测量题项描述见表3-1。

表 3-1 核心潜变量测量题项描述

序号	潜变量	变量符号	观测变量
1	运营服务感知	POS1	服务区餐饮种类丰富、可供选择余地大、食材新鲜，能吸引人们消费，价格合理
		POS2	服务区商品种类丰富、可供选择余地大，能够满足需求，价格合理
		POS3	服务区住宿价格合理
		POS4	服务区工作人员有礼貌、态度良好
		POS5	服务区工作人员对顾客提供详尽的业务或服务说明，服务专业
		POS6	服务区工作人员对紧急事件处理及时到位
2	交通服务感知	TSP1	服务区出入口安全便捷
		TSP2	服务区内部交通组织流线安全便捷
		TSP3	服务区停车场设计合理，客货分流
3	硬件设施感知	PHD1	服务区各类服务设施规模设置合理
		PHD2	服务区厕所设备现代化，考虑特殊人群需求
		PHD3	服务区公共厕所厕位充足，能快速找到厕所
		PHD4	服务区汽修、医疗等其他设施
		PHD5	服务区各类指示标志视认情况良好
4	环境质量感知	PEQ1	服务区卫生情况良好
		PEQ2	服务区绿化情况良好
		PEQ3	服务区布局形式优美
5	用户抱怨	CC1	在内心抱怨过服务区
		CC2	向他人抱怨过服务区
		CC3	对服务区进行过投诉
6	用户满意度	CS1	进入服务区的基本需求得到满足
		CS2	进入服务区的所有需求得到满足
		CS3	总体上对服务区比较满意
7	用户忠诚度	CL1	对该服务区有深刻印象
		CL2	下次路过仍然选择进入该服务区
		CL3	会向朋友推荐该服务区

3.2.2 调查者信息分析

通过对消费者信息的分析,可以获得关于消费者个体的详细信息,如年龄、性别、职业等。这些信息可以帮助服务区进行个性化的推荐和定制服务,提供更加精准和贴心的服务体验。这有助于服务区更好地提供符合消费者期望的产品和服务,提高客户消费潜力。

3.2.2.1 低收入人群占比较高

调查者的信息分为两部分,一部分是调查者的个人信息,另一部分是调查者的出行信息。本次调查对燕赵驿行集团服务区用户发放,最终收回问卷 350 份,经过仔细筛选得到有效问卷 307 份,有效率为 87.7%。以下针对调查者的个人信息和出行信息进行简要分析。

从图 3-3 可以看出,在年龄方面,31~50 岁的群体占比为 79.2%,该年龄段的调查者大多要奉养家庭,处于事业高峰期,所以在高速公路出行者中占比较大;在性别方面,男、女性参与者占比分别为 58.6% 和 41.4%,这是因为在实际生活中男性驾驶员往往比女性更多;在角色方面,本次调查中驾驶员占比 49.5%,乘客占比 50.5%,两者相对平衡;在学历方面除研究生及以上除外,学历分布较为均匀,这与近年来义务教育普及息息相关;在职业方面,服务人员占比最高为 35.5%,这些服务人员往往包括市场销售服务、运输服务、商业服务等人员,该群体多因公事需要出差故比例相对较大,除服务人员外其他职业角色分布较为均匀,也说明本次问卷调查具有一定的代表性;在月工资方面,月收入在 5000 元以下群体占比为 80.8%。

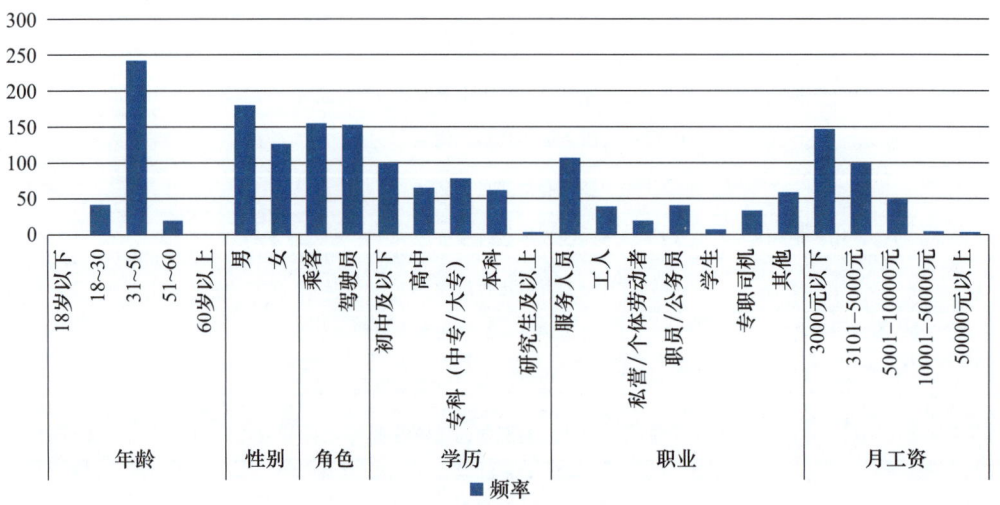

图 3-3 调查者个人信息

3.2.2.2 服务区停留时间短且消费较低

从图 3-4 可以看出，在驾龄方面，1~5 年占比最高为 41.0%，其次是 6~10 年占比为 35.8%，可见调查者的驾驶经验都比较丰富，说明本次问卷结果的可信度较高；在车辆类型方面，小汽车占比最高为 85.3%，这与近年来私家车普及率越来越高有关；在年平均里程方面，少于 1 万公里和 1~3 万公里者较多，分别占比 48.5% 和 30.6%，这与实际情况相符；在到高速公路服务区的频率方面，每月少于 5 次占比最高为 55.0%，这与生活中出行者的实际出行频率较为吻合；在服务区停留时间方面，占比最高的是 20 分钟以内为 50.5%，其次为 20~40 分钟，占比为 30.6%，前者进入高速服务区主要以如厕、休息及低消费为主，后者进入高速服务区除如厕、休息之外也会进行一定的消费，例如购买商品或进行用餐等；在服务区消费金额方面，无消费和低于 50 元者占比最高为 59.6%，其次为 51~100 元消费，占比为 25.7%，两者分别与前述在服务区停留时间中的 20 分钟以内及 20~40 分钟占比接近，更加说明了问卷调查的真实性。

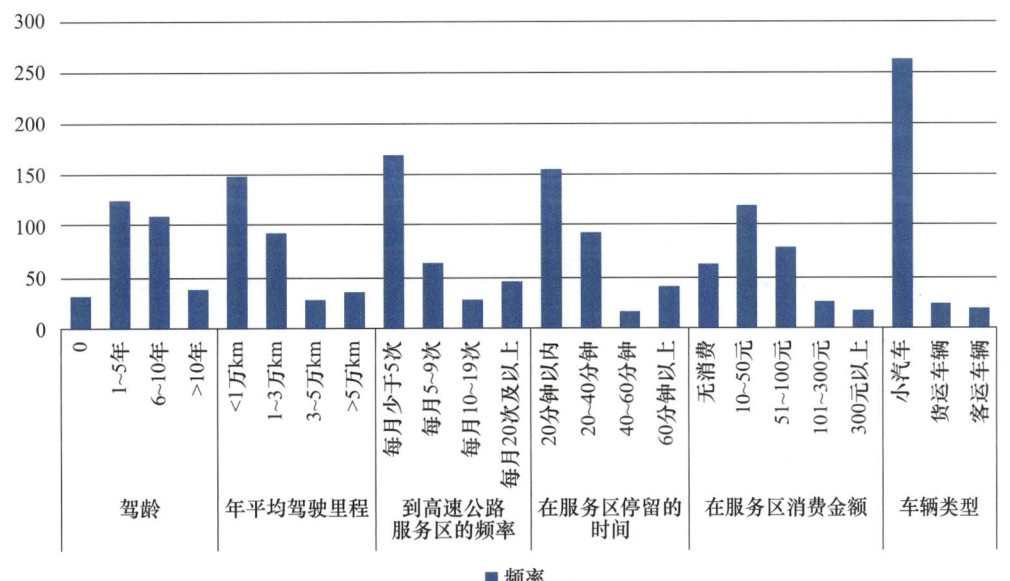

图 3-4 调查者个人信息

通过调查问卷可知，进入服务区的主要为小汽车、31~50 岁和收入在 5000 元以下的群体。下面对进入服务区的主要群体消费行为进行分类研究。

小汽车用户中，无消费的占比为 22.36%，消费 11~50 元的占比为 24.80%，消费 50~100 元的占比为 28.25%。服务区停留时间小于 20 分钟的占比为 50.20%，停留 20~40 分钟的占比为 31.91%；31~50 岁的群体中，无消费的占比为 16.75%，消费 11~50 元的占比为 26.32%，消费 50~100 元的占比为 27.99%。在服务区停留时间小于 20 分钟的占比为 50.72%，停留 20~40 分钟的占比为 30.62%；收入在 5000 元以下的群体中，无消费的占比为24.28%，消费11～50元的占比为28.51%，消费50～100元的占比为26.06%。服务区停留时间小于20分钟的占比为50.33%，停留20～40分钟的占比为30.29%。这些用户中消费11～100元和在服务区停留时间小于20分钟的群体占比都为50%以上，服务区可以根据用户的这些消费习惯进行改善。服务区消费者词云图如图3-5所示。

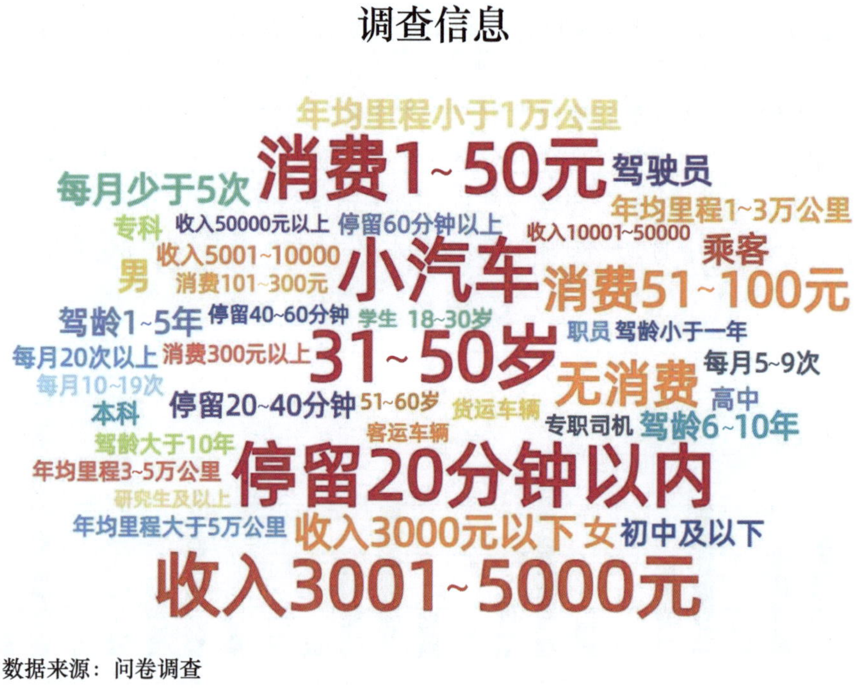
调查信息
年均里程小于1万公里
消费1~50元
驾驶员
每月少于5次
年均里程1~3万公里
专科
收入50000元以上
停留60分钟以上
收入10001~50000
收入5001~10000
乘客
男
消费101~300元
小汽车
消费51~100元
驾龄1~5年
停留40~60分钟
学生
18~30岁
职员
驾龄小于一年
每月20次以上
消费300元以上
31~50岁
每月5~9次
每月10~19次
无消费
本科
停留20~40分钟
51~60岁
货运车辆
高中
专职司机
驾龄6~10年
客运车辆
驾龄大于10年
年均里程3~5万公里
停留20分钟以内
研究生及以上
年均里程大于5万公里
收入3000元以下
女
初中及以下
收入3001~5000元
数据来源：问卷调查

图3-5　服务区消费者词云图

3.2.2.3　不同车型用户消费特征不同

不同车型的用户群体差异明显，其消费行为和偏好也存在差异。通过对不同车型用户消费特征进行分析，服务区可以制定更加有效的市场营销策略，包括推出符合用户需求的产品和服务、针对不同用户群体制定差异化的促销活动等，以提高服务区的市场竞争力。接下来对不同汽车类型用户在服务区的消费特征进行分析。

（1）小汽车用户消费特征

小汽车用户消费金额在0～100元之间的占比达到75%以上且均匀分布。其在服务区停留时间多为20分钟以内，占比为50.20%，有31.91%的小汽车用户在服务区停留20～40分钟。小汽车用户到访服务区频率每月低于5次的占比最高，为51.42%。从调查结果可以看出，小汽车用户在服务区消费金额较低，停留时间较短，到访服务区频率较低。小汽车用户消费习惯词云图如图3-6所示，用户消费习惯如图3-7所示。

3 燕赵驿行集团所辖服务区消费潜力分析

图 3-6 小汽车用户消费习惯词云图

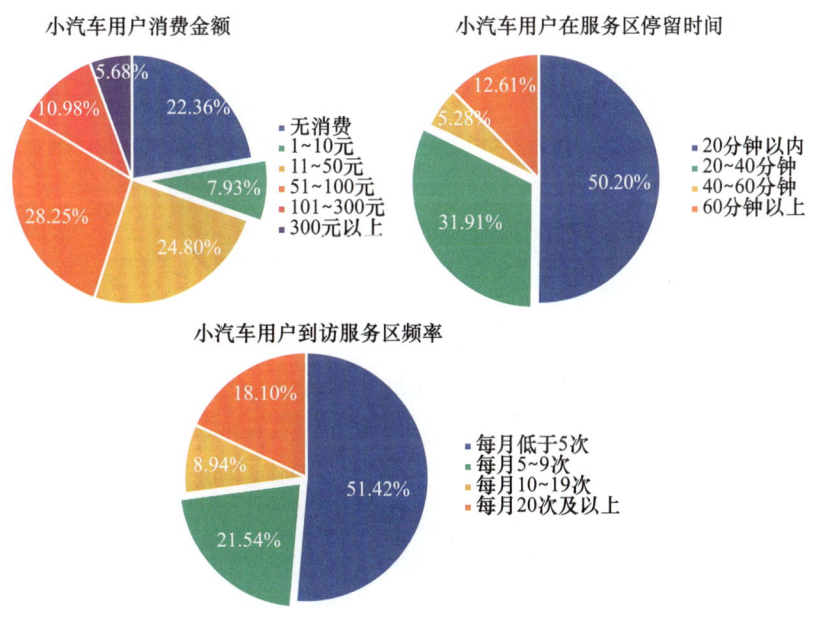

图 3-7 小汽车用户消费习惯

（2）客运车辆消费特征

客运车辆消费金额为 0～100 元之间的占比达到 75% 以上，其中无消费和 11～50 元的占比较高，分别为 34.29% 和 31.43%。其在服务区停留时间多为 20 分钟以内，占比为 51.43%，有 31.43% 的客运车辆在服务区停留 20～40 分钟。客运车辆到访服务区频率每月低于 5 次的占比最高，为 45.71%。从调查结果可以看出，客运车辆在服务区消费金额较低，停留时间较短，到访服务区频率较低。客运车辆消费习惯词云图如图 3-8 所示，消费习惯如图 3-9 所示。

客运车辆消费习惯

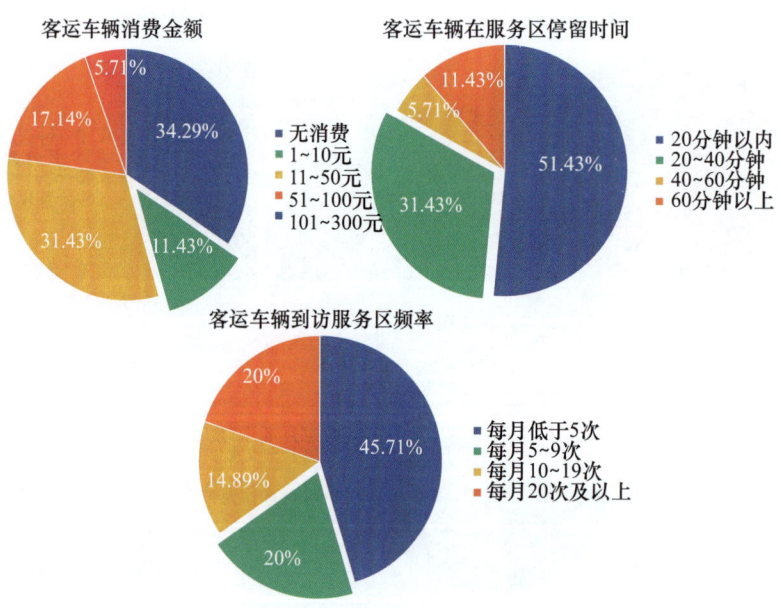

图 3-8　客运车辆消费习惯词云图

图 3-9　客运车辆消费习惯

(3) 货运车辆消费特征

货运车辆消费金额占比最高的为 11～50 元，达到了 35.14%。值得注意的是，货运车辆在 300 元以上消费金额较其他车型显著提高，为 21.62%。其在服务区停留时间占比最高的为 20～40 分钟。货运车辆在服务区停留 40 分钟以上的占比超过了 40%，较其他车型有着明显提升。货运车辆到访服务区频率每月 20 次以上的占比最高，为 40.54%。从调查结果可以看出，货运车辆在服务区消费金额较高，停留时间较长，到访服务区频率较高。货运车辆消费习惯词云图如图 3-10 所示，消费习惯如图 3-11 所示。

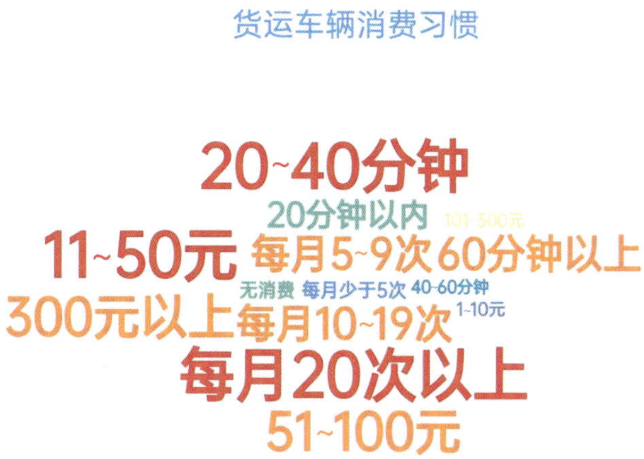

货运车辆消费习惯
20~40分钟
20分钟以内
101~300元
11~50元
每月5~9次
60分钟以上
无消费
每月少于5次
40~60分钟
300元以上
每月10~19次
1~10元
每月20次以上
51~100元

图 3-10　货运车辆消费习惯词云图

货运车辆消费金额
8.10%
5.41%
35.14%
24.32%
5.41%
21.62%
无消费
1~10元
11~50元
51~100元
101~300元
300元以上
货运车辆在服务区停留时间
18.92%
40.51%
21.62%
18.92%
20分钟以内
20~40分钟
40~60分钟
60分钟以上
货运车辆到访服务区频率
5.40%
27.03%
27.03%
40.54%
每月低于5次
每月5~9次
每月10~19次
每月20次及以上

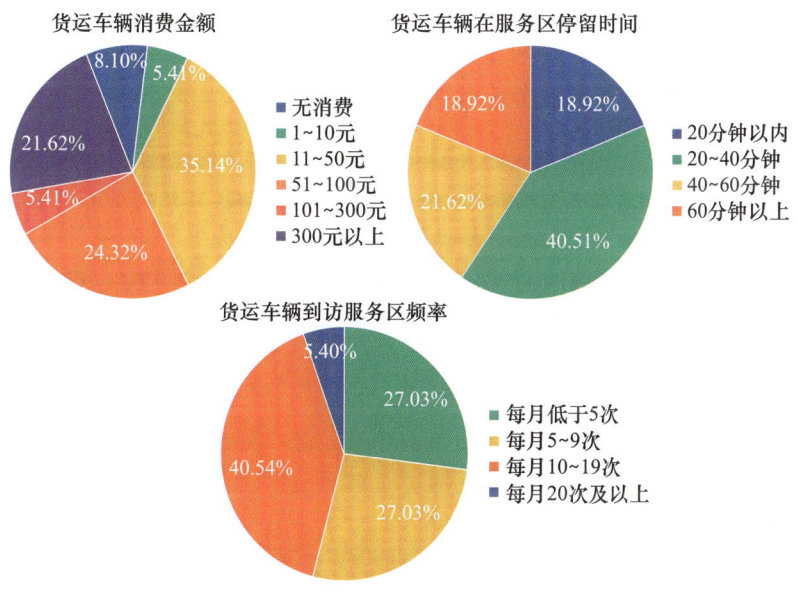

图 3-11　货运车辆消费习惯

（4）制定差异化的营销政策

针对消费金额较低及停留时间较短的群体，服务区可以提供价格适中、多样化的商品选择。例如，可以增加一些小型快餐店、小吃摊等，以满足顾客快速、方便的需求；可以设立一些经济实惠的套餐或特价商品，吸引他们进行消费。同时，可以设立积分制度或会员制度，鼓励顾客频繁消费，并提供相应的优惠和回馈；尽可能提供快捷、高效、友好的服务，确保服务人员的专业素质和服务态度。良好的服务体验可以促使顾客更愿意在服务区消费，同时也有望增加他们的消费金额；根据客流情况和停留时间短的特点，合理规划服务区内的布局，确保商品和服务能够迅速吸引顾客的注意力。可以设置展示货架或摊位在顾客停留位置附近，增加产品的曝光度。

针对消费金额较高且停留时间较长的货运车辆，服务区可以开发专门针对货运车辆司机的定制化服务和产品。例如，推出更加实惠的套餐或折扣政策，以及提供更多适合长途司机需求的服务和商品，比如便利食品、车载用品等。服务区可以推出积分累积、会员制度等激励计划，鼓励货运车辆司机选择该服务区加油，增加其忠诚度。此外，服务区还可以与相关企业合作，提供优质的油品和维修保养服务，引导货运车辆司机在服务区进行高额的消费。服务区可以通过提供更为舒适便利的休息设施，来满足司机们在长途行驶后的休息需求。最后，服务区可加强与货运公司的合作，提供更多定制化的服务，以吸引更多货运车辆的到访。

3.2.3 司乘人员需求分析

通过对消费情况的分析，可以了解顾客对不同产品或服务的需求和偏好。这有助于服务区针对顾客的特点和需求进行调整和优化，提供更符合顾客期望的产品和服务，提高顾客消费潜力和满意度。现对于参与调查的司乘人员对服务区的需求情况进行简要分析。司乘人员希望提供的服务统计如图3-12所示。

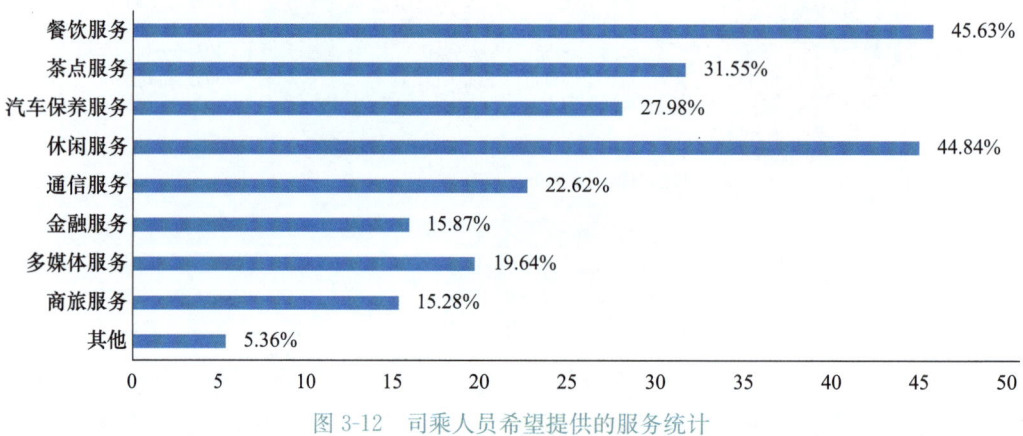

图3-12 司乘人员希望提供的服务统计

更多的受调查者希望服务区提供餐饮和休闲服务，部分希望提供茶点和汽车服务，其他的服务选项选择人员较少。下面对大部分司乘人员具体希望得到什么样的餐饮、茶点、休闲和汽车服务进行拓展分析，得到今后服务区运营建设的重要发展方向。

3.2.3.1 小吃和快餐等餐饮服务占比较高

通过图3-13中结果可以看出来，绝大多数人更倾向于服务区提供一些当地特色小吃以及一些商务简餐和快餐。相当一部分人喜欢在服务区停留期间感受当地特色，也有一部分主张时效性选择简餐快餐，这些人占受调查者的很大部分，农家菜和自助餐也有一小部分受众。

服务区可以加大对当地特色小吃的推广和供应，例如著名的特色烧烤、传统的炒菜、熏肉等。提供正宗的当地美食将吸引更多顾客尝试、品尝并感受当地文化和风味；

3 燕赵驿行集团所辖服务区消费潜力分析

考虑到部分顾客追求时效性和方便性，服务区可以提供更多种类的商务简餐和快餐选择。这些选择可以包括汉堡、三明治、盖浇饭、便当等，以满足顾客在短时间内享用美食的需求。虽然农家菜和自助餐的受众较少，但仍有一部分顾客对此类选择感兴趣。服务区可以提供精心准备的农家菜，如新鲜蔬菜、农家小炒等，以满足追求健康和自然口味的顾客。

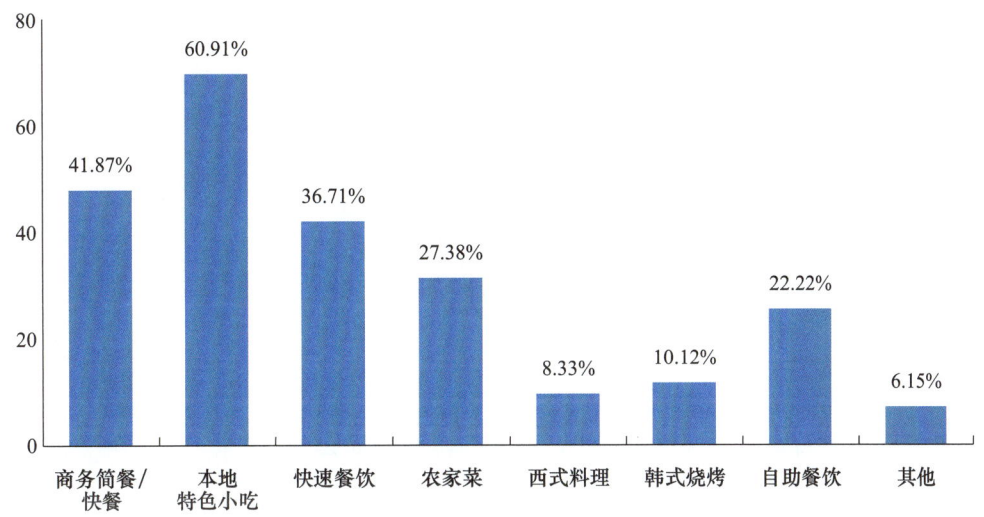

图 3-13　希望提供的各类餐饮服务占比

3.2.3.2　用户还青睐糕点等茶点服务

从图 3-14 可以看出，对于茶点服务的结果，所给的几个选项里选择刨冰和其他的人数占比较小，均为 15% 左右，剩余各个选项茶品、糕点、咖啡、奶茶和水果拼盘比例分布较为均匀，均在 30%～40%。

基于茶点服务结果显示，茶品、糕点、咖啡、奶茶和水果拼盘的需求相对较高，服务区可以进一步优化这些食品的种类和质量，满足顾客的不同口味需求。

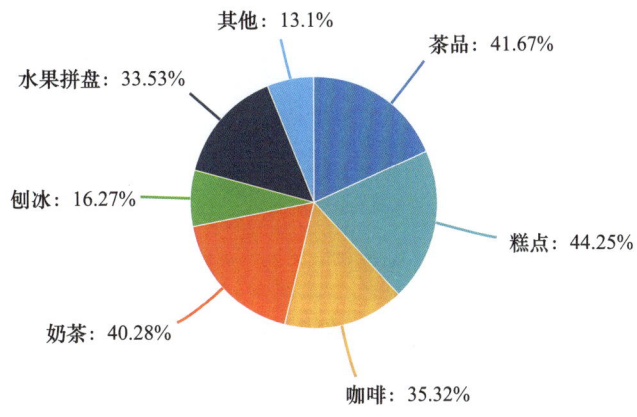

图 3-14　希望提供的各类茶点服务占比

3.2.3.3 汽车维修等保障性服务需求高

司乘人员希望服务区提供汽车加油服务、汽车保养服务、汽车免费接修送修、路段故障 24 小时拖修的占比较多，均占 40％左右；车辆检查保养提醒、代办车辆违章缴费、代办车辆保险缴费、协助事故处理和其他服务的次之，均不超过 20％，如图 3-15 所示。

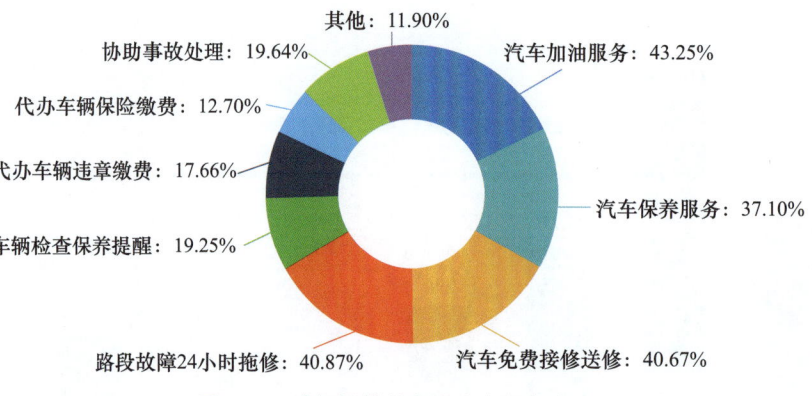

图 3-15　希望提供的各类汽车服务占比

服务区可以与专业的汽车维修机构合作，提供定期保养、更换机油、检查车辆各项系统的服务。司乘人员可以在服务区内享受快速、高效的汽车保养服务，确保车辆的安全和正常运行；服务区可以提供免费的接修和送修服务，当司乘人员的车辆发生故障时，他们可以联系服务区的维修团队，获得及时的技术支持和修理服务。

3.2.3.4 用户希望提供书报查阅服务

从图 3-16 可以看出，人们进入服务区最想要的休闲服务是书报查阅，占比达到了一半。其次是按摩、足浴、温泉等，这些占比均在 30％左右。

选项	小计	比例
按摩	176	34.92%
足浴	140	27.78%
温泉	124	24.6%
书报查阅	252	50%
其他	108	21.43%

图 3-16　希望提供的各类休闲服务占比

服务区可以为顾客提供宽敞、安静、舒适的阅读空间，配备舒适的座椅、良好的照明和书报杂志展示架，营造出宜人的阅读环境；不断更新各类书籍、报纸、杂志等阅读资源，包括文学、历史、地理、旅游、科技等多个领域，以满足不同顾客的阅读偏好；针对 30％左右的顾客对按摩、足浴、温泉等休闲服务的需求，服务区可以提供专业的按摩椅、足浴设备和温泉浴池，为顾客提供身心放松的休闲体验。通过这些方式，可以增加顾客在服务区停留的时间，从而增大服务区的消费潜力。

3.3 模型研究实证分析

利用相关软件对所构建的结构方程模型进行信度、效度、验证性因子分析以及模型适配度和路径系数的检验。

3.3.1 信度分析

信度即可靠性，它指的是采用同样的方法对同一对象重复进行反复测量时，其所得结果相一致的程度；从另一方面说，信度就是指测量数据的可靠程度。信度分析就是检验问卷题目设计得是否合理，它是后期模型适配度检验、模型调整与修正、路径系数分析等步骤是否可行的基础。本文采用 SPSS 软件，结合克隆巴赫 α（cronbach's Alpha）信度系数法对问卷进行信度检验。首先运用软件对问卷整体进行信度分析得到其 Alpha 系数，其次再计算各个核心潜在变量的 Alpha 系数，最终结果见表 3-2。

表 3-2 核心潜在变量 Alpha 系数

序号	潜变量	项数	Alpha 系数
1	运营服务感知	6	0.940
2	交通服务感知	3	0.950
3	硬件设施感知	5	0.932
4	环境质量感知	3	0.946
5	用户抱怨	3	0.932
6	用户满意度	3	0.963
7	用户忠诚度	3	0.962
	整体	26	0.983

通常，Alpha 系数值越高，说明调查数据可靠性较高。根据结果可知整体 Alpha 系数值为 0.983，参考信度系数标准表可知，当 Alpha 系数值大于 0.9 时说明数据表十分可信，由此可知问卷整体可信度符合相关要求。同时根据表 3-2 可知对各核心潜在变量进行信度检验得到的 Alpha 系数在 0.932~0.963 之间，根据相关标准可知，当系数值大于 0.7 时表面问卷信度符合要求，因此各问卷分量表也十分可行。综上可知问卷设计整体与部分均达到设计要求，可信度极高。

3.3.2 效度分析

效度即有效性,它是指测量工具或手段能够准确测出所需测量的事物之程度。效度所测量得到的结果反映了想要考察内容的程度,测量结果与要考察的内容越吻合,则效度越高,反之则效度越低。效度是科学的测量工具所必须具备的重要条件。本文运用 SPSS 软件对问卷进行探索性因子分析(EFA)。

在对问卷进行探索性因子分析的过程中,对问卷数据进行 KMO 和巴特利特球形检验,以验证问卷是否具有结构效度,即问卷数据是否可以用来进行效度分析。根据相关标准,KMO 检验系数>0.6,且巴特利特球形检验的 χ^2 统计值的显著性概率 $P<0.05$ 时,问卷才有结构效度。相关结果见表 3-3。

表 3-3 KMO 与巴特利特球形检验

取样足够度的 Kaiser-Meyer-olkin 度量		0.971
巴特利特(Bartlett)的球形检验	近似卡方	11282.485
	自由度(df)	351
	P 值(Sig)	0.000

由表 3-3 可知,KMO 度量值为 0.971,大于 0.6,说明问卷具有良好的结构效度,高速服务区满意度表数据非常适合进行因子分析。巴特利特球形检验近似卡方值为 11282.485,自由度为 351,P 值为 0.000,通过了显著水平为 1‰的显著性检验即公众期望的统计检验显著,由此可知此量表数据适合进行因子分析,问卷具有较高的效度。

3.3.3 模型适配度检验

本小节采用 AMOS 软件进行 SEM 适配度检验,其检验的目的是采用极大似然估计法,观察所构建的结构方程模型与问卷数据之间的匹配程度。本文结构方程模型适配度的检验使用相对卡方值(Chi/DF),比较适配指数(CFI),标准拟合指数(NFI),拟合优度指数(GFI),近似误差均方根(RMSEA)和增值适配指数(IFI)。结果表明有部分指标并未达标,故可以采用修正指数值(MI)对模型进行修正。修正指数值反映两个潜在变量或观测变量建立关系后可以减少卡方值的数量,MI 越大说明越有可能对其进行修正。最终修正路径后,除拟合优度指数(GFI)略不达标外,其他指标均已达标,表面结构方程模型与问卷数据的适配度较好。修正前后模型的适配度指标见表 3-4。

表 3-4 模型拟合度指标

适配度指标	Chi/DF	CFI	NFI	GFI	RMSEA	IFI
评价标准	<3	>0.9	>0.9	>0.9	<0.08	>0.9
修正前	3.716	0.917	0.891	0.756	0.094	0.918
修正后	2.839	0.952	0.928	0.834	0.078	0.952

3.3.4 路径系数检验与结果分析

运用 AMOS 软件对结构方程模型进行运算，初步得到结果如图 3-17 所示。

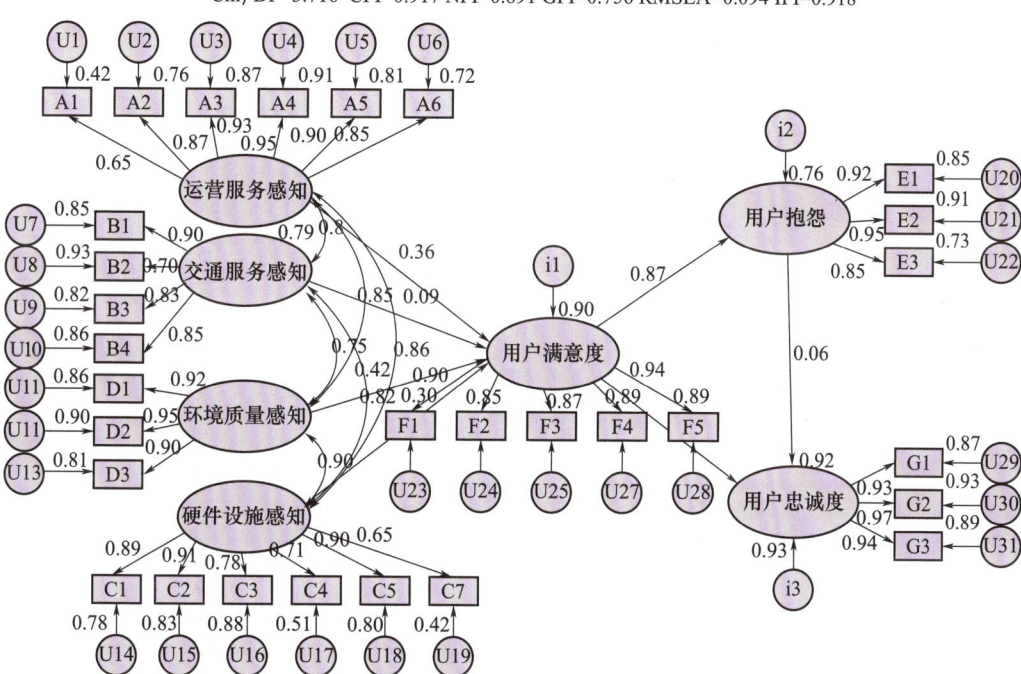

图 3-17 结构方程模型结果图（修正前）

根据表 3-4 可知上述结果中的模型适配度指标并没有达到评价标准，因此利用 AMOS 软件查询出修正指数值（MI）较大的测量题项，并有选择删除对应的 MI 值较大的测量题项，以保证结果方程模型结果的各项适配度达标。在进行相关操作后再运行 AMOS 软件，最终得到结果如图 3-18 所示。

同时得到其标准化路径系数和显著性 P 值见表 3-5，其中标准化路径系数可以作为各潜在变量对用户满意度影响程度的参考，P 值则反映了结构方程模型之间的影响效应和各路径的显著性，当 P 值小于 0.001 时，表明两者之间的显著性很强，且此时软件以"*"显示。

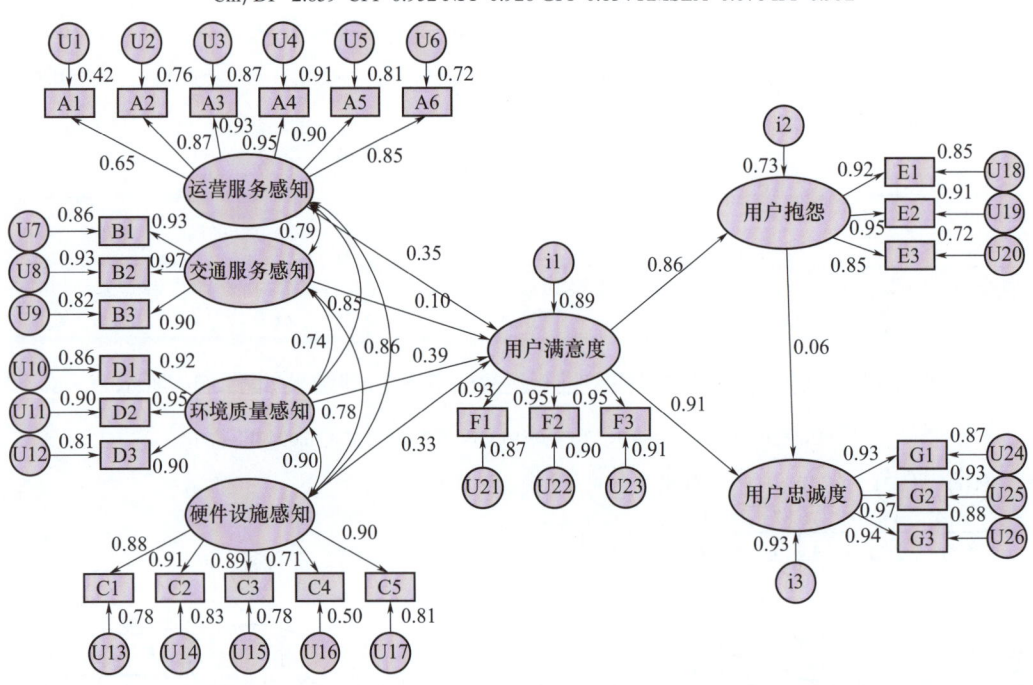

图 3-18 结构方程模型结果图（修正后）

表 3-5 模型路径系数表

路径假设	路径关系	标准化路径系数	显著性 P 值
H1	运营服务感知→用户满意度	0.352	***
H2	交通服务感知→用户满意度	−0.103	0.017
H3	硬件设施感知→用户满意度	0.333	***
H4	环境质量感知→用户满意度	0.387	***
H5	用户满意度→用户抱怨	0.856	0.019
H6	用户满意度→用户忠诚度	0.909	***
H7	用户抱怨→用户忠诚度	0.062	***

根据表 3-5 可得出此次结果分析：

假设 H1 得到验证，结果表明运营服务感知对用户满意度产生了显著的正向影响，其标准化路径系数为 0.352。

假设 H2 没有得到验证，结果表明交通服务感知对用户满意度无显著影响。

假设 H3 得到验证，结果表明硬件设施感知对用户满意度产生了显著的正向影响，其标准化路径系数为 0.333。

假设 H4 得到验证，结果表明环境质量感知对用户满意度产生了显著的正向影响，其标准化路径系数为 0.387。

假设 H5 没有得到验证，结果用户满意度对用户抱怨无显著影响。

假设 H6 得到验证，结果表明用户满意度对用户忠诚度产生了显著的正向影响，其标准化路径系数为 0.909。

假设 H7 没有得到验证，因为与实际情况并不相符，用户抱怨不可能对用户满意度产生显著的正向影响。

综上所述，本研究提出的 7 个假设，有 5 个假设（H1、H3、H4、H6、H7）在 0.001 水平上显著，有 2 个假设（H2、H5）在 0.01 水平上显著，其中假设 H2 的标准化路径系数结果呈负值。

运营服务感知、交通服务感知、硬件设施感知和环境质量感知相互之间的相关性系数均达到 0.7（$P<0.001$）以上，表明这四个核心潜在变量之间存在相互影响的关系。由此可知，高速服务区的各项运营服务的质量一定程度上影响了各项交通服务的优劣，同时一定程度上可以看出服务区的环境质量和硬件设施是否合理；同理，服务区所提供的交通服务、环境质量和硬件设施也能分别从侧面反映出另外三个核心潜在变量的优劣，这些都将影响到出行者对服务区的整体印象与评价。

运营服务感知和硬件设施感知对用户满意度均具有正向影响，其标准化路径系数分别为 0.352（$P<0.001$）和 0.333（$P<0.001$）。高速服务区所提供的各项运营服务，包括餐饮、商品、住宿的价格与种类以及服务区内服务人员的各项服务，都决定了出行者对服务区的直接主观感受，运营服务也是出行者与服务区之间相互影响与沟通的桥梁，同时，因为绝大部分出行者进入高速服务区除进行短暂的停留与休息外都会使用服务区的各项硬件设施，例如厕所、汽修、医疗等，因此，提高服务区的运营服务和硬件设施的质量对提高服务区用户满意度具有一定的推动作用。

交通服务感知对用户满意度的标准化系数呈负数，说明交通服务感知与用户满意度之间没有显著的影响。两者之间的标准化系数呈负值表明服务区所提供的各项交通服务有所欠缺，出行者对交通服务的感知度也不足，最终导致交通服务感知对用户满意度产生了负向的影响关系。从观测模型来看，交通服务感知的 3 个观测变量的因子载荷系数均大于 0.7，其中内部交通组织流线起主导作用。表明在改善服务区的交通服务建设中，应更加注重优化服务区内部的交通流畅与便捷。

环境质量感知对用户满意度的标准化路径系数略大于运营服务感知和硬件设施感知，其值为 0.387（$P<0.001$）。服务区的环境质量，包括卫生、绿化和布局的好坏都决定了出行者在进入服务区后对服务区的第一印象是否良好，这也表明随着社会经济的发展，人们越来越重视环保。因此，持续优化服务区的环境质量也是今后高速服务区努力的方向。

在七个假设中，用户满意度对用户忠诚度具有很高的正向影响，直接效用达到 0.909（$P<0.001$），与研究假设相符。这也充分说明，当出行者对服务区所提供的各项服务都能感到比较满意时，出行者将会十分乐意下次继续停靠该服务区或者向他人推荐该服务区，这将会对服务区的经济发展十分有利。

3.3.5 结论分析

通过对结构方程模型分析的结果可知，在对用户满意度的影响中 H1、H3、H4 路径得到了验证，表明服务区的运营服务、环境质量和硬件设施对用户满意度产生了显著的正向影响。因此，服务区应重视运营服务、环境质量和硬件设施三方面的提升。以下是关于这些方面的提升建议：

（1）服务区是长途驾车过程中的重要休息点，出行者在服务区需要得到短暂的休息和放松，良好的运营服务可以为出行者提供舒适和便利的体验。高速服务区所提供的各项运营服务，包括餐饮、商品、住宿的价格与种类以及服务区内服务人员的各项服务，都决定了出行者对服务区的直接主观感受，运营服务也是出行者与服务区之间相互影响与沟通的桥梁。服务区的运营服务直接关系到服务区的形象和声誉。如果服务区能够提供高质量的服务，出行者的满意度会得到提升，口碑传播也会积极影响其他出行者对该服务区的认知和选择，进而增加服务区的知名度和客流量。

（2）绝大部分出行者进入高速服务区除进行短暂的停留与休息外都会使用服务区的各项硬件设施，例如厕所、汽修、医疗等。因此，服务区应多重视硬件设施的提升。服务区应该不断完善硬件设施，为出行者提供更加舒适、便利的环境。例如，增加厕所数量和质量、提供充电桩和 WiFi 设备、增设更多的汽修站、医疗站等；服务区应该加强管理，提高硬件设施的维护和管理水平。例如，增加服务员数量、加大巡查力度、加强对服务区供应商的监管等，保证硬件设施的正常运行和良好使用体验。

（3）服务区的环境质量，包括卫生、绿化和布局的好坏都决定了出行者在进入服务区后对服务区的第一印象是否良好。因此，持续优化服务区的环境质量也是今后高速服务区努力的方向。为此，服务区应定期进行全面的清洁消毒工作，确保停车场、餐厅、休息区等各个区域的卫生状况良好，加强垃圾分类管理和垃圾清理工作，保持服务区整洁；增加绿化面积，种植更多的树木和花草，打造优美的绿色环境。同时，定期修剪和养护植被，保持绿化景观的整洁和美观。合理规划和设计服务区的布局，使其更加开阔、通风和舒适。

4 燕赵驿行集团所辖服务区运营状态评价模型

燕赵驿行集团为提升自身品牌效应、增强自身市场竞争力，着眼服务品质提升，从服务水平、服务能力两大方面提升企业形象，增强顾客体验感。燕赵驿行集团编制服务区服务品质提升三年规划，为规范服务区管理提供指导和依据，明确岗位职责和考核标准，量化服务标准、工作流程。建立激励机制，试行责任承包制，落实监督制度，确保方案落实。燕赵驿行集团正优化服务区经营布局，整合服务区现有餐厅、超市、外走廊等区域，形成多业态、串联式经营布局，打造功能多样、优势互补、互相带动、运转流畅的综合体服务区，完成对深州、武强、西演、任丘等12对服务区业态调整。

在开发衍生经济方面，燕赵驿行集团也正积极探索建设连锁品牌，通过新项目、新品牌的推出和运营提高集团整体品牌效益。在开发文旅方面，燕赵驿行集团依托路网结构及区域文化、旅游资源，创新"交通＋旅游"模式。在能源方面，燕赵驿行集团叫响"燕赵能源"自有品牌，积极探索油品上下游产业拓展渠道，实现"产、储、运、销"全产业链布局。在开发助农扶贫项目方面，燕赵驿行集团打造"燕赵山水"品牌，积极整合河北各地具有浓厚地域特色的优质土特产资源，加快推广"那些好时光"系列自有餐饮品牌，孵化"那些好时光·黑椒拌面"等子品牌。

要分析服务区运营状况、评价服务区运行水平与运营模式，为服务区运行提供建议，不仅要考虑司乘人员的消费需求和满意度，还要构建高速公路服务区运营状态分级评价体系，以便对服务区进行清晰直观的考量。本小节接下来将采用智能算法构建基于组合评价的高速公路服务区运营状态评价模型，并对燕赵驿行集团所辖服务区进行运营状态的评价。

4.1 评价方法的选择

对常见的评价方法进行对比分析，选择更适合服务区运营状态评价模型的方法并确定最优的组合权重。

表 4-1 不同评价方法比较

方法名称	特点	适用条件
模糊综合评价法	(1) 适用性广 (2) 可处理不确定性 (3) 综合性强 (4) 灵活性强 (5) 结果表达简单	(1) 评价对象具有模糊性 (2) 评价指标具有模糊性 (3) 评价过程具有主观性 (4) 评价对象数量较少
层次分析法	(1) 多层次结构 (2) 主观性 (3) 灵活性	(1) 决策对象具有多个属性 (2) 属性之间存在相互依赖和相互制约关系 (3) 决策数据具有一定的量化指标 (4) 决策者能够准确判断属性之间的重要程度
熵权法	(1) 简单易行，计算量小 (2) 对数据要求较低	(1) 决策对象具有多个属性 (2) 属性之间相互独立或相关性不强 (3) 决策数据具有一定的量化指标 (4) 决策对象的属性权重可以估计
优劣解距离法	(1) 能够综合考虑多个指标的影响 (2) 简单易懂 (3) 可处理不确定性 (4) 能够自动确定最优和最劣方案 (5) 适用性广泛	(1) 多个评价指标 (2) 指标量化 (3) 求解综合评价 (4) 有最优和最劣方案
秩和比评价法	(1) 相对比较 (2) 易于理解和实现 (3) 适用性广泛	(1) 多指标决策 (2) 指标可排序 (3) 样本量较小 (4) 相对比较合理
粒子群优化算法	(1) 适用范围广 (2) 全局寻优能力强 (3) 算法实现简单 (4) 算法鲁棒性强 (5) 并行性强 (6) 可以自适应调整参数	(1) 求解连续空间优化问题 (2) 问题具有多个局部或全局最优解 (3) 问题具有可导性 (4) 问题有较少的约束条件

由表 4-1 可知，本次服务区运营状态评价模型的评价对象和评价指标不具有模糊性，且服务区评价对象数量较多，不适宜采用模糊综合评价法和秩和比评价法；服务区各指标属性（建筑面积、营业额、车流量、员工满意度）之间相关性较强，故不适宜采用熵权法来进行服务区的评价；服务区评价模型中也没有最优和最劣方案，故也不适用于优劣解距离法。从适用条件来看，本次服务区运营状态评价模型适用于层次

分析法以及粒子群优化算法。由于层次分析法的主观性较强，数据可能存在不准确的状况。而粒子群优化算法简单易实现而且数据比较客观，故选择粒子群优化算法构建服务区运营状态评价模型。

4.2 服务区运营状态评价模型

4.2.1 基于粒子群化算法的权重系数最优化

根据以上方法的比较，最终选定采用粒子群优化算法对服务区运营状态各个因素进行加权，建立服务区运营状态评价的线性函数，最后采用粒子群的优化算法，对线性函数中的各个权重进行优化，得到与各项评价因素相对应的最优权重，从而建立最优的服务区运营状态评价方法。

服务区设施对服务区运营状态的影响非常重要。优质的设施能够吸引更多的顾客，提升他们的满意度和忠诚度，从而促进服务区的良性发展；服务区车客流量是影响服务区运营状态的重要因素，它直接关系到服务区的经济收入、设施利用率、品牌形象、服务质量和安全等。因此，服务区运营方应重视车客流量的管理和提升，通过提高服务质量、加强宣传推广等手段，吸引更多的车辆和乘客前来使用服务区；服务区的营业额也可以间接反映其在市场中的竞争力和地位。如果服务区的营业额增长迅速，可能意味着其在竞争激烈的市场中获得了较大的市场份额，并且能够吸引更多的顾客和客流量。这将进一步巩固其在行业中的地位，提升其品牌形象和口碑；良好的业态经营可以带来更高的经济效益。如果服务区能够提供丰富多样的业态和优质的服务，顾客会对其形成正面评价，并愿意推荐给其他人。良好的品牌形象和口碑有助于吸引更多的顾客和车辆，提升服务区的知名度和声誉。综上所述，本着评价体系科学严谨、系统全面、特征突出和易于操作等原则，分别选取服务区设施、服务区车客流量、服务区营业额、服务区业态运营建立高速公路服务区运营状态评价的线性加权函数如式（1）：

$$Z_t = C_1 \times Z_1 + C_2 \times Z_2 + C_3 \times Z_3 + C_4 \times Z_4 \tag{1}$$

式中，Z_t 为总分值；Z_1 为服务区设施评定分值；Z_2 为服务区车客流量评定分值；Z_3 为服务区营业额评定分值；Z_4 为服务区业态经营评定分值；C_1 为服务区设施权重系数；C_2 为服务区车客流量权重系数；C_3 为服务区营业额权重系数；C_4 为服务区业态经营权重系数。

对于服务区各评定分值取值标准建立了一个服务区运营状况评分表，其中服务区设施包括用地面积、停车区车位数、充电桩个数和客房间数；服务区车客流量包括节假日日均客流量和平时日均客流量；服务区营业额包括节假日日均营业额和平时日均营业额；服务区业态经营包括超市年营业额、餐饮年营业额、加油年营业额和客房年营业额。

表 4-2 服务区运营状况评分表

服务区设施	用地面积	100 亩以下 （0~10 分）	100 到 150 亩 （10~15 分）	150 到 200 亩 （15~20 分）	200 亩以上 （20~25 分）
	停车区车位数	100 个以下 （0~10 分）	100 到 200 个 （10~15 分）	200 到 300 个 （15~20 分）	300 个以上 （20~25 分）
	充电桩个数	5 个以下 （0~10 分）	5 到 10 个 （10~15 分）	10 到 15 个 （15~20 分）	15 个以上 （20~25 分）
	客房间数	5 间以下 （0~10 分）	5 到 10 间 （10~15 分）	10 到 20 间 （15~20 分）	20 间以上 （20~25 分）
服务区车客流量	节假日日均客流量	低于 10000 人 （0~20 分）	10000 到 15000 人 （20~30 分）	15000 到 20000 人 （30~40 分）	20000 人以上 （40~50 分）
	平时日均客流量	低于 5000 人 （0~20 分）	5000 到 10000 人 （20~30 分）	10000 到 15000 人 （30~40 分）	15000 人以上 （40~50 分）
服务区营业额	节假日日均营业额	2 万元以下 （0~20 分）	2 万元到 10 万元 （20~30 分）	10 万元到 20 万元 （30~40 分）	20 万元以上 （40~50 分）
	平时日均营业额	1 万元以下 （0~20 分）	1 万元到 5 万元 （20~30 分）	5 万元到 10 万元 （30~40 分）	超过 10 万元 （40~50 分）
服务区业态经营	超市年营业额	10 万元以下 （0~10 分）	10 万元到 100 万元 （10~15 分）	100 万元到 200 万元 （15~20 分）	200 万元以上 （20~25 分）
	餐饮年营业额	50 万元以下 （0~10 分）	50 万元到 200 万元 （10~15 分）	200 万元到 300 万元 （15~20 分）	300 万元以上 （20~25 分）
	加油年营业额	500 万元以下 （0~10 分）	500 万元到 1000 万元 （10~15 分）	1000 万元到 5000 万元 （15~20 分）	5000 万以上 （20~25 分）
	客房年营业额	5 万元以下 （0~10 分）	5 万元-10 万元 （10~15 分）	10 万元到 15 万元 （15~20 分）	15 万元以上 （20~25 分）

（1）确定优化变量

由高速公路服务区运营状态评价的线性加权函数可以发现，通过调节与各项服务区运营状态评价因素相对应的权重系数，可以改变一个服务区评价的分值。因此，将线性加权函数中的各项权重系数确定为最优化问题的优化变量。在粒子群优化算法中，利用粒子的位置向量来表示各优化变量，所以有：

$$\boldsymbol{X}_I = [C_1 C_2 C_3 C_4]^{\mathrm{T}} \tag{2}$$

（2）建立权重系数的优化模型

设计最优化问题的目标函数，即粒子群的适应度函数为：

$$f(X_i) = J_i = \frac{\|Z_t^0 - Z_t\|}{k_z} \tag{3}$$

式中，k_z 为服务区运营状态评价的精度要求；J_i 为第 i 个粒子的适应度；Z_t^0 为根据现有的服务区运营状态评价方法得到的评价分数；Z_t 为根据服务区运营状态评价的线性加权函数式（1）得到的评价分数。当适应度 $J \leqslant 1$ 时，说明收敛结果已经满足迭代计算的精度要求，搜索到的各权重系数可以作为权重系数寻优问题的最优解。

（3）基于粒子群优化算法的优化流程

设粒子群中粒子数量为 N，迭代计算次数用 t 表示，最大迭代次数为 $t_{\max}$。采用粒子群的优化算法，优化权重系数的具体流程如图 4-1 所示。

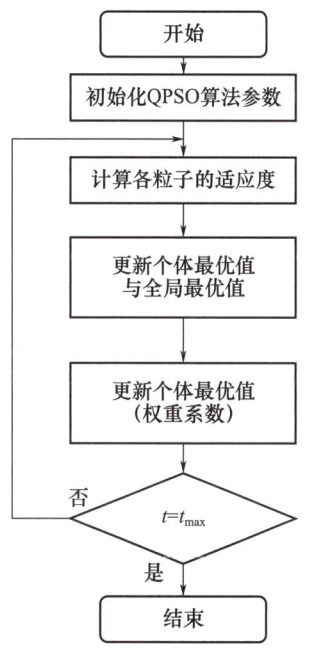

图 4-1　基于 QPSO 算法的优化流程图

（1）初始化粒子群。置迭代次数 $t=0$，粒子的数量 $N=80$，最大迭代次数 $t_{\max}=300$，每个粒子的位置向量代表一组权重系数最优值的潜在解，位置向量的维数 M 等于权重系数的个数，即 $M=4$。随机初始化 80 个粒子的初始位置，为：

$$X_i(0) = [X_{i1}(0) X_{i2}(0) X_{i3}(0) X_{i4}(0)], \quad i=1,2,3,\cdots,80$$

（2）令各粒子局部最优位置 $P_i(0) = X_i(0)$，并且确定粒子群的全局最优位置，即权重系数的最优解 $P_g(0)$ 为

$$P_g(0) = \min\{X_1(0), X_2(0), \cdots, X_N(0)\} \tag{4}$$

（3）计算各个粒子的适应度。利用根据服务区运营状态评价标准建立的适应度函数式（2）来计算各粒子的适应度 J_i：

$$f(X_i) = J_i \tag{5}$$

（4）随着迭代计算的进行，更新在第 t 次迭代时每个粒子新的局部最优位置 $P_i(t)$ 为

$$P_i(t) = \begin{cases} P_i(t-1) & f(P_i(t-1)) < f(X_i(t)) \\ X_i(t) & f(P_i(t-1)) \geqslant f(X_i(t)) \end{cases} \tag{6}$$

(5) 根据各粒子新的局部最优位置，更新在第 t 次迭代时粒子群的全局最优位置 $P_g(t)$，即线性加权函数的最优权重系数为

$$P_g(t) = \min\{P_1(t)\ P_2(t)\cdots P_N(t)\} \quad (7)$$

(6) 根据式（8）、式（9）计算第 t 次迭代时粒子群的平均最优位置 $C(t)$ 以及每个粒子的随机点位置 p_i，并且根据式（10）更新每个粒子的新位置 $X_i(t+1)$。在粒子群优化算法中，粒子群按照式（8）、式（10）来移动粒子的位置：

$$C(t) = \frac{1}{N}\sum_{i=1}^{N} P_i(t) = \frac{1}{N}\left[\sum_{i=1}^{N}P_{i1}(t), \sum_{i=1}^{N}P_{i2}(t), \cdots, \sum_{i=1}^{N}P_{iM}(t)\right] \quad (8)$$

$$p_{ij}(t) = \varphi_{ij}(t)P_{ij}(t) + [1-\varphi_{ij}(t)]P_{gj}(t),\ j=1,2,\cdots,M \quad (9)$$

$$x_{ij}(t+1) = p_{ij}(t) \pm \alpha(t) \cdot |C_j(t) - x_{ij}(t)| \cdot \ln\left(\frac{1}{u_{ij}(t)}\right) \quad (10)$$

式中，$P_i(t)$ 为第 i 个粒子在第 t 次迭代时的最佳位置向量；$P_g(t)$ 为第 t 次迭代时的全局最佳位置向量；$C(t)$ 为第 t 次迭代时所有粒子当前最佳位置的中间位置向量；$p_i(t)$ 为第 i 个粒子的最佳位置 $P_i(t)$ 与全局最佳位置 $P_g(t)$ 之间的随机位置；$\varphi_{ij}(t+1)$、$u_{ij}(t+1)$ 为在区间 [0，1] 上服从均匀分布的随机数。

(7) 若未满足算法的终止条件，返回步骤（3），否则算法结束。若 $t=t_{\max}$，算法结束。

(4) 权重系数最优化的仿真计算

本次选取燕赵驿行集团所属服务区进行评价，将各项服务区运营状态的评价分值 Z1~Z4 引入高速公路服务区运营状态评价模型，将与各项因素相对应的权重系数作为优化变量，根据给定的原有服务区运营状态评价权重系数，利用粒子群优化算法对目标函数内的各项权重系数进行优化。经过 300 次迭代计算，粒子群的全局最优适应度 J 迅速减小至 0.5423，并且实现收敛。此时全局最优适应度 J 已经<1，说明经过 300 次迭代所得到的优化结果已经能够满足优化要求。各项评价因素权重系数的优化结果见表 4-3。

表 4-3 权重系数的优化结果

权重系数	优化结果
C_1	0.2035
C_2	0.2434
C_3	0.3067
C_4	0.2464

4.2.2 服务区运营状态评价结果

将表 4-3 中权重系数的优化结果代入提出的服务区运营状态评价函数中，根据各项服务区评价分值，就可以得到服务区运营状态评价分值。具体结果见表 4-4。

表 4-4 最优权重系数的评分结果

排名	服务区名称	所属路段	评价分值
1	山海关服务区	G1 京哈高速公路	92.25
2	香河服务区	G1 京哈高速公路	91.56
3	玉田服务区	G1 京哈高速公路	90.3
4	大名服务区	G1 京哈高速公路	89.76
5	卢龙服务区	G1 京哈高速公路	89.12
6	北戴河服务区	G1 京哈高速公路	88.86
7	滦州服务区	G1 京哈高速公路	88.51
8	石家庄东服务区	G4 京港澳高速公路	88.06
9	丰润停车区	G1 京哈高速公路	87.82
10	迁安停车区	G1 京哈高速公路	87.57
11	太子城服务区	S3801 延崇高速公路	87.52
12	牛驼服务区	G45 大广高速公路（京衡段）	86.89
13	沧州服务区	G3 京台高速公路	86.84
14	狼牙山服务区	G18 荣乌高速公路	86.53
15	衡水湖服务区	G45 大广高速公路（衡大段）	86.44
16	深州服务区	G45 大广高速公路（京衡段）	86.28
17	廊坊服务区	G95 首都环线公路	86.06
18	邯郸服务区	G4 京港澳高速公路	85.76
19	武强服务区	G1811 石黄高速公路	85.24
20	固安服务区	G95 首都环线公路	84.32
21	野三坡服务区	G95 首都环线高速	83.42
22	白沟（雄安）服务区	S3601 京雄高速公路	83.23
23	元氏服务区	S9902 新元高速公路	81.32
24	任丘服务区	G45 大广高速公路（京衡段）	81.2
25	清河服务区	G20 青银高速公路	81.03
26	黄骅服务区	G1811 石黄高速公路	80.47
27	张家口服务区	G95 首都环线高速	80.45
28	献县服务区	G1811 石黄高速公路	80.12
29	邢台服务区	G4 京港澳高速公路	80.06
30	宁晋服务区	G20 青银高速公路	79.56
31	承德东服务区	G25 长深高速公路	79.41
32	辛集服务区	G1811 石黄高速公路	79.32
33	柏乡服务区	G4 京港澳高速公路	78.95
34	邢台西服务区	G2516 东吕高速公路	78.63
35	磁县服务区	G4 京港澳高速公路	78.62

续表

排名	服务区名称	所属路段	评价分值
36	沧州东服务区	G1811 石黄高速公路	78.48
37	雄县停车区	G45 大广高速公路（京衡段）	78.45
38	双峰寺服务区	G45 大广高速公路（赤承段）	78.31
39	石家庄南服务区	G20 青银高速公路	77.95
40	南宫服务区	G20 青银高速公路	77.89
41	茅荆坝服务区	G45 大广高速公路（赤承段）	77.82
42	赵县服务区	G4 京港澳高速公路	77.63
43	赤诚服务区	S3801 延崇高速公路	77.63
44	沙河服务区	G4 京港澳高速公路	77.45
45	兴隆服务区	G25 长深高速公路	77.12
46	大海陀服务区	S3801 延崇高速公路	76.65
47	东光服务区	G3 京台高速公路	76.59
48	沽源服务区	G95 首都环线高速	76.38
49	金山岭停车区	G45 大广高速公路（京承段）	76.35
50	吴桥服务区	G3 京台高速公路	75.32
51	涿鹿服务区	G95 首都环线高速	75.29
52	威县北服务区	G45 大广高速公路（衡大段）	75.22
53	冀州服务区	G45 大广高速公路（衡大段）	74.98
54	青县服务区	G3 京台高速公路	74.86
55	漳河服务区	G45 大广高速公路（衡大段）	74.36
56	鲍家口服务区	G95 首都环线高速	74.32
57	承德南服务区	G25 长深高速公路	74.23
58	涞水服务区	G95 首都环线高速	73.56
59	肃宁服务区	G45 大广高速公路（京衡段）	73.45
60	安子岭服务区	G45 大广高速公路（京承段）	73.28
61	威县南服务区	G45 大广高速公路（衡大段）	73.25
62	玉田郭家屯停车区	G0121 京秦高速公路	73.25
63	崇礼服务区	G95 首都环线高速	73.25
64	西演服务区	G45 大广高速公路（京衡段）	72.65
65	涞水西服务区	G5 京昆高速公路	72.46
66	桑岗停车区	G18 荣乌高速公路	72.31
67	邱县服务区	G45 大广高速公路（衡大段）	71.56
68	水泉停车区	G95 首都环线高速	71.23
69	涞源停车区	G18 荣乌高速公路	69.84
70	青龙服务区	S52 承秦高速公路	69.28

续表

排名	服务区名称	所属路段	评价分值
71	徐水西服务区	G18 荣乌高速公路	69.24
72	黄土岭服务区	G18 荣乌高速公路	68.78
73	隆化服务区	G95 首都环线高速	68.57
74	玉田大安镇服务区	G0121 京秦高速公路	68.56
75	大滩停车区	G95 首都环线高速	68.56
76	选将营停车区	G95 首都环线高速	68.56
77	衡水北停车区	S072 邢衡高速公路	68.12
78	青龙东服务区	S52 承秦高速公路	68.11
79	龙泉寺停车区	G2516 东吕高速公路	68.05
80	清家沟服务区	G2516 东吕高速公路	67.85
81	饶阳停车区	G45 大广高速公路（京衡段）	67.52
82	平泉服务区	G25 长深高速公路	67.35
83	万庄停车区	G95 首都环线高速	67.29
84	围场服务区	S33 大广高速围场支线	67.24
85	闫营子停车区	G25 长深高速公路	66.98
86	巨鹿服务区	S072 邢衡高速公路	66.98
87	岔河停车区	G95 首都环线高速	66.78
88	抚宁北服务区	S52 承秦高速公路	66.45
89	莲花滩服务区	G95 首都环线高速	66.23
90	丰宁服务区	G95 首都环线高速	65.75
91	冀州南服务区	S030 衡水绕城高速公路	65.71
92	阳原服务区	S003 宣大高速公路	65.24
93	义和庄服务区	S3601 京雄高速公路	64.85
94	凤山服务区	G95 首都环线高速	64.36
95	宣化服务区	S003 宣大高速公路	64.32
96	兴隆北停车区	G25 长深高速公路	64.28
97	大厂服务区	G95 首都环线高速	64.25
98	衡水湖西服务区	S072 邢衡高速公路	63.22
99	千松坝服务区	G95 首都环线高速	62.59
100	尹支江服务区	S072 邢衡高速公路	62.35
101	三河服务区	G0121 京秦高速公路	62.14
102	遵化新城服务区	G0121 京秦高速公路	61.87
103	化稍营服务区	S003 宣大高速公路	60.25

由表 4-4 可以看出，燕赵驿行集团所属服务区整体运营效果较好。其中有 29 个服务区得分为 80 分以上，这些服务区可以根据自身优势进行进一步优化。例如，周围有旅游景区的服务区可以拓展自身的旅游项目；处于商业发达地区且面积较大的服务区可以与当地企业合作；处于历史文化名城的服务区可以与当地文化结合起来吸引过往旅客，增加旅客在服务区停留的时间，从而增加服务区的收益。对于评分较低的服务区，可以考虑让这些服务区向基本服务区的方向发展。这样既可以达到服务区保障用户出行的目的，也可以节省开支。服务区运营状态提升应多注重服务区设施、服务区车客流量、服务区营业额、服务区业态运营度这四方面的提升。

5 服务区关键要素和建设途径

本章借鉴高速公路服务区运营模式的要求、实现形式和对应的实现条件,通过以主带次、以模仿+创新的形式对各种运营模式的基础条件进行分类、比较,从而界定每种运营模式落地的关键要素,并对其要求条件进行明确,基本厘清所有的关键要素和对应的实现条件,做好基本层面的分析,最终整理成高速公路服务区运营模式关键要素分析的内容,明确高速公路服务区运营模式关键要素。

5.1 "服务区+旅游"建设理念及关键要素

结合国家旅游经济政策,以及江苏、云贵等地区的先进运营模式,梳理"服务区+旅游"成功案例、关键要素和建设途径。

5.1.1 "服务区+旅游"的成功案例

高速公路服务区遍布全国各地,星罗棋布。很多服务区紧邻旅游景区,通过产业融合,可以实现服务区与景区的功能叠加,从而将服务区打造成为旅游服务区。还有一些服务区,旅游资源丰富,具备独立建设成为旅游服务区的潜力。

(1) 阳澄湖服务区

阳澄湖服务区将当地苏州特色搬进服务区,相当于当地的又一个旅游景点。吸引了很多的旅客前来此处一探究竟。升级转型后的阳澄湖服务区日均车流量达到 2 万辆次,较改造前增长 50%。阳澄湖服务区园林面积达 1 万 m²。把园林搬进服务区,这在国内服务区建设中绝无仅有。把园林"复制"进服务区,让顾客在快行中慢享,在园林中消除旅途的疲惫。单车平均停留时长达到 40 分钟,较改造前延长 1 倍。通过这种方式不仅将旅客吸引来,还牢牢地把旅客留在服务区,为服务区产生更大的收益打下了客流量基础。阳澄湖服务区日均营业收入超 60 万元,较改造前增长 200%。重大节假日最高日营业收入超过 120 万元。

借助巨大客流的优势可以拓展服务区的其他方向。例如,阳澄湖服务区将"服务区+文化"理念和江苏交控"通达之道"的企业文化落到实处,在寸土寸金的商业区,服务区设置了传统古戏台,邀请艺人表演昆曲、评弹等经典曲目,每一次表演都吸引了大量旅客驻足观看。服务区还建设了面积达 3000m² 的非物质文化遗产展示馆,现场展示苏绣、缂丝、宋锦、核雕等非遗技艺和非遗作品,供旅客免费参观,让其感受非遗的精湛工艺和匠心神韵。阳澄湖服务区升级后投入运营以来,非遗馆在常态下,每天参观人数近 800 人,重大节假日的最大日参观人数达到 1800 余人次之多。

在服务区建设非遗馆的同时,又在服务区专门建设了 3000m² 的科技体验馆。该馆由科普长廊、VR 体验、机器人表演三大部分组成。在二楼江苏第一家机器人餐厅,15 个机器人有条不紊地为顾客提供传菜、送菜服务。服务区配备了新风系统、智能人流引导系统、实时异味监测系统的智能公厕也是科技元素十足。智慧指路牌、3D 全息旋屏等科技元素让旅客惊喜连连。服务区随处可见的科技元素,让服务区一系列颠覆传统的设计不仅叫好而且叫座。拥有 19 台 VR 机的科技馆每天吸引约 1200 人入馆,重大节假日单日客流量更是超过 2500 人。

阳澄湖服务区拥有各类业态品牌近 50 个。汇聚了无锡小笼包、吉祥馄饨、麻辣烫、云南米线、驿品鲜等东西南北中各式美食,让顾客在服务区就能"寻南北美食,品东西味道"。改造后的服务区除传统的餐饮、零售业态外,还新增了休闲娱乐和文化服务类业态,非餐饮类业态占比超过 65%,打破了服务区业态布局的传统,对业态布局、组合进行了大胆的尝试。下一步,服务区还将跟阿里巴巴、腾讯、京东、抖音等开展合作,引入网红业态和网红商品,打造线上线下深度融合的消费新体验。

图 5-1 阳澄湖服务区

阳澄湖服务区发展优势:(1)交通便利,地处京沪高速与沪蓉高速交汇处,并且这两条高速都为我国车流量较大的高速公路,因此经过服务区的车辆很多。服务区可以进行特色改造以吸引过往行人前来服务区进行游览消费。(2)地处经济发达地区,西距苏州市 13km,东距上海市 65km,这些地方的消费水平较高,服务区的潜在客户消费力较大。(3)丰富的旅游资源,阳澄湖服务区北倚风景宜人、碧波环绕的阳澄湖,也吸引了许多慕名而来的旅客驻足游览。阳澄湖服务区成功的要素是充分利用了自身客流量大的优势，用一个极具特色的苏州主题吸引众多旅客来此游览。服务区内部相当于一个大型商场，并且价格也做到了同城同价，成功地让旅客在服务区流连忘返并且心甘情愿地消费。服务区还可以利用这些客流量基础去宣传当地的文化、旅游资源。

（2）昆仑服务区

昆仑服务区位于淄博市淄川区，济潍高速 K44km 处，南北两区以西欧主题打造，建筑风格迥异，各具特色，并设置多处网红打卡地，为司乘人员定格旅途中的美好时刻提供便利。服务区各业态融入异域美食、主题服务区周边产品、户外装备、琉璃制品、潮牌、轻奢品等，提供一站式服务，并将主题特色和地域文化融于一体，围绕"服务区+"理念和交旅融合新模式，设置"淄连世界"城市展厅和文化长廊，展现淄博当地旅游胜地和特色文化的同时，集中展销来自淄博最富特色的琉璃、陶瓷。服务区经营服务业态按照文化体验区、美食盛宴区、游娱赏购区、主题展陈区 4 大特色模块进行布局，"一路相伴"美食汇、丝路雅集、畅物集、喜达利全球购等特色品牌，为顾客带来全新的国际风情服务体验，让顾客不出服务区就可感受到满满的异域风情。

近年来，山东高速服务开发集团立足"跨界、创新、融合、共赢"的理念，以打造"主题特色服务区"为核心，以建设"快进慢游"旅游交通体系为目标，不断提升社会公众的出行体验。未来，服务开发集团将以更优的服务、更大的平台、更广的视野，在交旅融合上继续探索，助力实现"人享其行、物畅其流"的现代化交通运输的美好愿景，为迎接大众旅游时代、建设人民满意交通贡献力量。

图 5-2 昆仑服务区

（3）临沂服务区

京沪高速临沂服务区凭借其别具一格的设计理念，成为了新一处高速网红打卡地。服务区的外建筑形体山势连绵，蜿蜒流水环抱四周，打造出与众不同的建筑风貌。色彩明亮的外观、独特的造型和精致的细节，吸引了无数游客驻足拍照留念。服务区以"蒙山沂水"为主题特色，实现了设计模式去建筑化、主题风格特色化、业态运营品牌化三大创新。山东高速服务开发集团以临沂服务区为试点，创新推出自主加盟国际、国内知名餐饮品牌的新模式，美食、商品、民俗、文化等点缀其间，为社会公众展示"蒙山沂水"的立体画卷，成为交旅融合的新标杆、品质服务的新窗口、经济发展的新引擎。

图 5-3　临沂服务区

走进服务区综合楼内部，仿佛进入了一处世外桃源，又犹如穿越回到了古代的市集街市，满满的全是惊喜。服务区的室内设计延续建筑主体"蒙山沂水"的理念，以云瀑洞天、灿若星河为设计灵感，给顾客营造了别有洞天的精致室内环境。内部场景以中心开放式水街花园为中心，漫步水街，水雾朦胧，绿树盈盈，给人一种柳暗花明、回归自然的意境感受。两侧临水为北方民居式商街，与室内花园互相映衬，相得益彰。

图 5-4　临沂服务区

在赏美景的同时,还可以到四周的特色商街去品美食、买特色、赏文化。这里布置了众多的美食、特色、甜点、咖啡、零售、民俗、文化展示等网红商铺。服务区引进了肯德基、蜜雪冰城、星巴克咖啡、李先生、年俗里冰糖葫芦、傅庄烧鸡、临沂炒鸡等100多个餐饮品类,在服务区可尽情品尝各类特色美食。特别是星巴克咖啡店首次进入长江以北高速公路服务区,并且由山东高速服务区加盟自营;肯德基也是山东高速服务区省内首家自营加盟店。"齐鲁印象"超市涵盖山东省名优特产,畅物集汇集了众多民俗文化潮品、8090杂货铺、香港小熊等特色商品种类齐全,为顾客提供多元化、差异化选择。

除了餐饮、购物外,临沂服务区还为过往司乘人员提供加油、充电、汽修、客房等一体化综合配套服务。服务区充分利用空置场地资源,建设太阳能光伏发电车棚。服务区设置了8台充电桩,16杆充电枪,规划了充电桩专用车道,满足更多新能源车辆充电需求。同时配备司机之家,内设休息区、淋浴区,配套设施一应俱全,为过往货车司机提供温馨舒适的专属服务功能区。

图5-5 临沂服务区布局

5.1.2 "服务区+旅游"关键要素

"服务区+旅游"的关键要素有以下几点:

(1)优质的服务区设施:服务区作为旅游目的地重要组成部分,应提供便捷、舒适、安全的基础设施和服务,包括停车场、卫生间、餐饮、休息区、安全设施等。这些设施的质量和服务水平直接影响到游客对服务区及旅游体验的满意度。

(2)丰富多样的旅游服务:服务区应提供多样化的旅游服务项目,满足不同游客的需求。例如,提供旅游咨询、旅游线路规划、导游服务、特色旅游产品销售等。这些服务可以增加游客在服务区内停留的时间,并提高他们的旅游体验。

(3)独特的旅游资源:服务区所在地的独特旅游资源是吸引游客的重要因素,包括景点、自然风光、文化遗产等。服务区应充分挖掘和开发当地的旅游资源,打造具有吸引力和竞争力的旅游目的地。

（4）合作与联动：服务区可以积极与周边旅游景点、酒店、旅行社等建立合作关系，构建旅游产业链和价值链，通过互惠互利的合作，共同推广营销，提高整体的吸引力和竞争力。

（5）宣传与推广：服务区应制定有效的宣传推广策略，包括线上线下的宣传渠道和媒体，吸引更多的游客关注和到访。可以通过网站、社交媒体、旅游展会等方式进行宣传，提升知名度和形象。

（6）旅游安全保障：服务区应加强旅游安全管理，确保游客的人身和财产安全。建立健全的安全保障措施，包括监控系统、安全警示标识、紧急救援机制等。

5.1.3 "服务区＋旅游"的建设途径

旅游型服务区具备传统服务区满足司乘人员加油、停车、短暂休息、餐饮、如厕的基本功能，并在此基础上增添了旅游服务如旅游巴士换乘等功能，与此同时也提供特色休闲体验功能。因此，将旅游型服务区的功能主要划分为三类：基本服务功能、旅游服务功能、特色休闲体验功能。

基本服务功能围绕车和人来划分，主要分为：为车辆服务的功能和为过往司乘人员服务的功能以及附带设施与辅助设施。为车辆提供的服务功能主要包括加油、加气、修理、驻车、充电、清洗等，相对应的设施主要有加油站、加气站、汽修站、停车场、电动汽车充电桩、洗车房、美容养护区。为过往司乘人员提供的服务主要有如厕、餐饮、休息等，而为司乘人员提供服务的设施大多设置在综合服务楼内，具体有盥洗室、餐厅、商店、休息大厅等；附带功能包括道路功能，具体设施有变速车道、匝道、贯穿车道、人行道等；电气设备的具体设施包括道路照明、电力供应室；供水设备设施主要有净化槽、水塔、水泵房、仓库等。

旅游服务功能有旅游信息咨询引导功能、旅游巴士换乘功能。旅游信息咨询引导功能指司乘人员可咨询服务区周边旅游线路、相关旅游景点信息、相应的道路车辆信息。此服务功能可用宣传、咨询、展示的方式来介绍基地及周边相关旅游资源的自然和人文价值。服务区与附近景区联动，提供旅游巴士换乘服务。

特色休闲体验功能主要包括洗浴、医务室、洗衣等个人护理服务；咖啡厅、影音室、茶室、戏台、文化走廊等文化交流服务；儿童乐园、宠物之家等休闲娱乐服务；室内街市、旅游纪念品专卖店、土特产购物区等特色购物服务；室外观景亭台、小园林等风景欣赏功能；特色民宿、星级旅馆、汽车旅馆等住宿功能。

旅游线路是指为了使旅游者能够以最短的时间获得最大的观赏效果，由旅游经营部门利用交通线串联若干旅游点或旅游城市所形成的具有一定特色的合理走向。

在国内有著名的"跟着孔子去游学"的游学线路，通过重走当年孔子周游列国之路，弘扬儒学，让人们在旅途中增强对优秀传统文化的体认。服务区是高速公路的重要资源，交通便捷，人流量大。从这一方面考虑，服务区可以通过"导流"的方式来实现与旅游业的融合发展。这需要服务区打开后门，与区域旅游资源深入融合来实现信息和资源的共享；更需要深度挖掘旅游资源，科学设计旅游线路。旅游线路的设计具有十分丰富的内涵，既要从各个方面对游客旅游的线路进行规划引导，更要提升游客的旅游体验。在这一层面推动"服务区+旅游"的融合，就是要以服务区为中心和游客集散地，统筹区域旅游资源，深度挖掘区域内旅游资源特色，设计主题和线路，从而实现区域旅游的共赢。旅游线路设计，通常是基于大量游客最为方便的线路而进行设计，这符合服务区人流量大的特点。另外，基于服务区的旅游线路设计，也有利于整合区域内零散的旅游资源，有利于推动旅游产业的规模化发展；基于服务区的旅游线路设计有利于逐步优化提升区域旅游品牌。

5.2 "服务区+商业"关键要素及建设途径

本小节结合其他省份服务区的运营模式，梳理"服务区+商业"的成功案例、关键要素和建设途径。

5.2.1 "服务区+商业"的成功案例

(1) 梅村服务区

梅村服务区是沪宁高速上车流量最多的服务区。京沪高速、沪宁高速、锡通高速在这个区段交会，让梅村日均车流量达8万辆，成为沪宁线上流量最大的服务区。沪宁高速率先对梅村服务区按照城市商业体 shopping mall 模式转型，通过引入社会资本进行商业化改造。

2016年11月，梅村服务区开启"外包+监管"的改造转型之路。经过严格的招标程序，梅村服务区将经营权整体外包给民营企业嘉兴市凯通投资有限公司（以下简称凯通公司），同时由该公司负责服务区的改造工程并承担全部改造费用。从拆到建，梅村服务区和凯通公司齐抓共管，仅用188天时间，20000m² 的现代化旅行综合体拔地而起。沪宁高速与凯通公司积极融合，坚持现场管理和制度管理相结合，承担起"外包+监管"中的"监管"职责，做好对外包方的经营行为监管与合同履约管理，加强现场的巡查抽查，做好动态监控，建立应急预案，确保服务区的优质服务、稳健运行。转型后，梅村服务区引进各类业态30余家，拥有汉堡王、猫屎咖啡、DQ冰淇淋等知名品牌，品牌效应形成的同时，带动了服务区经济业绩的大幅增长，日营业额由改造前的29万元上升到50万元，2018年春运期间创下了日接待客流量逾26.7万人次、单日营收超百万元的新纪录，充分显示了服务区超强的聚客能力和消费潜力。2018年，梅村服务区以4600万元的年租金收入加上自营油品利润，成为全国首个净利润近亿元的服务区。

图 5-6　梅村服务区

梅村服务区借助所在高速车流量较多的优势，采用"外包＋监管"的方式积极与民营企业合作，将服务区打造成一个大型商场。改造后的梅村服务区引入了更多的业态，并且营业额也大大提升，收益在全国服务区中名列前茅。对于靠近城镇或者处于高流量通道上的服务区，可遵循"服务区＋商业综合体"开发路径，打造高速公路上区域性的商贸中心。

（2）大槐服务区

大槐服务区位于沈海高速开阳段，东区占地面积约 14 万 m^2，西区约 4 万 m^2，总建筑面积约 3.5 万 m^2。据介绍，大槐服务区是广东省规模最大、功能最全的高速公路服务区，也是该省首个采用双开放设计理念的服务区，同时连接沈海高速开阳路段和 325 国道公路，一改服务区只能接待单向客流的传统，国道停车场和高速停车场采用"高差物理隔离法"，为国道车辆临时进入服务区设置专用停车场，国道停车场高出高速停车场地面 4.5m，车辆无法互通停靠，但旅客可以自由进出。服务区内建有服务楼、数字化停车场、航空馆等配套建筑，是集餐饮、休闲、娱乐、购物为一体的开放式文旅服务区，为广大旅客打造了零距离、零时差的休闲环境以及生活体验。

大槐服务区是侨乡商业小镇主题服务区。2019 年 2 月开业运营，总建筑面积约 35000m^2，总车位达 1200 个，服务楼内 2600m^2 "侨乡小镇"最具风情，通过仿真天幕、四周的灯牌居民房屋的窗户以及阳台花草等打造建设，呈现 19 世纪初期侨乡集市场景和生活场景，让广大旅客穿越时空和 19 世纪握手。服务楼中庭悬挂着航空之父——冯如设计制造的飞机仿真模型，尽显恩平的航空特色元素。作为广东省首个开放式文旅主题服务区，大槐服务区内建有服务楼、数字化停车场、航空馆等配套建筑，集餐饮、休闲、娱乐、购物为一体。同时大槐服务区还引进了空中救援服务，填补了高速公路服务区空中救援的空白。

大槐服务区内建有大型数字停车场,总车位达到1200个,智能车位导视系统的停车场大小型车辆停车区域划分更加明显,停车场地面和标牌色彩化,旅客入区停车一目了然,为旅客带来非一般畅快的泊车感受。同时,区内配套有多个新能源充电桩和智能粤运能源加油站,提供现金、加油卡、银联、微信及支付宝等多种支付方式。

服务楼配置服务台、茶水免费供应处、亲子专属区域等人性化设施设备;公共商业场所带电梯、统一采用中央空调系统,给商家和旅客提供舒适的营商和消费环境;服务区公共卫生间按现代化标准设计,安装空调新风系统,引用个性化的鲜明标牌标识指引,配置洗手液、纸巾、干手器等装备,专设女士化妆间、母婴室、第三卫生间,为广大旅客提供干净整洁的如厕环境。

图 5-7　大槐服务区

(3) 嵊州服务区

改建后的嵊州服务区两区用地面积扩增 55.54 亩(约 37027m^2),新增停车位 316 个,规划了大小客车、大货车、畜产车等停车位,有效缓解服务区内节假日"停车难"问题。综合楼内部服务设施也实现了全面升级。主卫生间厕位数量增加近两倍,引入智能化新风系统和自动除臭系统,实时监测异味,快速引入清新空气,确保卫生间内空气常新。为更好地满足特殊群体的如厕需求,服务区扩大了第三卫生间的空间面积和设施配置,设置了带有扶手的坐便器、助力扶手等无障碍设施。淋浴室、母婴室、开水间、司机休息室等公共服务设施也都完成了改造装修,服务能力和水平明显提升。

升级后的嵊州服务区引进了 KFC、五芳斋、南海渔村等众多连锁经营品牌入驻,更有集合店(涵盖 30 余种嵊州当地特色小吃),让司乘就地品尝到嵊州地方特色美食。服务区规划建设 56 个充电车位,将分批次进行投运。走进嵊州服务区西区,司乘便可感受到扑面而来的越剧元素。入口的大跨度挑高空间采用越剧最为经典的"化蝶"元素来表达主题。抬头仰望,灵动轻盈的蝴蝶从《挟溪亭》的诗句中"飞舞"而出,与远处"蝶舞嵊州"戏台遥相呼应。

图 5-8　嵊州服务区

5.2.2　"服务区＋商业"关键要素

"服务区＋商业"关键要素有以下几点：

（1）整体形象提升：为吸引更多的客流前往服务区消费，其服务体验及形象档次相较于 2.0 或 3.0 的服务区需要得到整体提升，从基本的停车位数量、卫生间环境、休闲区规模等要给旅客带来舒适的服务体验，此外，还要注重服务区建筑由内到外的风格设计，灵动、现代的建筑装修装饰风格更能体现服务区的商业氛围。

（2）丰富的业态形式：突破服务区本身的传统业态范围，努力引进丰富多样的新业态类型，实现休闲、购物、餐饮、娱乐、科技于一体的特色型商业综合体。

（3）知名的商业品牌：服务区引入各种知名商业品牌，营造更加浓厚的商业氛围，打响"服务区＋商业"的知名度。

（4）优质的商业设施：服务区作为商业场所，应提供多样化、高品质的商业设施，包括商场、超市、餐饮店、咖啡厅、零售店等。这些设施的布局和设计应满足游客的购物需求，并提供便利、舒适的购物环境

（5）便捷的交通和停车服务：服务区应提供便捷的交通和停车服务，方便消费者前来购物。要确保交通路线畅通无阻，并提供充足的停车位，让消费者能够方便地进入和离开服务区。

（6）良好的消费体验：服务区应注重提供良好的消费体验，包括优质的客户服务、舒适的购物环境、便利的支付方式等。通过提供愉悦和便利的购物体验，促使消费者在服务区内停留更长时间。

（7）合作与联动：服务区可以积极与品牌商家、供应商建立合作关系，共同推动商业发展。可以通过合作促销、品牌推广等方式增加商业吸引力，提高服务区商业的竞争力。

5.2.3 "服务区＋商业"建设途径

近年来，在形成整体租赁的服务区管理模式后，服务区的高管中心不断完善服务区管理制度，从管理的角度不断升级现有的服务区，提出"三精"服务区的建设规划，整体提升高速公路服务区的现代化管理水平，改善旅客的出行体验。但单调的超市、快餐、厕所、加油"老四样"已经无法满足人们日益增长的对美好出行的向往，面对困局日渐凸显的当下，高管中心应当直面自身服务区现存规划起点低、经营品质低、可持续发展适应性差等问题，积极探索服务区商业化的转型。

（1）致力于创建服务区的自身品牌价值

高管中心初次探索服务区商业化转型，从商业化的角度切入对服务区的转型与升级进行探究，最重要的莫过于自身品牌的建立与品牌价值的打造，打破自身局限以及司乘人员对服务区的刻板印象。品牌价值是品牌在形成与销售过程中创造方对品牌的投入效果与顾客对品牌的认识度的结合，品牌价值体现了公众对品牌的认可度。因此，高管中心在对服务区进行商业化改造时，首要任务就是建立自身品牌优势，打造品牌价值。

从营销的角度出发，提高入区人员的购物体验，从而建立高速服务区品牌价值。通常来说，顾客进入服务区的购买选择有四种——品牌忠诚、品牌选择、商品选择、信息搜索，司乘人员在进入服务区后，如果只是简单地信息搜索，即有什么买什么，那司乘人员入区后的服务感将大打折扣；如果司乘人员进入服务区后商品选择种类丰富，那么入区人员的服务区体验将得到有效提升；如果司乘人员进入服务区后，不仅有丰富的商铺选择，同时还有丰富的品牌选择，甚至有自己忠实的品牌，那司乘人员的入区体验将得到质的提升。通过从品牌营销角度的分析，可以发现服务区的品牌价值建立应当向着商品多元化、品牌多元化发展。

从品牌服务体验的打造出发，提高入区人员的服务体验，从而建立服务区品牌价值。服务区可通过对所售商品、服务进行调研，对入区人员的服务体验进行问卷调查，在顾客反馈中发现问题、改进问题，提升服务区整体水平，从而形成一种良性循环。通过从品牌服务体验的角度进行分析可以发现，服务区的品牌价值建立应当向着不断调研、提升、再调研发展。

从商业品牌的文化内涵培育出发，提高入区人员的精神体验，从而建立服务区品牌价值。品牌以其名称、符号在产品与服务上区别于其他品牌的商品，品牌也是顾客对商品的第一认知，但真正让顾客接受的是商品、服务的感受以及品牌背后的文化内涵。品牌的文化内涵体现的是品牌特定的文化气质，是品牌在创建、经营历程中的一种文化积淀，它代表的不仅仅是一个品牌的价值，也是企业对自身信念的展示，更是顾客对品牌的认可。品牌所附着的文化，可以使得消费者在消费过程中不断认同品牌，从而愿意为品牌花费更多的费用。

（2）致力于建立以自身为平台的商业系统

高速公路服务区的高管中心确立服务区转型的大方向后，在树立自我品牌价值的基础上，应当以自身品牌为中心，构建商业化系统，即高管中心对自身进行定位，将自身定义为领导型管理中心，以自身为平台，建立平台生态商业生态系统。所谓平台企业也可称为平台领导，在整个商业系统中处于领导、统筹的位置，是整个商业系统的架构者、规划者。高管中心应当本着商业规划的思路，直面自身服务区现存规划起点低、经营品质低、可持续发展适应性差等问题，从商业化的角度对高速公路服务区转型进行规划。走出行业"圈子"，统筹布局、长远规划。商业设施是一个城市的基础，是一个城市经济生活的核心，但对于一个仅仅有商业而没有合理、长远规划的商业结构的城市而言，它的形象和竞争力将大打折扣。高管中心应当学习商业规划的模式，作为平台企业长远谋划、大局考虑，以商业需求为纽带统筹全局。首先，从经济发展主体方向出发、从服务区的周边地域城市规划出发，对服务区的地域城市规划与交通流量作出长远的预测，服务区的选址、规模要在建成后匹配周边城市的长远发展以及发展后带来的交通流量增长；其次，从交通体系发展大趋势出发，我国正处于交通强国的建设阶段，要充分研究交通强国战略部署，顺应战略发展，作出适应现代高速流量不断增长的服务区转型战略；最后，从绿色发展总布局出发，以商业规划为纽带，串联服务区的选址、规模、主题定位、建筑设计等，通过与商业单位的合作，从服务区转型起步开始，走出自身"束缚"，开展顺应经济时代潮流的转型升级。

（3）服务区商业化转型的总结与展望

谋长远、谋全局。在互联网时代，发展不再仅看眼前的成果，而是要放眼全局，谋划"时代宏图"。高管中心对服务区转型需要有长远的规划，对服务区的整体转型发展把握大方向，目前来看最重要的就是顺应信息化时代，构建智慧化经营管理平台。智慧化管理运营平台是服务区未来发展的必经之路，智慧化平台的运用有助于服务区更好地构建品牌文化、提高精准管理水平，有助于服务区的经营管理从"经验"向"科学"转变。线上购物越来越普及，受众也越来越广，逐渐成为零售行业的必备模式，智慧化的建设可以很好地衔接线上与线下，使得商品选购有"距离"却不失"温度"，打造"三精"服务区的思路不能改变，要让顾客在感受高科技带来的美好服务体验的基础上，感受线下实景的优美。

5.3 "服务区＋文化"关键要素及建设途径

结合国家非遗传承政策支持，以及国内部分地区服务区的先进运营模式，梳理"服务区＋文化"成功案例、关键要素和建设途径。

5.3.1 "服务区+文化"的成功案例

(1) 古田服务区

古田服务区按照福建省集团公司的要求,改变传统的发展模式,积极推动并践行"星级式服务+公园式环境+红色元素"的发展新理念。

引进"红色"元素,量身定制"红路"品牌,让过往旅客收获"红色"精神上的增值服务。让您停车休息时,真正享受身心的放松。设计了"星星之火 可以燎原""成功从这里开始""毛泽东诗词"石书三个红色景观,并通过红色文化浮雕画和雕像的形式,向人们展示红色文化历史,如红色公园的"松毛岭阻击战"浮雕、"古田会议旧址 3D 油画墙"、"湘江之战"浮雕和"周恩来在闽西"雕塑等。

服务区还专门建立了公园式"红路展厅",展厅外是一个以古田会议旧址为背景的大型雕塑,鲜红火焰背景上嵌着金色建筑图与文字,给大家的心灵带来震撼,吸引了很多过往游客纷纷驻足,在大型雕塑前留影。走进以"闽西——中国革命红色摇篮"为背景的展厅,毛泽东六进闽西、治国理政的实践基地、红军故乡、共和国红色摇篮、中央苏区红色交通线五部分内容在此陈列展出,其中翔实的历史资料完整阐述了闽西在中国革命历史上作出的重大贡献。在厦蓉高速上,古田服务区"红路展厅"的信仰之灯,为过往司乘人员带去关于闽西烽火的教育。据了解,建馆以来,"红路展厅"共计接待参观约 30 万人次,宣讲 260 余次,司乘人员入区平均停留时间由原 7 分钟延长至 20 分钟以上。近年来,"红路展厅"先后被授予"福建省国有企业爱国主义教育基地""红色文化宣传教育基地"等称号。

在停车歇息时还能到红路书吧阅读,了解闽西的红色历史,让自己来一场心灵的洗礼、情操的陶冶,让"服务区"变成"学习休息区"。服务区还设置了儿童游乐区,让游客休息的同时,孩子们也可以释放天性,尽情地玩耍,父母也能适当放松,为业态吸引更多的人流。

加强景观、绿化提升,打造公园式环境;水绕山、山傍水、山水相依;绿植环绕、杨柳依依;小桥流水、曲径通幽。优美环境与周边配套,让您在停留休息时可以感受到江南水乡之美,优美的公园式环境让游客在疲惫的旅途中得到身体和心灵的放松。

全区业态丰富,全部实行同城同价,彻底解决国内被吐槽较多的服务区"物价高"的问题,颠覆以往的物价观念;推行"公厕长"管理机制,实现公厕无异味,卫生干净整洁;服务区推行三级公厕管理机制,采用通透式设计,加强对流通风,实现公厕无异味,让长途旅行的人们享受星级服务。2022 年,古田服务区开展提升改造,在完善好星级式服务、公园式环境的基础上,引进"闽菜馆""福建特色小吃""VR 体验馆"等业态档口入驻,使司乘人员沉浸式感受古田服务区浓郁的"烟火气";同时,新建"海丝高速党群服务中心"和"军人驿站",积极推进乡村、生态、文化等多元化服务,促进地方社会发展。

图 5-9 古田服务区

古田服务区利用古田当地的红色历史，设置了红色景观、油画墙和浮雕，让旅客重温当年的那段党史。服务区还建立了"红路展厅"，更充分地宣扬党的红色精神，并且在服务区里还打造了一个公园式环境，为服务区平添了几分色彩。古田服务区利用这些举措，吸引过往司乘人员驻足休息，为服务区带来了客流。古田服务区在此基础上，加大服务的提升，在全区范围内实施同城同价，推行"公厕长"管理机制，设立读书吧和儿童游乐区等贴心服务。让旅客愿意在此停留，司乘人员入区平均停留时间由原 7min 延长至 20min 以上，为服务区开展其他业态的服务提供良好的客流量基础。古田服务区将当地美食、文化以及党群服务中心等引入服务区内，在宣传当地文化的同时又增加了服务区的收入。

（2）天全服务区

四川雅安高速天全服务区是全国首个双主题（"公路文化"和"大熊猫"）认证的服务区，于 2020 年 12 月中旬正式运营。在主题氛围上打破传统，设置了熊猫艺术装置、雕塑、公路精神堡垒等复合元素，创意新颖、引人入胜，极具视觉美感；在品牌构筑上打破内容，打造了土洋品牌结合、熊猫文化与公路文化融合的业态体系，做到用品牌让人放心、用文化让人静心；在产业拓展上打破边界，积极向外延伸，深化地企合作，形成"交旅文农"产业联通环线，推动路衍经济发展。

天全服务区位于雅康高速雅安段天全县境内，紧靠大熊猫国家公园、二郎山喇叭河风景区、四川省五星级天全县水产现代农业园区，距离天全县城仅一步之遥，是自驾热门线路 G318 川藏线的第一站，也是进入川西旅游环线、稻城-香格里拉旅游线路的门户。天全服务区作为 A 级双侧综合服务区和全国五星级服务区，服务设施和环境一流。服务区分 A、B 两区，共设 45 个大车位和 337 个小车位，除了加油、餐饮两项传统服务之外,还提供充电桩、免费 Wifi、信息咨询、房车补给等品质服务,年接待旅客 500 万人次,是名副其实的旅游中转站、目的地。

打卡雕塑、主题地绘、宠物乐园、露营帐篷、房车营地,天全服务区既是充满乐趣的公园,更是热闹繁华的商场,特色美食、西式快餐、咖啡茶饮、文创潮品,丰富的业态为来往游客吃、穿、住、行、游提供高品质、多样化的选择和体验。不仅如此,天全服务区还全面融合大熊猫发源地特色文化和 G318、川西旅游环线等国家级自驾线路品牌和旅游元素,突出打造"熊猫家园"和"G318 国民公路"两大主题 IP,在元素设计、业态设置、场景营造、功能服务上赢得业界称赞。

图 5-10　天全服务区

(3)汨罗服务区

汨罗服务区距汨罗市仅 7km,总用地面积为 136282 m^2,北区综合楼建筑面积为 4797m^2,项目紧邻水库,功能包含了停车加油、餐饮如厕、娱乐休闲、特色商业等。项目的落成将龙舟文化、地景建筑、城郊功能结合起来,在满足高速公路用路者需求的同时,期望拓延为汨罗市民"路地共享"的服务综合体。

通过增加趣味性,增强服务区对司乘和周边居民的吸引力,成为亲子游玩的打卡点,助力服务区成为路地共享的服务综合体。汨罗服务区交错的屋面、起伏的空间呼应着自然风、光、热的变化,可通过被动式绿色策略让人们领略光影节律与建筑的奇妙关联,在空间构成与人的活动之间达成场所的默契。步入服务区室内,映入眼帘的是按照比例打造的一艘实景龙舟,龙舟两端采用龙首、龙尾造型,龙首神采飞扬,龙尾轻盈飘逸,龙身流光溢彩,好似一只游龙在水中乘风破浪。跟随龙首的目光,仿佛看到千百年前楚人在汨罗江争渡只为追赶屈原的情景。小小一艘龙舟蕴含着汨罗人民千年的文化基因,寄托着汨罗人民对贤臣屈原的无限怀念与景仰,更承载着汨罗人民对美好生活的向往。

汨罗服务区是湖南省打造的首个屈原非遗文化主题服务区，位于龙舟故里，诗歌原乡。自 2022 年底正式运营以来，全方位运营，多渠道探索，满足了公众、运营者、地方政府的多方诉求，有效带动服务区自身以及周边经济和文化的发展。

图 5-11　汨罗服务区

5.3.2　"服务区＋文化"关键要素

"服务区＋文化"关键要素有以下几点：

（1）民族文化的传承和创新：服务区可以通过文化元素的融入，让来往的游客在休息、娱乐、餐饮等环节感受到地域文化的特色和魅力。同时，服务区也应该注重推广、挖掘优秀传统文化，如历史、地理、风俗等，使游客在消费的同时了解到当地的历史和文化。

（2）创新性的服务和体验：服务区可以设计一些具有创意性、差异化和互动性的服务和体验项目，如多元化的娱乐活动、主题餐饮、文化创意产品等。这些项目既可以满足游客的需求，又可以为服务区带来更多的收益。

（3）文化传承与体验：文化传承是发展"服务区＋旅游"的重要方面。服务区可以通过展示当地的历史文化、民俗风情、传统手工艺等，提供丰富的文化体验项目，让游客深入了解和体验当地独特的文化魅力。

（4）人才与资源支持：培养和吸引相关的文化人才，包括艺术家、文化管理专业人员、策展人等。同时，整合当地的文化资源，如博物馆、艺术团体、传统工艺师傅等，共同推动服务区文化的发展。

（5）政策与资金支持：政府的政策支持和资金投入对于服务区文化发展至关重要。鼓励相关的政策出台，提供资金支持和减免税收等优惠政策，以激励和支持服务区文化的创新和发展。

5.3.3 "服务区+文化"建设途径

我国文化博大精深,各地区的种类纷繁多样,对于高速公路服务区的文化建设主要从以下几方面去发掘和获取资源。

(1) 抓住精髓,展现地域文化

应加强与当地党委、政府、文化、旅游、农业、经济部门和企业沟通、联系、洽谈,寻求合作共赢的结合点,积极投身本土历史文化和高速公路传统文化的调查研究工作,围绕各地丰厚的文化底蕴和高速公路文化的发展渊源,切实加强对当地历史、传统文化、物产的了解以及高速公路文化积淀成果、时代精神的研究,并加以提炼和传承,在高速公路服务区文化建设中进一步发扬光大。

(2) 抓住市场,开发经营潜力

通过市场运作方式,引入当地特色产品的经营商或生产企业,借助当地特色产品和经营项目,繁荣服务区经营市场,既提升品牌的知名度,又有利于企业盈利,形成特色服务区。

(3) 抓住资源,加快平台建设

将高速公路网、服务区分布优势与当地历史文化、旅游景点等资源进行结合,通过与政府、文化部门、商业组织进行战略合作、强强联手,共同打造高速公路服务区推介平台,加快经济、文化的交流和融合,实现服务区和当地经济、文化产业的双赢。

总之,文化建设是只有起点、没有终点,是高速公路服务区提高核心竞争力的重要工作。高速公路服务区文化建设以"文化商品""商品文化"的形式,将服务区当地的文化价值融入商品和服务中,为公众出行提供高品位、高内涵的文化商品及服务,唤起并满足人们日益增长的物质及文化、精神的需求。

(4) 与自然环境相结合

介于高速公路贯穿性的特征,服务区所处的地理环境可能会不同,但是无论服务区毗邻城市建筑还是处于山地环境或是位于草原沙漠,都需要从自然环境元素入手,尊重当地的自然环境,只有处理好服务区建设与生态环境保护的平衡,作出适合当地自然环境的设计,才能使服务区融入当地特色景观之中。因此在进行服务区的设计时,要求设计者对当地景观特点、地形地貌以及气候规律等自然要素作出前期调研,对当地的自然景观作出适当保留,并且运用抽象的手法从自然环境中对服务区设计的创作元素进行提炼,同时对其进行可行性分析,将地域特点体现在建筑设计、景观设计和规划设计之中,以达到与周围的自然环境和谐统一,从自然因素上充分体现当地地域文化的目的。例如,阳澄湖服务区的室外设计借鉴了留园、拙政园、狮子林等特色园林文化,修建了四座室外园林,将自然融入建筑和景观之中。

(5) 与地方民居相结合

由于受到不同地域自然因素以及人文因素的影响,各个地域都有独特的建筑形式与元素，历史建筑不仅是象征意义的传达，还是人类精神的表达场所，其文化的独一无二性与可识别性和唯一性的特点是打造具有个性化服务区的重要元素。在进行建筑设计时，可以从建筑形式、建筑体量、建筑色彩和建筑元素入手增加与传统民居的联系以及建筑的可识别性，同时建筑要与整体景观相互联系，在视觉上给人以统一的效果。例如，阳澄湖服务区的建筑以苏州园林为风格，并且在建筑外立面采用抽象和提炼的手法，借鉴画家吴冠中的水墨线条，将整个阳澄湖服务区的建筑打造成一幅江南水乡的水墨画，让人进入服务区就能感受到小桥流水的苏州城氛围，同时通过建筑风格的提炼，达到融入地域文化的目的。

（6）与地方文化风俗相结合

由于地方文化风俗会受当地地理位置、气候条件和历史文化传承等因素所影响，因此独具特色和识别性，在人类千百年的文化发展中也形成独属于该民族的图腾、元素以及故事传说，这些独一无二的符号也是设计师的创作语汇。在设计时，要结合现代表现手段充分利用当地历史文化元素、艺术作品、民间故事以及民风民俗等，通过文化背景墙、雕塑小品和艺术长廊等设计方法来营造地域景观，丰富地域文化在设计空间中的表达。山东泰安服务区引入系列文创产品，其印章印刻泰安的地标性建筑、城市街道、泰安的方言以及独有的城市图案，并且可以免费供人们使用，在宣传泰安文化的同时也升华了服务区的内涵。

（7）与地方建筑小品和本土产品相结合

景观小品可以通过具体的造型直接表达服务区的主题特色，也可以通过对服务区主题特色的抽象提炼形成小品元素使人们产生联想，因此在设计景观小品时，要注重其材质和色彩的选择，通过材质和肌理对空间的营造引起司乘人员的共鸣以及渲染服务区的整体氛围。例如，阳澄湖服务区在室内景观河道中利用灯光作出水波纹的效果，并在上面安置主题艺术小品，渲染服务区地域文化的同时给人们独特的视觉体验。本土产品作为设计元素融入服务区设计中，不仅可以增强地域文化特征，又可以推广地方产品，同时具备一定的教育意义。贵州是茶叶之乡，在贵州天福服务区的景观广场设置了茶壶造型水景雕塑，以推广当地茶文化和茶叶产业发展。

5.4 "服务区＋物流"关键要素及建设途径

为贯彻国家物流高质量发展政策，本节梳理"服务区＋物流"成功案例、关键要素和建设途径。

5.4.1 "服务区＋物流"的成功案例

（1）木棉高速服务区

木棉服务区位于广州市从化区太平镇木棉村，是粤港澳大湾区北上重要通道G45

大广高速首对服务区，也是江西和广东东北部地区南下广州的"北大门"。该服务区以构筑产业服务、基础服务为基点，以干线物流服务标准化、信息服务网络化、"一站式"联运供应链为特色，集五大基本核心功能、四大配套功能以及扩展特色物流功能发展"服务区＋物流"模式。

街北高速木棉服务区改扩建以"服务宾馆化、经营特色化、智慧物流园"为总体目标，打造一个突出电商高端园区为特点的现代化、智能化、品牌化综合型服务区，建设成广州北部物流主枢纽，并建设具有区域竞争力的服务车流与人流、集聚产业流、推动周边区域产业升级的综合型现代智能物流主题高速公路服务区。具体目标可概括为以下六个方面：广州北部物流主枢纽、广州国际绿色农副产品转运流通中心、粤港澳大湾区的应急物资保障基地、粤港澳大湾区的物流枢纽转换核心站点、全国领先的"智慧物流特色小镇"、全国产业服务型高速服务区的创新标杆。

本项目的建设将在一定程度上缓解城区物流站场无处转移压力，并能有效提升广州物流产业承接能力，促进广州北部物流经济结构调整升级，从而打造广州北部物流主枢纽。积极探索流通成本低、运行效率高、城乡居民广泛受益的现代农产品流通模式，加强市场硬件基础设施建设，促进农产品产业化建设，加快完善冷链设施建设，发展信息主导型农产品批发市场，运用电子信息技术和互联网转化市场交易方式，促进农产品安全、高效、顺畅流通，重点打造品牌绿色农副产品展示体验馆、绿色农副产品批发交易中心、冷链智能仓储物流中心等功能区。

以高速公路服务区为应急物流枢纽节点，依托高速公路形成网络，覆盖面广，区位优势建设保障基地。包含"应急物资保障、应急物流服务、区域协作联动、应急产业培育"四大板块。既能为应对粤港澳大湾区突发公共事件和灾害性事件提供物资供应保障、物流组织和配送服务，也是大湾区集应急公共事件的协作、物资调配、运力组织等服务于一体的指挥中心，实现应急物资的生产、储备、物流发展的一体化，带动应急产业发展，着力打造粤港澳民生物资保障供应链循环发展示范区。

围绕"物流""互联网＋""智造"，构建"3＋3＋N"的产业生态体系。顺应产业变革趋势，依托小镇及周边的产业优势，以"物流""互联网＋""智造"产业为特色产业发展三大抓手，整合产业上下游资源，发挥产业集聚效应。同时，通过产业链延伸，拓展发展商贸产业，并辐射带动服务业、绿色观光等外围关联产业提升发展。

木棉服务区位于物流市场庞大的广东省，拥有雄厚的物流基础。服务区地处南货北上和北货南散的咽喉要塞，区位条件十分优越，交通十分便利。木棉服务区辐射范围广，周围有广佛（佛冈）产业园、空港经济圈、从化高技术产业园、南沙自贸区等众多产业园，可以保证服务区有货可运。借助这些优势条件，可以大大提高服务区的物流能力。在服务区发展物流中心，避免大车进入城市，可以在很大程度上解决城市拥堵问题，既减轻了城市交通负担，又缓解了城乡土地资源的短缺。

木棉服务区自身的业务和服务范围非常广。服务区基于互联网，依托小镇及周边的产业优势构建"3+3+N"的产业生态体系,发展智慧交通。更加注重服务于"车"的概念,服务区利用智能物流提升服务水平,大大提升了货运效率,并且木棉服务区不拘束于单一的物流功能,依托自身优势发展了众多产业,如应急物资投送、农副产品配送、纺织服装等,也大大地服务了当地农业和经济的发展。

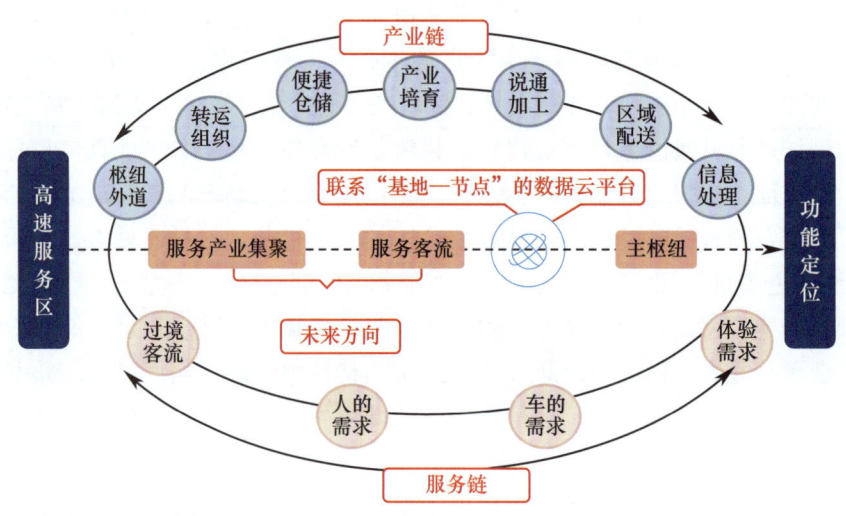

图 5-12　木棉服务区发展定位

(2) 团泽服务区

团泽服务区毗邻新舟机场、遵义高铁站和传化公路物流港,有明显的区位优势,是贵州高速投资集团推进新型服务区建设的重要举措。在服务区建设仓储物流园,依托区位、流量和交通优势,对创造新的业态和新运营模式有积极的意义。

团泽物流仓库总建筑占地面积为 10424.47 m²,总建筑面积为 10615 m²,约能存放 5000 吨左右果蔬。顺丰集团与贵州高速投资集团所属贵州高投服务管理有限公司在团泽服务区合作打造仓储物流园,标志着贵州最大的高速服务区营运主体——高速投资集团下属高投服务公司在多元化运营方面迈出新的步伐。驶近团泽服务区,远远便看到两座大型单体建筑。一座是服务区综合服务楼,另一座类似厂房的便是仓储物流园。这是贵州布局的首个"服务区+物流园"业态。该服务区全面投入使用后,除为往来驾乘人员提供休息就餐、车辆加油维护等常规服务外,还以高速公路为纽带,推动完善顺丰体系遵义地区的物流集散布局。

随着兰海高速板桥至新蒲段的通车,贵州高速投资集团将加大与服务区周边产业资源的合作,延伸产业链条,推动服务区向交通、生态、旅游、消费等复合功能转变,在助推产业升级发展的同时,为贵州省高速服务区拓展经营范围、探索多元化经营提供新的参考。

(3) 圣堂服务区

开阳高速圣堂服务区于 2020 年 12 月开建,用地面积约 130000 m²,目前总建筑面积超 16000 m²,总投资额约 1.2 亿元,为全国首个以货运为主题的 I 类服务区,定位为

图 5-13　团泽服务区

"物流特色"\"货车专属"功能型服务区,主要为沿途货运车辆及司机群体提供相应的专业服务。

图 5-14　圣堂服务区

每逢节假日车流剧增,当服务区单边车辆停放量接近饱和时,服务区还将启动"潮汐式"停车管理模式,安排工作人员引导车辆通过互通通道前往对面服务区停车休息。服务区互通通道限高4.5m,车长在22m以内的大货车也可顺利通行。圣堂服务区服务楼高达13m,外形酷似集装箱,完美契合"货运主题"。服务楼分为上下两层,一楼为公共服务专区,精心打造了中国和世界汽车工业简史展览厅、货车主题餐厅、"乐驿"便利店、特色餐饮品牌商户、公共卫生间、母婴室和第三卫生间。二楼为休闲专区,规划打造了司机之家、24小时热水淋浴区、胶囊休息舱、自助洗衣房、影音室和医务室。

司机之家采用动静结合方式安排,健身空间这边摆放着跑步机、健身单车、电动按摩椅等,还有 1 张台球桌,供司机或旅客娱乐。靠里一间,进门右手边就摆放了 4 张舒适的躺椅,躺椅前面有 1 台大电视,累了可坐可躺,也可以看看电视、听听音乐,缓解疲劳。躺椅是被放满各类书籍的钢制书架进行间隔,里面的位置摆放了张茶台,品茶、读书,让旅途不再枯燥乏味。为使有需要的货车司机得到充分的休整,圣堂服务区特别设置了 20 个胶囊休息舱。在相对安静的服务楼二楼靠里的地方,设置了一些隔间摆放休息舱,每个休息舱分为上下两层,舱内空间长为 2.2m,宽为 1.3m,配套了软硬适中的床垫和床上用品。服务区派专人管理,负责其卫生清洁、被褥更换等工作,保障司机放心使用。

圣堂服务区配套了粤运能源加油站,双边加油站的 10 个双柱加油岛共有 20 条加油通道,可满足 52 台车同时加油,全品号 24 小时不间断供应。加油站还为来往大货车专门配备了 10 把大流量柴油枪,加油速度为 80L/min,较标准加油枪效率提升 60%。随着新能源车逐渐普及,区内还配套了 8 座(16 枪)新能源车充电桩,单枪支持 160kW 快充,可匹配市面上绝大多数新能源车,车主只需扫码即可提枪充电。

5.4.2 "服务区+物流"关键要素

"服务区+物流"关键要素有以下几点:

(1) 地理位置与交通网络:充分利用服务区所处地理位置和交通网络的优势,将其转化为物流发展的机遇。考虑服务区的接入道路、铁路、港口等交通设施,离物流枢纽或城市中心的距离,有利于提高物流效率和控制运输成本。

(2) 政策与法规支持:服务区发展物流业显然需要获得所在地政府的政策支持。鼓励相关的政策出台,提供税收优惠、土地使用等扶持政策,建立健全物流运输管理制度和标准,为物流企业提供良好的营商环境。

(3) 闲置土地资源:物流运营需要充足的储存和仓储空间。闲置土地资源可以用来建设现代化的仓库和储存设施,满足货物的储存需求。利用闲置土地资源进行仓储设施的建设,可以提高物流效率和降低运营成本。

(4) 人才是物流发展的关键:物流发展需要具备专业知识和技能的人才,他们能够为企业提供高质量的物流服务。在物流行业中,人力资源是最重要的资源之一,决定着物流企业的竞争力和发展前途。

5.4.3 "服务区+物流"的建设途径

本节分别通过介绍物流中心的选定、培养引进专业物流管理人才、构建物流信息化平台、物流的运输和因地制宜发展商贸流通平台五个方面阐述"服务区+物流"运营模式的建设途径。

(1) 物流中心的选定

物流中心的选址在某种程度上与服务区的选址存在很多相似之处。高速公路的服务区需要处于车流量较大，周边土地距离城市中心较远，土地成本相对低廉的区域，物流集散中心同样具有以上的需求。较大的车流量使得物流能够拥有较好的环境优势以及地理优势。此外，随着车流量增加所带来的人流量增加也会为物流站点带来一定的业务量。此外，物流中心对于土地是具有较高的要求的，需要的土地面积较大。因此在服务区开展物流服务具有较好的土地优势，能够以较低的成本达到较好的收益。因此在进行物流中心的位置选择时一定要充分考虑以上因素，并在此基础上选择较为合适的服务区来发展物流中心，并且在服务区之中选择一些具有特殊位置以及特殊经济意义的服务中心来构建一个完善、科学、合理的物流网络。

(2) 培养引进专业物流管理人才

在进行物流服务管理时，应当引进专业的物流管理人员进行系统整体的操作与管理，确保系统的稳定运行。物流的管理相对于公路养护管理而言涉及的管理内容要更多、更杂。原有的管理人员既缺少相应的管理知识，也缺少相应的管理经验，因此一定要引进或者培养具备专业知识的管理人才。物流网络节点一般是建立在物流中心城市或城市间的轴线之上，土地资源相对丰富、交通便利的地区。高速公路的发展提高了区域运输网络的通达性，完善了区域城市的物流网络结构，高速公路成为区域间陆路运输和物流通道中的重要线路。高速公路上不仅存在人流与物流，还有商业流、信息流、金融流、文化流，因此，高速公路沿线适宜发展以商流、物流、信息流和资金流为标准的现代流通业。

(3) 充分利用互联网大数据资源优势，构建物流信息化平台

当今社会是信息化的时代，信息化平台对于现代物流发展来说至关重要，已达到了不可或缺的程度。目前，河北省高速综合管理系统虽能实现全省高速公路路网信息系统的互联互通，但其服务区信息设施建设和使用不足，缺乏必要的公共物流信息化交流平台，一定程度上也影响了物流业的发展。因此，要充分利用高速公路本身配有的管道通信系统，购置现代化的信息技术以及设备，为高速公路物流系统提供物流信息化交换平台。同时提供成熟的 GPS 技术等，实现货物在途的实时跟踪，使高速公路服务区物流系统趋于完整，实现可行性和可用性，为高速公路服务区物流业的发展提供保障。

5.5 "服务区＋农业"关键要素及建设途径

结合国家乡村振兴战略以及精准扶贫政策支持，梳理总结了"服务区＋农业"成功案例、关键要素和建设途径。

5.5.1 "服务区+农业"的先进案例

(1) 翁源服务区

广东省境内武深高速的翁源服务区,位于具有"中国兰花之乡、中国三华李之乡、中国九仙桃之乡"称号的广东韶关市翁源县。服务区背靠农产品原产地,周围有许多鱼塘、葡萄园和观光园等,可以很大程度缓解农产品运输的问题,为当地农业发展提供帮助。

特色服务区自2015年12月开始建设以来,围绕"统一规划,统一建设,统一经营"的模式有计划地推进。翁源特色服务区是广东省首个半开放式的特色服务区,设有基本功能区、农产品展销区、现代农业休闲区三大功能区。该服务区结合翁源县的农业与生态旅游资源优势,打造具备农产品销售窗口、农产品电商仓储、农产品采摘体验、生态休闲观光功能的特色服务区,对促进当地农业经济发展和改善高速公路服务区经营业绩具有重要意义。

图5-15 翁源服务区

根据高速公路服务区周边地区加工业、农贸特产等情况,可建设设施齐全、管理完善的专业物资批发贸易市场,发挥农产品优惠政策和运输成本优势。翁源服务区利用当地农产品闻名且资源十分丰富,而且背靠农产品原产地的优势,按照助农理念进行建设,在服务区内还设置了展销区和现代农业休闲区,助力当地农产品的销售。

(2) 龙溪河服务区

龙溪河服务区位于G42沪蓉高速梁平服务区和垫江服务区之间,距梁平服务区约28.6km、距垫江服务区约41.3km,日均车流量1.5万辆次,具有集高速公路、城际铁路、地方道路、区域性短途水路于一体的口岸优势。服务区内,一棵棵绿意盎然的柚树,一块块插满秧苗的绿色稻田,尽展龙溪河沿岸的农耕特色。服务区总占地197.6亩(约131733m^2),南北区各1栋综合楼,总建筑面积9516m^2,商业面积6067m^2,总停车位 395 个。

该服务区定位为"丰果原乡"农业主题服务区，具有"经济服务区"、"开放服务区"和"种植展示区"等鲜明主题特色，结合龙溪河沿线农业观光产业，形成以观光、休闲、销售为一体的生态农业体验基地、亲子娱乐及农耕文化科普体验地和三峡库区农产品宣传及展销窗口。

完善高速公路公共文化服务体系，将文旅农商有机巧妙结合，从创意主题设计到现场体验、消费和互动打卡，让乘客和消费者主动停留，旨在成为重庆高速公路的一道亮丽风景线。同时，建设当地文旅农商的展示窗口和精准扶贫的公益举措集散地，赋能区域经济发展。

5.5.2 "服务区＋农业"关键要素

服务区与高速公路直接相连，交通便利，将其作为高速公路网络对外流通的节点进行合理性开发，可使乡村地区的人口流动、商品流通、信息交流变得更加顺畅，从而进一步提高农村地区的市场可达性水平，提升农村地区重要资源的运输效率。服务区农产品配送中心的开发具有区域特点，需要因地制宜，只有符合特定条件的服务区才适合建立农产品配送中心。开展此项业务时需要分析考虑以下条件：

（1）沿线及周边农产品配套：高速公路沿线农业是否发达，服务区周边是否有农产品生产基地，现代农产品配送中心建设需求是否迫切。

（2）服务区所在地区的优惠产业政策：在对农产品进行配送的时候是否有补贴。

（3）物流成本：大部分配送中心选择靠近消费者市场，以降低运费等物流成本。

（4）土地政策及环境因素：用于建设服务区农产品配送中心的土地的获得以及配送中心对自然环境的影响等。

此外，需要打破目前的封闭管理，消除阻碍服务区与农村沟通的物质、技术和管理壁垒，实行开放式运营。例如在服务区靠近乡村一侧开个后门或传送带入口，方便农产品集聚到服务区；按照服务区各自特点，在服务区增加高速公路进出口通道，合理控制车辆、人员、货物的进出，促进服务区和乡村地区间的生产要素资源流动。

建设特色农产品高速公路服务区是落实农业供给侧结构性改革、推动特色产业发展的具体抓手，河北各地积极引导要素聚集、加大资金投入、强化科技支撑，发挥特色农产品优势区在促进产业兴旺、提升产品知名度、带动农民增收等方面的典型示范作用，推动全省农业特色产业快速发展。

5.5.3 "服务区＋农业"的建设途径

农产品物流必须经过关键物流节点的仓储、加工、配送等，而这个节点必须交通便利，占地面积大，高速公路上的服务区有这个优势。因此，位于农产品生产基地或邻近乡村地区的服务区可与当地政府合作,在服务区内建立农产品配送中心,开展农产品配送业务,将周边农产品集聚到服务区,通过流通加工提高农产品附加值,一部分在服务区直接贸易展销,另一部分通过配送中心进行物流中转,提供农产品配送等服务,将农产品运输到全国各地,实现公路经济与农业发展携手共赢。高速公路服务区助力乡村振兴发展的实现需要深度挖掘服务区和乡村地区共有的发展着力点,依托当地农业产业、旅游资源和文化资源等特色资源,拓展服务功能,扩大经营业务范围。在具备条件的服务区建立农产品配送中心,一方面符合服务区自身的发展需求,现有服务区功能单一、盈利模式单一,配送中心的农产品、特产展销满足了更多旅客和农产品批发商的需求,延长了服务区自身的产业链,增加了服务区的盈利模式;另一方面对当地农业经济发展起到了促进作用,对当地的农产品、特产起到了宣传营销的作用,增加了农民收入,为农村农业发展注入新的动力。因此,可以在符合条件的高速公路服务区建设农产品配送中心,推动乡村振兴战略的实施,为中国经济的发展提供更坚实的保障。

建设农产品配送中心,必须打造一流的综合型一体化服务区物流服务平台。流通加工、仓储、装卸、包装等,都是"第三利润源"的源泉,高速公路集团应该充分发挥其优势,加快服务区与农户、其他社会企业的合作,不断拓展服务区的业务范围,整合公路物流业务的各个作业流程,为客户提供全方位的物流服务,提高自身盈利能力。

(1) 农产品、特产展销

根据高速公路服务区辐射范围内农业产业类型,打造高水平专业化农产品展销平台,实现向服务区过往车辆展示和销售当地及周边地区农副产品的目的。高速公路上的司机和乘客是多样化的,他们有不同的消费水平和需求,因此,要根据产品的特点,对农产品或特产的流通进行加工,进行高、中、低不同档位的包装。

(2) 农产品批发

服务区交通便利,货源充足,储运便捷。高速公路服务区临路而建,进出十分方便,这就为农产品的储运和农产品批发商的商业活动提供了很多便利,也为这些产品在服务区的销售提供了货源保障,为大客户的采购提供了物流保障。

(3) 冷链物流

我国有80%的生鲜农产品,在配送过程中缺乏冷链环境,致使流通腐损率达到世界第一。完善的农产品配送设施与体系是农村物流发展的重要保障,对此政府必须积极发挥主导作用,可以在高速公路服务区和企业合作,建立较为大型的农产品冷链仓储中心及冷链运输车队,带动第三方冷链企业入驻乡村地区,通过多种渠道加强农村基础设施建设,解决农产品冷链运输问题。

(4) 建立服务区与供应链企业的联盟

服务区不能只维持原有的物流业务,必须主动探索新业务发展模式。可以参与到产品生产和流通的全过程,与供应链企业组建战略联盟,建设物流供应链网络。例如,服务区可以与物流企业形成战略联盟,进行农副产品、土特产批发等,为客户提供"门"对"门"的完整运输过程的合理化设计方案。

6 燕赵驿行集团所辖服务区未来客流情况预测

客流量是高速公路规划、设计、建设及运营各环节的基本依据，客流量预测是高速公路建设的一个十分重要的环节，是各项设计工作的基础，预测结果的可靠与否直接关系到高速公路的建设投资、运营效率和经济效益。由于高速公路建设项目的投资巨大，客流预测的影响结果也就更为明显。

在工程可行性研究阶段，项目决策对高速公路工程造价的影响度可达 80%～90%，客流量又是决定高速公路工程必要性和可行性的重要参数，客流量预测工作做得科学细致，可以使高速公路建设的许多不合理因素得到控制。对于高速公路服务区来说，如果预测结果偏大，客流量不足，结果将造成不合理运营费用和维修费用的居高不下，使运营企业长期处于亏损状态，需要政府财政巨额的补贴。如果预测的客流量偏小，则导致拥挤，服务质量下降。为了解决上述问题，本章分析了灰色模型的缺陷并采用萤火虫算法优化的方式将其进行改进，对服务区的客流量进行预测。

6.1 基于萤火虫算法优化的灰色模型的建立

在试验监测的几个周期内，随着时间的推进，参数数据会越来越多。在对服务区客流量进行预测时，初期得到的旧数据对预测结果的影响将会越来越小，而新的观测数据更能体现服务区客流量的最新状态和未来发展的趋势，即之前的旧数据随着时间的推移，作用越来越低。为了更准确地对服务区客流量进行预测，需要不断更新观测数据并将旧数据剔除，才能提高模型预测的精确度。

为此，本章将运用等维灰数递补方法来改进原始的灰色模型以得到 RGM（1,1）模型。其具体步骤：先用 GM（1,1）模型对 n 维的原始数据序列进行预测，得到第一个预测值后，将原始数据的第一个数据替换为得到的预测值，得到一个新的数据序列，接着用所得到的新序列继续用 GM（1,1）模型预测，得到第二个预测值，循环往复，直至所有的数据都被替换，得到全部的预测值。

灰色模型 GM（1,1）由一阶微分方程构成，只包含一个变量，其构建的步骤如下：

步骤一：依据测量所得的数据构建原始数列 $X^{(0)}$ 为

$$X^{(0)} = \{X^{(0)}(1), X^{(0)}(2), X^{(0)}(3), \cdots, X^{(0)}(n)\} \tag{1}$$

步骤二：在原始数据的基础上，对其进行逐次累加后得到一个新的数列 $X^{(1)}$ 为

$$X^{(1)} = \sum_{k=1}^{n} X^{(0)}(k) = \{X^{(1)}(1), X^{(1)}(2), X^{(1)}(3), \cdots, X^{(1)}(n)\} \tag{2}$$

$X^{(1)}$ 具有准指数规律。其背景值为

$$Z^{(1)}(k) = \lambda x^{(1)}(k) + (1-\lambda) x^{(1)}(k-1) \tag{3}$$

其中：背景值生成因子 $\lambda \in [0, 1]$（一般取常数 0.5）。

步骤三：根据式（2）和式（3）生成背景值序列为

$$Z^{(1)} = \{Z^{(1)}(2), Z^{(1)}(3), Z^{(1)}(4), \cdots, Z^{(1)}(n)\} \tag{4}$$

步骤四：建立微分方程，其表现形式为

$$\frac{\mathrm{d}x}{\mathrm{d}t} + ax = u \tag{5}$$

式中　a——发展系数；

　　　u——灰色作用量。

步骤五：将式（5）离散化，即

$$x^{(0)}(k) + az^{(1)}(k) = u \tag{6}$$

步骤六：用最小二乘法求解 a 和 u 的值，即

$$\begin{bmatrix} \hat{a} \\ \hat{u} \end{bmatrix} = [B^{\mathrm{T}} B]^{-1} B^{\mathrm{T}} y \tag{7}$$

式中　$\hat{a}$、$\hat{u}$——估计值。

其中，y 为 $\{X^{(0)}(2), X^{(0)}(3), \cdots, X^{(0)}(n)\}^{\mathrm{T}}$。

步骤七：计算模型时间响应为

$$\hat{x}^{(1)}(k+1) = \left[x^{(1)}(1) - \frac{\hat{u}}{\hat{a}}\right] \mathrm{e}^{-ak} + \frac{\hat{u}}{\hat{a}} \tag{8}$$

步骤八：通过还原得到灰色模型式，即

$$\hat{x}^{(0)}(k+1) = \hat{x}^{(1)}(k+1) - \hat{x}^{(1)} \tag{9}$$

步骤九：最后进行模型的精度检验残差序列为

$$E^{(0)} = \{\mathrm{e}^{(0)} k \mid \mathrm{e}^{(0)} k = x^{(0)} k - \hat{x}^{(0)}(k)\} \tag{10}$$

平均相对误差为

$$\bar{r} = \frac{1}{n-1} \sum_{k=2}^{n} r^{(0)} k \tag{11}$$

式中　$r^{(0)} k$——相对误差。

灰色模型的背景权值 λ 一般设为常数（$\lambda = 0.5$），分析可知背景权值 λ 会直接影响发展系数 a 的计算。若预测背景权值 λ 不是最优解，预测精度将受到影响。在本节中，将使用萤火虫算法来优化背景权值，以实现服务区客流量的最佳预测。

萤火虫算法的寻优过程是将空间的各个点看作萤火虫,然后通过发光弱的萤火虫会被发光强的吸引从而向其靠拢。在靠拢逼近过程中,完成位置的迭代,继而找到最优位置。

搜索寻优的过程受萤火虫的发光强度和萤火虫之间相互吸引度的影响,较亮的萤火虫会吸引发光较弱的萤火虫向它靠拢逼近,光线越亮,其位置越好,即最亮的萤火虫代表"最佳解决方案"。萤火虫的亮度与吸引度大小成正比,如果光的亮度相同,萤火虫将随机移动,并且这两个重要参数都与距离成反比。

(1) 萤火虫的相对荧光亮度 I 为

$$I = I_0 e^{-\gamma r^2} \tag{12}$$

式中　I_0——最亮萤火虫的亮度,与目标函数的值有关;
　　　γ——光吸收系数;
　　　r——萤火虫之间的距离。

目标函数越好,其自身的亮度越高。

因为荧光会随着距离的增加和传播介质的吸收而慢慢变暗,因此将光强度吸收系数设置为反映此特性,并且可以将其设置为常数。

(2) 相互吸引度 β 为

$$\beta(r) = \beta_0 e^{-\gamma r^2} \tag{13}$$

式中　β_0——最大吸引力。

(3) 最优目标迭代为

$$x_i(t+1) = x_i(t) + \beta [x_j(t) - x_i(t)] + \alpha (rand - 1/2) \tag{14}$$

式中　$x_i(t)$、$x_j(t)$——i、j 两个萤火虫的空间位置;
　　　α——步长因子;
　　　$rand$——[0,1] 上服从均匀分布的随机因子。

萤火虫算法流程图如图 6-1 所示。

分析表明,背景权重 λ 是造成原始灰度模型误差的原因。它是否获得最佳解,直接影响模型的准确性,萤火虫优化改进下 GM(1,1) 流程图如图 6-2 所示。优化 GM(1,1) 模型可以通过萤火虫算法迭代寻优使预测的每一步采用最佳背景权重,从而使得模型采用最佳的拟合方案。详细步骤是先将 n 维的原始数据输入模型以计算预测值,接着根据适应度函数计算适应度值并判断权值是否是最优,若不是最优的权值就更新萤火虫的位置和亮度,然后重新计算适度值,如此通过循环往复获得最佳背景权值 λ;然后通过灰色模型计算第一个预测值;删除过时的数据,并将预测值作为最新信息添加到数据序列中,以获得另一组维数恒定的新序列。依此类推,直到完成所有预测值。

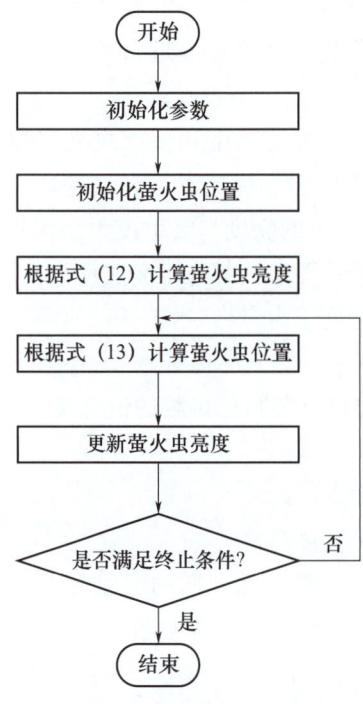

图 6-1 萤火虫算法流程

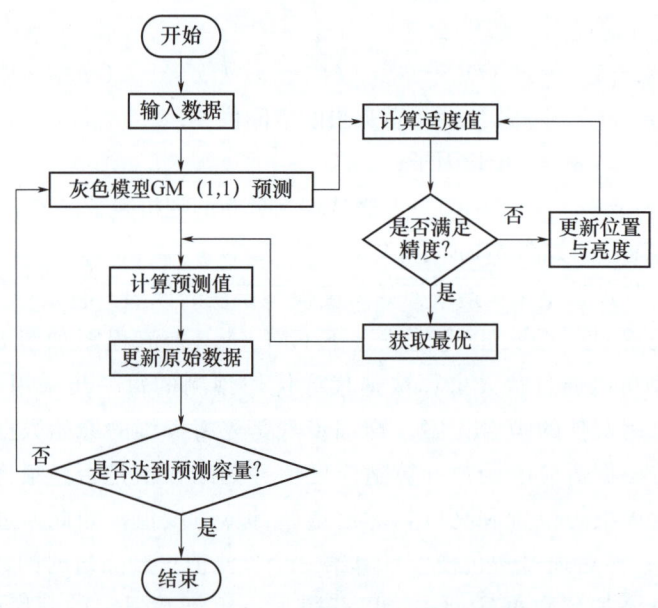

图 6-2 萤火虫优化改进下 GM（1,1）流程图

6.2 客流量预测结果

采用改进萤火虫算法对服务区客流量进行预测，表 6-1 是根据近几年各服务区的客流量历史数据，预测得到的 2024—2026 年服务区客流量数据。

表 6-1 服务区 2024—2026 年客流量数据预测

服务区	入区交通量						
	2019	2020	2021	2022	2024	2025	2026
牛驼服务区	1861513	189825	217175	210240	228253	269224	307050
固安服务区	963750	843150	722700	602250	724205	842418	951177
廊坊服务区	912500	766500	657000	547500	652019	759409	858245
万庄停车区	840600	486400	882400	507700	678528	779003	871079
雄县停车区	2876800	2449800	2001500	1670100	1973663	2301063	2602465
任丘服务区	320000	870000	1240000	1090000	2201760	2426464	2628422
香河服务区	1921698	1699918	1680000	487891	521444	616423	704156
大厂服务区	未开业	12600	79600	98450	10750	13680	19650
三河服务区	795566	696831	884740	119698	132610	155969	177520
徐水西服务区	7850	7500	5000	3000	3265	3850	4390
狼牙山服务区	12045	8476	10348	5492	6403	7479	8469
桑岗停车区	8424	6842	0	2471	4498	6570	9765
黄土岭服务区	187271	265942	354666	758397	1498886	1654831	1795159
涞源停车区	516691	422500	331420	341820	418788	485976	547750
涞水西服务区	402800	208900	290200	354000	491893	562177	626486
涞水服务区	400000	230000	220000	220000	262075	305228	344943
野三坡服务区	1000000	800000	680000	500000	571307	669088	759211
沧州服务区	2430000	1110000	1500000	1680000	2222925	2555132	2859685
献县服务区	—	600000	580000	620000	650000	680000	790000
沧州东服务区	—	450000	430000	340000	400000	490000	530000
黄骅服务区	—	540000	460000	390000	470000	530000	650000
青县服务区	2330000	1010000	1430000	1650000	2224403	2551174	2850525
东光服务区	2351000	781000	2010000	390000	538310	615698	686526
吴桥服务区	1130000	840000	920000	1010000	1339185	1538938	1722048
辛集服务区	474500	182500	255500	365000	517562	590156	656522
石家庄东服务区	180000	270000	390000	600000	1104180	1226569	1337120
石家庄南服务区	720000	480000	293000	58550	49210	60447	70898

续表

服务区	入区交通量						
	2019	2020	2021	2022	2024	2025	2026
元氏服务区	506500	151000	135500	130000	138577	163880	187255
赵县服务区	6380000	4830000	4250000	4300000	5290016	6135486	6912702
宁晋服务区	—	949000	912500	401500	887500	954100	993410
衡水湖服务区	568050	578114	389147	410920	518932	599889	674239
衡水北停车区	85000	100000	120000	60000	78359	90211	101082
衡水湖西服务区	101232	136576	232346	80000	118267	134237	148810
冀州南服务区	10531	10815	11053	11175	15277	17492	19521
冀州服务区	361800	251400	191800	133500	142261	168245	192248
武强服务区	—	83320	96510	124520	145600	183476	217610
深州服务区	506000	309000	323000	438000	591767	678526	757998
饶阳停车区	402364	68169	198423	282000	520697	578241	630210
肃宁服务区	871200	509058	659200	423500	503111	586165	662609
邢台服务区	1800000	1800000	1800000	1750000	2341205	2687563	3004954
尹之江服务区	700000	500000	100000	100000	98595	117962	135897
邢台西服务区	900000	950000	890000	910000	1230335	1410597	1575714
清家沟服务区	960000	1000000	920000	950000	1277908	1466015	1638353
柏乡服务区	1620000	1650000	1640000	1580000	2115692	2428427	2714996
巨鹿服务区	700000	700000	100000	100000	106198	125657	143635
沙河服务区	1580000	1550000	1600000	1400000	1833872	2110487	2364174
邯郸服务区	1450000	1480000	1300000	1350000	1790494	2057497	2302252
磁县服务区	1500000	1600000	2000000	1850000	2640785	3008936	3345415
威县南服务区	850000	650000	600000	430000	494063	578189	655710
邱县服务区	657000	547000	547000	365000	430961	502510	568379
漳河服务区	800000	700000	600000	400000	458843	537091	609199
大名服务区	1780000	910000	830000	620000	664087	784801	896299
威县北服务区	842000	538000	565000	438000	511983	597779	676793
清河服务区	547500	346800	310300	255500	289072	339004	385040
南宫服务区	720000	182500	145000	124000	121799	145809	168045
张家口服务区	609500	721500	309800	386500	502738	579060	649076
崇礼服务区	622400	606800	527600	517200	666549	768607	862264
太子城服务区	—	—	9000	7200	9043	11375	12697
赤城服务区	—	—	206500	213400	268030	337129	376331
大海坨服务区	—	17000	40000	31000	38936	48974	54669
宣化服务区	721500	309800	386500	139500	175212	220382	246008

续表

服务区	入区交通量						
	2019	2020	2021	2022	2024	2025	2026
化稍营服务区	—	809800	992100	948800	1191693	1498914	1673209
阳原服务区	—	56000	50000	43000	54008	67931	75831
涿鹿服务区	93000	92200	93000	60500	74467	86363	97299
鲍家口服务区	53600	32000	39000	29000	34815	40506	45743
承德东服务区	306000	267000	249000	269000	352113	405260	454003
平泉服务区	244600	200100	198800	203400	262812	302956	339793
双峰寺服务区	817000	671700	683200	523100	635916	738677	833182
隆化服务区	558600	287300	289600	205200	223926	263928	300854
凤山服务区	142600	102300	96200	72800	83890	98135	111261
丰宁服务区	568600	255300	304600	245200	285209	333222	377447
水泉停车区	141700	52000	63000	48900	55376	64933	73744
千松坝服务区	435000	264000	211000	128000	130395	155236	178216
大滩停车区	99000	58000	44000	32000	33226	39444	45193
安子岭服务区	497800	956900	814500	711200	1110995	1253680	1383584
承德南服务区	826000	704000	617500	843400	1162953	1330296	1483459
兴隆北停车区	340000	300000	220000	270000	349606	402904	451806
兴隆服务区	742500	612100	653300	698500	931839	1070053	1196722
茅荆坝服务区	1640000	1320000	940000	847100	977170	1142944	1295683
围场服务区	314500	364300	214500	304400	426882	487365	542686
玉田服务区	2343000	1649000	2043620	1738500	2222651	2565488	2880200
丰润停车区	188.24	139.4	121.65	133.29	167	193	217
玉田郭家屯停车区	—	201756	273462	103612	153475	235962	304325
玉田大安镇服务区	—	221799	283642	106941	164289	245981	332540
滦州服务区	2356000	1854500	2166100	1865000	2398246	2766197	3103888
迁安停车区	2251320	1756852	1895260	1653250	2079375	2404987	2704070
北戴河服务区	2302900	1534500	1969500	2183100	2983099	3415930	3812229
卢龙服务区	1948600	1534500	1969500	1246000	1555619	1800883	2026226
山海关服务区	7500000	7600000	7400000	7200000	9603093	11027757	12333423
青龙东服务区	188000	110500	105500	101600	120153	140072	158408

注：表 6-1 中只展示提供服务区入区交通量数据的服务区。

从表 6-1 可以看出，大多数服务区客流量呈现逐年增长态势，同时可以预测，2024—2026 年服务区客流量层次鲜明，有 24 个服务区的客流量比较多，可以超过 100 万辆，山海关服务区可以达到 1000 万辆以上。其他服务区则多数集中在 50 万辆左右。

6.3 服务区用地规模预测

选取其中具有典型代表性的服务区进行未来 20 年深层分析预测。参考依据包括当地的旅游景点、风土人情、饮食文化、宏观政策等诸多因素。

通过收集服务区分车型车流量现状及历史资料，计算河北省高速公路服务区驶入率弹性系数，结合《交通工程手册》中关于不同类型服务区驶入率推荐值，预测得到的未来驶入率。本项目交通量的预测年限暂定为项目建成通车后 20 年。结合项目所在地区的路网变化和经济社会发展规划，选取河北部分典型服务区作为预测对象，预测特征年设定为 2025 年、2030 年、2035 年及 2042 年（远景年）。按照《交通工程手册》的规定，服务区需要按预测的第 10 年交通量进行规划设计。

6.3.1 客流量较多服务区

（1）沧州服务区

根据河北省生产总值平均增长率的变化趋势，运用弹性系数法推算得到沧州服务区综合体未来 20 年的驶入率推荐值。预测 2024—2026 年、2027—2032 年、2033—2037 年、2038—2042 年 GDP 的预测年均增长率分别 5.8%、5.0%、4.5%、4.0%。结合驶入率弹性系数及未来年 GDP 的预测年增长率，计算得到沧州服务区综合体驶入率年平均增长率见表 6-3；特征年驶入率值见表 6-4。

表 6-3 沧州服务区驶入率年平均增长率（2024—2042 年）

年份	车型、弹性系数		
	小客车 0.39	大客车 0.22	货车 0.32
2024—2026	2.85%	1.50%	2.25%
2027—2032	2.56%	1.54%	2.16%
2033—2037	2.41%	1.32%	2.22%
2038—2042	2.61%	1.42%	2.16%

表 6-4 沧州服务区特征年驶入率值

年份	小客车	大客车	小货	中货	大货	特大货
2026	0.27	0.16	0.09	0.10	0.14	0.19
2032	0.26	0.17	0.12	0.10	0.12	0.16
2037	0.29	0.15	0.10	0.06	0.16	0.16
2042	0.26	0.21	0.13	0.07	0.18	0.15

结合公路交通量和服务区驶入率，预测得到沧州服务区特征年单日驶入量，见表 6-5。

表 6-5　沧州服务区特征年单日驶入量（2024—2042 年）　　　单位：辆/日

年份	小客车	大客车	小货	中货	大货	特大货
2026	4875	284	431	201	780	634
2032	4986	295	442	212	791	645
2037	4698	259	424	221	719	654
2042	4709	260	435	232	720	665

结合服务区驶入交通量及停车周转率，预测得到沧州服务区停车位规模，先将服务区交通量换算为小时交通量，高峰小时系数取 0.1，沧州服务区特征年每小时驶入量见表 6-6。

表 6-6　沧州服务区特征年每小时驶入量　　　单位：辆/小时

年份	小客车	大客车	小货	中货	大货	特大货
2026	487	28	43	20	78	63
2032	498	29	44	21	79	64
2037	469	25	42	22	71	65
2042	470	26	43	23	72	66

（2）香河服务区

根据河北省生产总值平均增长率的变化趋势，运用弹性系数法推算得到香河服务区综合体未来 20 年的驶入率推荐值。预测 2024—2026 年、2027—2032 年、2033—2037 年、2038—2042 年 GDP 的预测年均增长率分别 3.2%、3.0%、2.8%、2.5%。结合驶入率弹性系数及未来年 GDP 的预测年增长率，计算得到香河服务区综合体驶入率年平均增长率，见表 6-7，香河服务区特征年驶入率值见表 6-8。

表 6-7　香河服务区驶入率年平均增长率（2024—2042 年）

| 年份 | 车型、弹性系数 | | |
	小客车 0.39	大客车 0.22	货车 0.32
2024—2026	2.75%	1.68%	2.45%
2027—2032	2.40%	1.42%	2.02%
2033—2037	2.21%	1.30%	2.35%
2038—2042	2.38%	1.28%	1.94%

表 6-8　香河服务区特征年驶入率值

年份	小客车	大客车	小货	中货	大货	特大货
2026	0.28	0.18	0.07	0.06	0.14	0.18
2032	0.27	0.16	0.09	0.10	0.14	0.19
2037	0.24	0.18	0.13	0.09	0.16	0.20
2042	0.25	0.12	0.15	0.16	0.19	0.16

结合公路交通量和服务区驶入率，预测得到香河服务区特征年单日驶入量，见表6-9。

表6-9 香河服务区特征年单日驶入量（2023—2042年）   单位：辆/日

年份	小客车	大客车	小货	中货	大货	特大货
2026	3945	185	375	187	775	698
2032	4023	204	385	195	764	625
2037	3864	198	345	175	726	669
2042	3917	183	374	159	764	646

结合服务区驶入交通量及停车周转率，预测得到香河服务区停车位规模，先将服务区交通量换算为小时交通量，高峰小时系数取0.1。香河服务区特征年每小时驶入量见表6-10。

表6-10 香河服务区特征年每小时驶入量   单位：辆/小时

年份	小客车	大客车	小货	中货	大货	特大货
2026	394	19	38	19	76	69
2032	403	20	39	17	73	69
2037	386	19	37	16	76	65
2042	391	18	37	16	76	65

（3）黄骅服务区

根据河北省生产总值平均增长率的变化趋势，运用弹性系数法推算得到黄骅服务区综合体未来20年的驶入率推荐值。预测2024—2026年、2027—2032年、2033—2037年、2038—2042年GDP的预测年均增长率分别6.0％、5.6％、5.1％、4.5％。结合驶入率弹性系数及未来年GDP的预测年增长率，计算得到黄骅服务区综合体驶入率年平均增长率，见表6-11，黄骅服务区特征年驶入率值见表6-13。

表6-11 黄骅服务区驶入率年平均增长率（2024—2042年）

| 年份 | 车型、弹性系数 | | |
	小客车 0.39	大客车 0.22	货车 0.32
2024—2026	2.95％	1.45％	2.35％
2027—2032	2.25％	1.35％	2.06％
2033—2037	2.39％	1.23％	2.20％
2038—2042	2.50％	1.24％	2.08％

表6-12 黄骅服务区特征年驶入率值

年份	小客车	大客车	小货	中货	大货	特大货
2026	0.29	0.15	0.10	0.06	0.16	0.16
2032	0.27	0.16	0.09	0.10	0.14	0.19
2037	0.26	0.21	0.13	0.07	0.18	0.15
2042	0.28	0.16	0.13	0.10	0.19	0.18

6 燕赵驿行集团所辖服务区未来客流情况预测

结合公路交通量和服务区驶入率，预测得到黄骅服务区特征年单日驶入量，见表6-13。

表6-13 黄骅服务区特征年单日驶入量（2024—2042年）　　单位：辆/日

年份	小客车	大客车	小货	中货	大货	特大货
2026	3748	176	319	164	643	579
2032	3813	163	315	155	648	583
2037	3740	156	311	149	663	584
2042	3613	165	318	149	665	576

结合服务区驶入交通量及停车周转率，预测得到黄骅服务区停车位规模，先将服务区交通量换算为小时交通量，高峰小时系数取0.1。黄骅服务区特征年每小时驶入量见表6-14。

表6-14 黄骅服务区特征年每小时驶入量　　单位：辆/小时

年份	小客车	大客车	小货	中货	大货	特大货
2026	374	17	31	16	64	57
2032	381	16	31	15	64	58
2037	374	15	31	14	66	58
2042	361	16	31	14	66	57

（4）邢台西服务区

根据河北省生产总值平均增长率的变化趋势，运用弹性系数法推算得到邢台西服务区综合体未来20年的驶入率推荐值。预测2024—2026年、2027—2032年、2033—2037年、2038—2042年GDP的预测年均增长率分别3.6％、3.0％、2.8％、2.5％。结合驶入率弹性系数及未来年GDP的预测年增长率，计算得到邢台西服务区综合体驶入率年平均增长率，见表6-15，邢台西服务区特征年驶入率值见表6-16。

表6-15 邢台西服务区驶入率年平均增长率（2024—2042年）

年份	车型、弹性系数		
	小客车 0.39	大客车 0.22	货车 0.32
2024—2026	2.56％	1.54％	2.16％
2027—2032	2.85％	1.50％	2.25％
2033—2037	2.61％	1.42％	2.16％
2038—2042	2.41％	1.32％	2.22％

表6-16 邢台西服务区特征年驶入率值

年份	小客车	大客车	小货	中货	大货	特大货
2026	0.26	0.21	0.13	0.07	0.18	0.15
2032	0.28	0.16	0.13	0.10	0.19	0.18
2037	0.27	0.16	0.09	0.10	0.14	0.19
2042	0.26	0.21	0.13	0.07	0.18	0.15

结合公路交通量和服务区驶入率，预测得到邢台西服务区特征年单日驶入量，见表 6-17。

表 6-17 邢台西服务区特征年单日驶入量（2024—2042 年） 单位：辆/日

年份	小客车	大客车	小货	中货	大货	特大货
2026	2875	184	231	101	480	434
2032	2986	195	242	112	491	445
2037	2698	159	224	121	419	454
2042	2709	160	235	132	420	465

结合服务区驶入交通量及停车周转率，预测得到邢台西服务区停车位规模，先将服务区交通量换算为小时交通量，高峰小时系数取 0.1。邢台西服务区特征年驶入量见表 6-18。

表 6-18 邢台西服务区特征年每小时驶入量 单位：辆/小时

年份	小客车	大客车	小货	中货	大货	特大货
2026	287	18	23	10	48	43
2032	298	19	24	11	49	44
2037	269	15	22	12	41	45
2042	270	16	23	13	42	46

（5）武强服务区

根据河北省生产总值平均增长率的变化趋势，运用弹性系数法推算得到武强服务区综合体未来 20 年的驶入率推荐值。预测 2024—2026 年、2027—2032 年、2033—2037 年、2038—2042 年 GDP 的预测年均增长率分别 4.8%、4.3%、3.8%、3.5%。结合驶入率弹性系数及未来年 GDP 的预测年增长率，计算得到武强服务区综合体驶入率年平均增长率，见表 6-19，武强服务区特征年驶入率值见表 6-20。

表 6-19 武强服务区驶入率年平均增长率（2024—2042 年）

年份	车型、弹性系数		
	小客车 0.39	大客车 0.22	货车 0.32
2024—2026	2.67%	1.65%	2.27%
2027—2032	2.85%	1.61%	2.40%
2033—2037	2.72%	1.53%	2.27%
2038—2042	2.52%	1.43%	2.32%

表 6-20 武强服务区特征年驶入率值

年份	小客车	大客车	小货	中货	大货	特大货
2026	0.25	0.18	0.15	0.08	0.17	0.17
2032	0.26	0.21	0.13	0.07	0.18	0.15
2037	0.29	0.15	0.10	0.06	0.16	0.16
2042	0.25	0.20	0.15	0.08	0.19	0.14

结合公路交通量和服务区驶入率，预测得到武强服务区特征年单日驶入量见表 6-21。

表 6-21　武强服务区特征年单日驶入量（2024—2042 年）　　单位：辆/日

年份	小客车	大客车	小货	中货	大货	特大货
2026	4275	311	312	211	555	608
2032	4386	312	321	222	567	611
2037	4298	314	341	231	665	530
2042	4409	315	351	242	586	541

结合服务区驶入交通量及停车周转率，预测得到武强服务区停车位规模，先将服务区交通量换算为小时交通量，高峰小时系数取 0.1。武强服务区特征年每小时驶入量见表 6-22。

表 6-22　武强服务区特征年每小时驶入量　　单位：辆/小时

年份	小客车	大客车	小货	中货	大货	特大货
2026	427	31	31	21	55	60
2032	438	31	32	22	56	61
2037	429	31	34	23	66	53
2042	440	31	35	24	58	54

6.3.2　客流量较少服务区

(1) 野三坡服务区

根据河北省生产总值平均增长率的变化趋势，运用弹性系数法推算得到野三坡服务区综合体未来 20 年的驶入率推荐值。预测 2024—2026 年、2027—2032 年、2033—2037 年、2038—2042 年 GDP 的预测年均增长率分别 5.0%、4.6%、4.1%、3.5%。结合驶入率弹性系数及未来年 GDP 的预测年增长率，计算得到野三坡服务区综合体驶入率年平均增长率，见表 6-23，野三坡服务区特征年驶入率值见表 6-24。

表 6-23　野三坡服务区驶入率年平均增长率（2024—2042 年）

年份	车型、弹性系数		
	小客车 0.39	大客车 0.22	货车 0.32
2024—2026	2.65%	1.54%	2.30%
2027—2032	2.50%	1.45%	2.17%
2033—2037	2.31%	1.34%	2.01%
2038—2042	2.08%	1.21%	1.81%

表 6-24 野三坡服务区特征年驶入率值

年份	小客车	大客车	小货	中货	大货	特大货
2026	0.27	0.15	0.08	0.09	0.14	0.18
2032	0.27	0.16	0.09	0.10	0.14	0.19
2037	0.28	0.17	0.09	0.11	0.15	0.19
2042	0.29	0.17	0.10	0.12	0.15	0.20

结合公路交通量和服务区驶入率，预测得到野三坡服务区特征年单日驶入量见表 6-25。

表 6-25 野三坡服务区特征年单日驶入量（2024—2042 年） 单位：辆/日

年份	小客车	大客车	小货	中货	大货	特大货
2026	2466	100	250	75	233	507
2032	2795	129	259	82	277	591
2037	3092	150	260	88	325	679
2042	3396	185	244	95	372	775

结合服务区驶入交通量及停车周转率，预测得到野三坡服务区停车位规模，先将服务区交通量换算为小时交通量，高峰小时系数取 0.1。野三坡服务区特征年，每小时驶入量见表 6-26。

表 6-26 野三坡服务区特征年每小时驶入量 单位：辆/小时

年份	小客车	大客车	小货	中货	大货	特大货
2026	247	10	25	8	23	51
2032	280	13	26	8	28	59
2037	309	15	26	9	33	68
2042	340	19	24	10	37	78

（2）衡水湖服务区

根据河北省生产总值平均增长率的变化趋势，运用弹性系数法推算得到衡水湖服务区综合体未来 20 年的驶入率推荐值。预测 2024—2026 年、2027—2032 年、2033—2037 年、2038—2042 年 GDP 的预测年均增长率分别 5.5%、5.2%、4.6%、4.1%。结合驶入率弹性系数及未来年 GDP 的预测年增长率，计算得到衡水湖服务区综合体驶入率年平均增长率，见表 6-27，衡水湖服务区特征年驶入率值见表 6-28。

6 燕赵驿行集团所辖服务区未来客流情况预测

表 6-27　衡水湖服务区驶入率年平均增长率（2024—2042 年）

年份	车型、弹性系数		
	小客车 0.39	大客车 0.22	货车 0.32
2024—2026	2.85%	1.55%	2.35%
2027—2032	2.30%	1.30%	2.06%
2033—2037	2.31%	1.27%	2.25%
2038—2042	2.48%	1.25%	2.08%

表 6-28　衡水湖服务区特征年驶入率值

年份	小客车	大客车	小货	中货	大货	特大货
2026	0.31	0.15	0.05	0.06	0.16	0.18
2032	0.27	0.16	0.09	0.10	0.14	0.19
2037	0.26	0.20	0.13	0.07	0.16	0.18
2042	0.28	0.10	0.13	0.16	0.19	0.18

结合公路交通量和服务区驶入率，预测得到衡水湖服务区特征年单日驶入量见表 6-29。

表 6-29　衡水湖服务区特征年单日驶入量（2024—2042 年）　　单位：辆/日

年份	小客车	大客车	小货	中货	大货	特大货
2026	4308	209	379	194	768	659
2032	4254	218	369	183	766	682
2037	4347	234	354	208	774	669
2042	4229	335	348	196	765	672

结合服务区驶入交通量及停车周转率，预测得到衡水湖服务区停车位规模，先将服务区交通量换算为小时交通量，高峰小时系数取 0.1。衡水湖服务区特征年每小时驶入量见表 6-30。

表 6-30　衡水湖服务区特征年每小时驶入量　　单位：辆/小时

年份	小客车	大客车	小货	中货	大货	特大货
2026	430	20	37	19	76	65
2032	425	21	36	18	76	68
2037	434	23	35	21	77	66
2042	422	33	34	19	76	67

（3）滦州服务区

根据河北省生产总值平均增长率的变化趋势，运用弹性系数法推算得到滦州服务区综合体未来 20 年的驶入率推荐值。预测 2024—2026 年、2027—2032 年、2033—2037 年、2038—2042 年 GDP 的预测年均增长率分别 5.5%、4.3%、4.1%、3.7%。

结合驶入率弹性系数及未来年 GDP 的预测年增长率，计算得到滦州服务区综合体驶入率年平均增长率，见表 6-31，滦州服务区特征年驶入率值见表 6-32。

表 6-31　滦州服务区驶入率年平均增长率（2024—2042 年）

年份	车型、弹性系数		
	小客车 0.39	大客车 0.22	货车 0.32
2024—2026	2.67%	1.65%	2.27%
2027—2032	2.58%	1.61%	2.40%
2033—2037	2.72%	1.53%	2.27%
2038—2042	2.52%	1.43%	2.32%

表 6-32　滦州服务区特征年驶入率值

年份	小客车	大客车	小货	中货	大货	特大货
2026	0.28	0.16	0.13	0.10	0.19	0.18
2032	0.27	0.16	0.09	0.10	0.14	0.19
2037	0.26	0.21	0.13	0.07	0.18	0.15
2042	0.25	0.18	0.15	0.08	0.17	0.17

结合公路交通量和服务区驶入率，预测得到滦州服务区特征年单日驶入量见表 6-33。

表 6-33　滦州服务区特征年单日驶入量（2024—2042 年）　　单位：辆/日

年份	小客车	大客车	小货	中货	大货	特大货
2026	3875	284	331	211	590	544
2032	3986	295	342	222	601	555
2037	3698	259	324	231	529	654
2042	3709	260	335	242	530	575

结合服务区驶入交通量及停车周转率，预测得到滦州服务区停车位规模，先将服务区交通量换算为小时交通量，高峰小时系数取 0.1。滦州服务区特征年每小时驶入量见表 6-34。

表 6-34　滦州服务区特征年每小时驶入量　　单位：辆/小时

年份	小客车	大客车	小货	中货	大货	特大货
2026	387	28	33	21	59	54
2032	398	29	34	22	60	55
2037	369	25	32	23	52	65
2042	370	26	33	24	53	57

（4）狼牙山服务区

根据河北省生产总值平均增长率的变化趋势，运用弹性系数法推算得到狼牙山服务区综合体未来 20 年的驶入率推荐值。预测 2024—2026 年、2027—2032 年、2033—2037 年、2038—2042 年 GDP 的预测年均增长率分别 5.0%、4.6%、4.1%、3.5%。结合驶入率弹性系数及未来年 GDP 的预测年增长率，计算得到狼牙山服务区综合体驶入率年平均增长率，见表 6-35，狼牙山服务区特征年驶入率值见表 6-36。

表 6-35 狼牙山服务区驶入率年平均增长率（2024—2042 年）

年份	车型、弹性系数		
	小客车 0.39	大客车 0.22	货车 0.32
2024—2026	2.76%	1.56%	2.72%
2027—2032	2.58%	1.16%	2.04%
2033—2037	2.27%	1.35%	2.72%
2038—2042	2.25%	1.34%	2.23%

表 6-36 狼牙山服务区特征年驶入率值

年份	小客车	大客车	小货	中货	大货	特大货
2026	0.26	0.21	0.13	0.07	0.18	0.15
2032	0.25	0.18	0.15	0.08	0.17	0.17
2037	0.26	0.21	0.13	0.07	0.18	0.15
2042	0.29	0.15	0.10	0.06	0.16	0.16

结合公路交通量和服务区驶入率，预测得到狼牙山服务区特征年单日驶入量见表 6-37。

表 6-37 狼牙山服务区特征年单日驶入量（2024—2042 年） 单位：辆/日

年份	小客车	大客车	小货	中货	大货	特大货
2026	3275	211	311	284	544	590
2032	3386	222	312	295	555	601
2037	3298	231	314	259	654	529
2042	3409	242	315	260	575	530

结合服务区驶入交通量及停车周转率，预测得到狼牙山服务区停车位规模，先将服务区交通量换算为小时交通量，高峰小时系数取 0.1。狼牙山服务区特征年每小时驶入量见表 6-38。

表 6-38 狼牙山服务区特征年每小时驶入量 单位：辆/小时

年份	小客车	大客车	小货	中货	大货	特大货
2026	327	21	31	28	54	59
2032	338	22	31	29	55	60
2037	329	23	31	25	65	52
2042	340	24	31	26	57	53

(5) 吴桥服务区

根据河北省生产总值平均增长率的变化趋势,运用弹性系数法推算得到吴桥服务区综合体未来 20 年的驶入率推荐值。预测 2024—2026 年、2027—2032 年、2033—2037 年、2038—2042 年 GDP 的预测年均增长率分别 8.0%、6.6%、6.1%、5.5%。结合驶入率弹性系数及未来年 GDP 的预测年增长率,计算得到吴桥服务区综合体驶入率年平均增长率,见表 6-39,吴桥服务区特征年驶入率值见表 6-40。

表 6-39 吴桥服务区驶入率年平均增长率(2024—2042 年)

年份	车型、弹性系数		
	小客车 0.39	大客车 0.22	货车 0.32
2024—2026	2.85%	1.61%	2.40%
2027—2032	2.72%	1.53%	2.27%
2033—2037	2.52%	1.43%	2.32%
2038—2042	2.67%	1.65%	2.27%

表 6-40 吴桥服务区特征年驶入率值

年份	小客车	大客车	小货	中货	大货	特大货
2026	0.29	0.15	0.10	0.06	0.16	0.16
2032	0.25	0.20	0.15	0.08	0.19	0.14
2037	0.25	0.18	0.15	0.08	0.17	0.17
2042	0.26	0.21	0.13	0.07	0.18	0.15

结合公路交通量和服务区驶入率,预测得到吴桥服务区特征年单日驶入量见表 6-41。

表 6-41 服务区特征年单日驶入量(2024—2042 年) 单位:辆/日

年份	小客车	大客车	小货	中货	大货	特大货
2026	2754	211	311	312	608	555
2032	2869	222	312	321	611	567
2037	2982	231	314	341	530	665
2042	2698	242	315	351	541	586

结合服务区驶入交通量及停车周转率,预测得到吴桥服务区停车位规模,先将服务区交通量换算为小时交通量,高峰小时系数取 0.1。吴桥服务区特征年每小时驶入量见表 6-42。

表 6-42 吴桥服务区特征年每小时驶入量 单位:辆/小时

年份	小客车	大客车	小货	中货	大货	特大货
2026	275	21	31	31	60	55
2032	286	22	31	32	61	56
2037	298	23	31	34	53	66
2042	269	24	31	35	54	58

6.3.3 预测结果

通过上述服务区客流量的预测结果来计算未来服务区所需的用地规模。按照《交通工程手册》的规定，服务区需要按预测的第 10 年交通量进行规划设计，故取服务区 2032 年交通量计算停车位规模。参考上文中各服务区 2032 年高峰时段各类车型驶入量进行停车位规模的规划，见表 6-43。

表 6-43 各服务区 2032 年停车位规模　　　　　　　　　　　单位：个

服务区	小客车	大客车	小货	中货	大货	特大货
沧州服务区	280	13	26	8	28	59
香河服务区	403	20	39	17	73	69
黄骅服务区	425	21	36	18	76	68
邢台西服务区	381	16	31	15	64	58
武强服务区	498	29	44	21	79	64
野三坡服务区	298	19	24	11	49	44
衡水湖服务区	398	29	34	22	60	55
滦州服务区	338	22	31	29	55	60
狼牙山服务区	438	31	32	22	56	61
吴桥服务区	286	22	31	32	61	56

根据河北省高速公路服务区设计规范（DB13/T 2669—2018），服务区用地指标一般条件（即服务区所在路段按车道数可承载的通常交通量和大型车比例）下的基准值取值应符合规定。当实际建设的服务区所在路段的交通量和大型车比例与基准值编制条件不同时，其用地指标调整系数应符合表 6-44 中的规定。

表 6-44 服务区用地指标基准值

车道数	用地指标基准值（hm²/处）	编制条件	
		路段交通量 Q（pcu/d）	大型车比例 μ（%）
八	9.5333	60000≤Q＜80000	20＜μ≤30
六	7.6000	45000≤Q＜60000	20＜μ≤30
四	6.5333	25000≤Q＜40000	20＜μ≤30

表 6-45 服务区用地指标调整系数

车道数	路段交通量 Q（pcu/d）	大型车比例 μ（%）				
		μ≤10	10＜μ≤20	20＜μ≤30	30＜μ≤40	μ＞40
八	80000≤Q＜100000	0.65	0.93	1.09	1.24	1.36
	60000≤Q＜80000	0.59	0.82	1.00	1.14	1.24
六	60000≤Q＜80000	0.73	0.99	1.20	1.38	1.51
	45000≤Q＜60000	0.59	0.85	1.00	1.12	1.25
四	40000≤Q＜55000	0.64	0.90	1.09	1.25	1.35
	25000≤Q＜40000	0.60	0.85	1.00	1.15	1.25

适应路段交通量达到超过 6 万以上的服务区用地指标基准值为 9.5333 公顷/处。根据河北省高速公路服务区设计规范，各服务区用地面积测算公式为：用地面积＝基准值×大型车比例调整系数。各服务区所需的用地规模见表 6-46。

表 6-46 各服务区所需用地规模　　　　　　　　　　　　单位：亩

服务区	沧州服务区	香河服务区	黄骅服务区	邢台西服务区	武强服务区	野三坡服务区	衡水湖服务区	滦州服务区	狼牙山服务区	吴桥服务区
用地面积	153.42	278.62	206.62	184.65	284.19	143.25	187.29	148.29	128.65	114.83

6.4　停车位布局

6.4.1　垂直式停车位

垂直式停车位布局（图 6-3）是一种将车位设置为与道路垂直的方式，车辆需要倒车进入或者驶入后再倒车出来的停车位布局方式。长 24m，宽 5.3m 的空地，可以停放 10 辆小型机动车，平均占地 12.7m²/辆。垂直停车可以从两个方向进、出车，停放较方便，在几个停车方式中所占面积最小，但转弯半径要求较大，行车通道所需较宽。

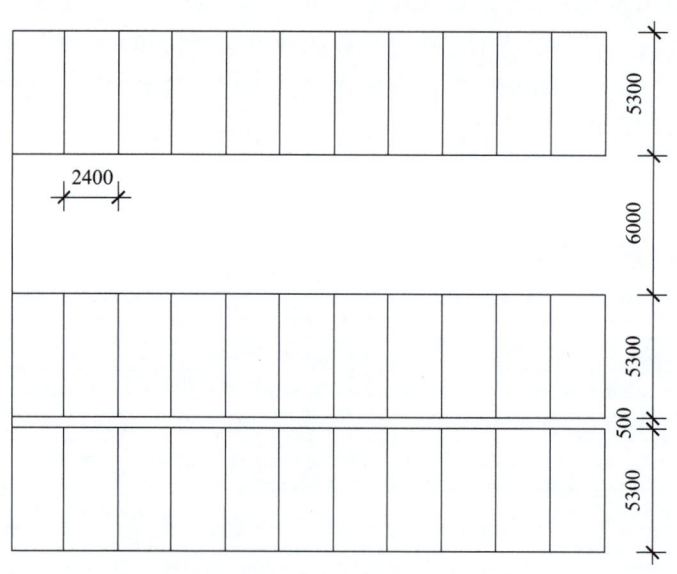

图 6-3　垂直式停车位布局

（1）垂直式停车位布局的优点

车位利用率高：垂直式停车位布局占地面积较小，可以在有限空间布置较多停车位。

便捷性高：由于倒车和驶入时车辆方向与道路方向垂直，驾驶员可以清楚地看到前后左右的情况，同时也方便驾驶员驶入和驶离。

（2）垂直式停车位布局的缺点

空间利用率低：由于每个车辆都需要一个额外的操作空间，垂直式停车位布局所需的道路宽度相对较大，因此在有限的场地内无法提供足够的停车位。

操作复杂：由于需要进行倒车，所以需要驾驶员具备较高的驾驶技能和经验，操作复杂度较高，时间较长。

（3）垂直式停车位布局的适用条件

有限的空间：垂直式停车位布局通常需要较少的水平空间。这使得它成为在有限土地面积上提供更多停车位的理想选择。例如，高密度城市或狭小的停车场场地通常采用垂直式停车位布局。

高层数需求：垂直式停车位布局适用于需要大量停车位的场所，例如多层停车楼、高层公寓、商业大厦等。通过垂直叠加停车位，可以充分利用垂直空间，提供更多的停车位。

自动化停车系统：垂直式停车位布局常与自动化停车系统结合使用，如机械式升降停车系统或智能立体停车系统。这些系统能够将车辆垂直移动到不同层次的停车位上，提高停车位的利用率，并提供更快速、便捷的停车体验。

6.4.2　斜列式停车位

斜列式停车位布局（图6-4）是一种将停车位设置为与道路呈斜角的方式，车辆需要斜着驶入或者驶出的停车位布局方式。长24m，宽5.3m的空地，可以停放7辆小型机动车，平均占地20.2m²/辆。斜角停车时进、出车较方便，所需转弯半径较小，相应通道宽度面积较小，但进、出车只能沿一个固定方向，且停车位前后出现三角形面积，因而每辆车占用的面积较大。

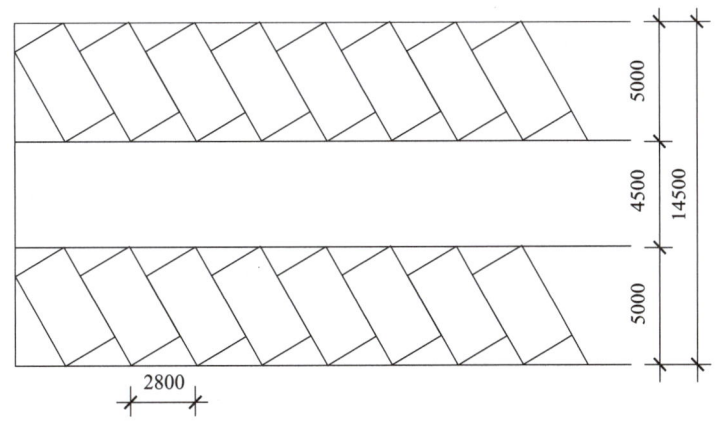

图 6-4　斜列式停车位布局

(1) 斜列式停车位布局的优点

空间利用率高：相比于平行式停车位布局，斜列式停车位布局所需的道路宽度相对较小，从而使得在有限空间内能够容纳更多的车辆。

便捷性较高：斜列式停车位布局相比垂直式停车位布局，不需要进行倒车操作，只需斜着驶入即可，操作相对简单且时间较短。

(2) 斜列式停车位布局的缺点

车位利用率略低：由于每个车辆需要占用一定的斜角空间，因此斜列式停车位布局中会浪费一些车位空间，使得车位数目相对较少。

车辆进、出车只能沿一个固定方向：这种停车位布局可能会在一些情况下带来不便。例如，当车辆需要朝相反的方向行驶时，驾驶员可能需要绕行或进行多次调头才能离开停车位。

(3) 斜列式停车位布局的适用条件

有限的空间：斜列式停车位布局可以最大程度地利用有限的空间。相比于水平式停车位布局，斜列式停车位布局可以在相同的面积内提供更多的停车位，因为车辆停放时需要斜向排列，减少了车位间距。

高效的停车流动：斜列式停车位布局可以提供更顺畅的停车流动。由于车位之间的斜角，车辆进入和离开停车位时更容易转弯和调整方向，减少了倒车和调头的需要。这使得斜列式停车位布局适合于高流量的停车场。

车辆尺寸适中：斜列式停车位布局适用于车辆尺寸适中的场所。由于车位之间的斜角，对于较大的车辆或者 SUV 等高车型，可能需要更宽敞的车位来保证安全进出停车位。

可视性要求高：斜列式停车位布局可以提供更好的可视性。由于车位之间的斜角，驾驶员在进入和驶离停车位时可以更容易地看到周围的车辆和障碍物，减少了碰撞和事故的风险。

6.4.3 平行式停车位

平行式停车位布局（图6-5）是一种常见的停车位布局方式，车辆通常沿着道路平行停放。长24m，宽2.5m的空地，可以停放4辆小型机动车，平均占地 $15m^2$/辆。平行停车方式车辆进、出车位更方便、安全，但每辆车因进出需要而占用的面积较大。

(1) 平行式停车位布局的优点

安全性高：相邻车辆之间有足够的空间，减少了相撞的风险。

操作简单：由于驶入和驶离车位时方向与道路方向平行，驾驶员操作较为简单，不需要进行倒车，同时也缩短了停车时间。

适用范围广：平行式停车位布局适用于各种类型的车辆，包括小型车、SUV 和轻型商用车等。

6 燕赵驿行集团所辖服务区未来客流情况预测

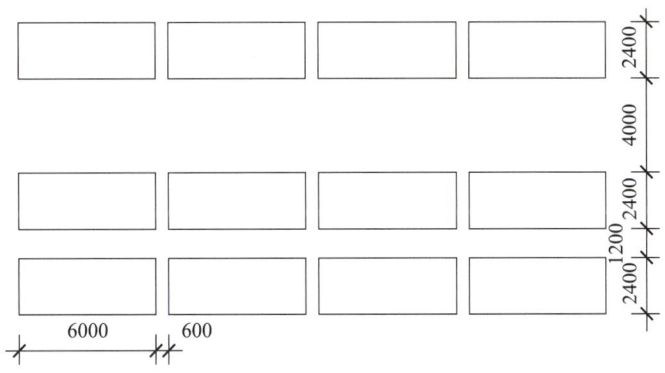

图 6-5 平行式停车位布局

（2）平行式停车位布局的缺点

空间利用率低：平行式停车位布局需要较大的空间，每辆车因进出需要而占用的面积较大，因此在有限的场地内无法提供足够的停车位。

便捷性不足：与其他布局方式相比，平行式停车需要更多的车道宽度，使得行车速度较慢，不利于快速通行。

（3）平行式停车位布局的适用条件

宽敞的道路：平行式停车位布局需要较宽的道路来容纳并行停放的车辆。因此，适用于道路宽度充足、交通流量较小的服务区。

低层数需求：相对于垂直式停车位布局，平行式停车位布局的车位数相对较少。

车辆尺寸适中：平行式停车位布局适用于车辆尺寸适中的场所。车位之间的间距相对较小，对于较大的车辆或者SUV等高车型，可能需要更宽敞的车位来保证安全进出停车位。

可视性要求一般：平行式停车位布局的可视性一般，驾驶员需要观察前后车位以确保安全进出停车位。

综合来看，对于空间较大、交通流量较小的服务区，可以选择平行式停车位布局；对于高流量的服务区，可以选择斜列式停车位布局；对于空间较小、停车需求较大的场所，可以选择垂直式停车位布局。

6.4.4 先进案例

扬州广陵服务区，位于江苏省 S39 江宜高速 K18 处，扬州市广陵区头桥镇境内。房建工程总建筑面积约 6.4 万 m^2。2021 年 6 月 30 日，与五峰山长江大桥南北公路接线同步开通运营，是江苏新建最大、全国首个"双首层"智慧服务区。服务区围绕引入"双首层"理念，该服务区总占地面积 194 亩（约 129333m^2），上下两层拥有各类停车位 1314 个。实现楼上楼下人车直达、有效扩大可用空间；一楼广场主要供大车停放，小车可直接从匝道开上二楼停靠。通过一条"光伏小道"，可以步入二层大厅。"光伏小道"旁的屏幕上还能实时显示发电量。服务区智慧灯杆集成了智慧照明、智慧监控、WiFi、信息发布、数字广播等多种智慧化功能；灯杆上搭载摄像机采集停车位信息，同时通过引导屏、显示屏、区位灯箱、地面彩色标识、车行道闸协调合作"六位一体"方式，实现"车流分流、车位分析、智慧引导、集约建设"，东侧的停车场可为电动车无线充电。结构和功能如图 6-6～图 6-8 所示。

图 6-6　扬州广陵服务区智慧停车系统

图 6-7　扬州广陵服务区人车分离模式

图 6-8 扬州广陵服务区双层停车位

智慧停车是指将卫星定位、GIS、物联网、互联网、无线通信、电子支付、大数据、云计算等技术综合应用于城市停车的规划、建设、运营、管理、查询、预约与导航服务，实现停车泊位资源的实时更新、查询、预约与导航服务一体化，实现多元化电子支付的便捷化，实现城市治理的智能化、信息化和决策的科学化，实现城市泊位资源利用率的最大化、停车泊位经营利润的最大化和停车服务的最优化。

立体停车系统是一种将多个车位分层叠加，通过机械设备将车辆垂直移动到指定位置的停车系统。立体停车系统通常由一个或多个垂直升降平台、横向移动的托盘、控制系统和安全保护设备等组成。驾驶员将车辆停放在平台上，然后平台通过升降和移动，将车辆垂直移动到指定的位置。当车主需要取车时，系统会自动将车辆送回到原来的平台上。相比传统停车方式，立体停车系统占地面积更小，可以在有限的空间内实现更多的停车位。立体停车系统可以实现快速的车辆垂直移动，减少停车时间和拥堵情况，提高停车效率。立体停车系统具有多重安全保护设备，如防坠落装置、车位检测装置、限位开关等，可以保障停车场内车辆和人员的安全。但是，立体停车系统也存在一些限制和不足，如需消耗较大的电力、机械设备故障维修成本高等。因此，在选择立体停车系统时需要根据实际情况综合考虑各种因素，以确保系统具有良好的性能和可靠性。

停车场的人车分离模式是一种设计理念，旨在提高停车场的安全性和效率。该模式通过将行人与车辆的流动分开，减少了交通冲突和事故的风险，同时提供更便利的停车环境。在人车分离模式下，行人和车辆通常有独立的通道和空间。

行人通道：为了确保行人的安全和便利，停车场通常设置了专门的行人通道，使行人可以自由进出停车场，而不必穿越车辆行驶区域。行人通道通常宽敞明亮，并配备了合适的标识和指示牌，以引导行人正确通行。车辆通道：车辆通道用于车辆进入和离开停车场，通常设置了单向或双向行驶的车道。车辆通道通常比较宽敞，以容纳大型车辆的转弯和行驶。在车辆通道中，还会设置合适的交通标志和指示牌，以引导车辆驶入停车位。停车位布局：在人车分离模式下，停车位通常布置在车辆通道两侧。停车位之间会留有足够的空间，以方便车辆的进出和转弯。停车位通常呈现直线排列或斜向排列，以最大程度地减少车辆的转弯和调头操作。行人设施：为了提供便利的停车体验，停车场通常还配备了行人设施，如步行道、人行天桥、楼梯和电梯等。这些设施使行人可以方便地从停车场进入周边建筑物或其他目的地。

7 燕赵驿行集团所辖服务区分层化管理研究

通过合理的分类和分层管理，可以提高服务效率、提升质量和客户满意度，优化资源利用，并加强组织内部的协调和合作。这些研究对于提升服务行业的竞争力和可持续发展具有重要意义。

7.1 服务区分层化管理原则

7.1.1 前瞻性

作为基础性服务行业，交通运输行业是经济社会发展水平的重要标志。而交通基础设施作为提供交通运输服务的介质，具有投资大、建设周期长、受资源约束性较强及一经建成难以改变等特点。因此，在高速公路服务区的定位上，在占地面积等基础指标的设置上，必须充分考虑适度超前原则，具有一定的前瞻性，从而更好地节约资源、保护资源并突出特色。

7.1.2 均衡性

均衡性主要体现的是公益与公平。服务区首要功能与基本功能是要满足最广大司乘人员的高速行驶生理与心理需求，因此，在考虑标准服务区分布时，应保证在省域范围分布总体均衡，不同区域均有展示其特色的高速公路服务区。在地域分布上均衡地打造服务区，将更加公平地服务广大地区的司乘与群众，体现基础设施的公益性质。作为为广大高速公路使用者提供综合服务的平台，高速公路服务区在层次化管理时，必须充分考虑广大高速公路使用者的需求，由于人民生活水平的快速提高，其需求中必须既包含基本需求，也包含延伸需求和拓展需求，只有这样才能满足多元化的需求，做好服务，真正做到需求导向。

7.1.3 特色性

特色性主要体现的是经营与效益原则。河北省打造的"这么近、那么美，周末到河北"宣传，为推动河北旅游在全国的影响力发挥了重要作用。河北省是中国唯一兼有高原、山地、丘陵、平原、湖泊和海滨的省份，而且河北省也有着悠久的历史。可以说，河北省各个地区都有自己的特色和故事。挖掘服务区的特色与亮点，能够最大化利用本土资源，发挥资源效能，提升服务区经济效益与造血功能，为其发展注入持续动力。

地方经济的增长、现代物流业的发展以及旅游业的繁荣，日益要求将服务区作为城市功能的延伸，发挥"窗口"和"展台"等经济功能，以促进地方经济的发展。这就意味着，高速公路服务区层次化管理时，必须充分考虑与地方经济的融合，除基本功能外，还应综合分析周边地域或服务区辐射范围的经济社会特点、产业基础、人文特点、资源条件等因素，使其与周边社会经济发展相适应。

7.1.4 综合性

综合性主要体现的是集约与效率原则。高速公路服务区定位与分类需要考虑多方面因素才能深入挖掘服务区特点。层次分析法计算排名靠前的服务区多个方面的综合优势相对明显，其所在地段建设条件、规划条件、城市发育等均领先于其他服务区，具有较好的综合优势，将综合优势明显的服务区进行重点建设，能够发挥其最大效能与禀赋特点，提升建设效率，扩大服务影响，体现集约与绿色发展，服务司乘人员并带动当地产业发展，促进路衍经济持续发展。

7.2 服务区分层化管理

7.2.1 原有服务区层次化管理标准

为了促进高速公路服务区的发展，形成高速公路服务区设计、管理以及经营特色；对当前已经使用的服务区以及以后建成的服务区进行层次管理；同时明确服务区的定位，便于服务区形成自己的特色，并明确各服务区自己的发展目标。结合交通部全国创百佳服务区的活动，加强服务区管理及提升服务层次的有关活动，根据服务区的占地面积和建筑面积，服务区所处节点的重要度和区域特色，结合所在高速公路的具体功能、服务区未来的功能发展和经营模式等因素，《高速公路服务区发展模式研究》（崔士伟、陈大豹、张云辉编著）一书将河北省服务区分为核心服务区、重点服务区、普通服务区。根据占地条件和功能条件进行划分。

各类服务区的占地基本条件见表7-1。

表7-1 各类服务区占地基本条件表

服务区类型	用地面积/亩（双侧）	建筑面积（m^2/处）		
		8车道	6车道	4车道
核心服务区	120以上	12000	10500	9000
重点服务区	60～120	8500	7000	5500
普通服务区	小于80	小于8500	小于7000	小于5500

各类服务区的服务功能基本条件见表7-2。

表7-2 各类服务区服务功能基本条件表

功能配置	服务功能设施		核心服务区	重点服务区	普通服务区	
					服务区	停车区
特色功能服务区	旅游或物流配送或接驳		★	—	—	—
	特色餐饮酒店		★	●	—	—
	娱乐		★	—	—	—
车辆服务功能	（大车、小车）停车场		★	★	★	★
	加油站		★	★	★	—
	车辆维修站		★	★	★	—
人员服务功能	公共场所		★	★	★	★
	住宿	客房	★	●	—	—
	餐饮	正餐厅	★	★	—	—
		快餐厅	★	★	★	—
		开水点	★	★	★	—
	购物	综合超市	★	★	★	—
		24小时便利店	★	★	—	—
		室外售货厅	●	●	●	—
	休息	室外休息区	★	★	●	★
		室内休息厅	★	★	—	—
	洗漱	洗漱室	★	●	●	—
人员服务功能	金融服务	非现金结算厅	★	★	★	—
		ETC卡充值点	★	●	●	—
		ATM机	★	★	—	—
	信息服务	综合信息查询系统	★	●	—	—
		公共电话	★	●	—	—
		无线上网	★	★	★	—
	商务中心（打印、复印、传真）		★	★	—	—
	问询、投诉处		★	★	—	—

续表

功能配置	服务功能设施	核心服务区	重点服务区	普通服务区	
				服务区	停车区
附属服务安保监控功能	管理用房	★	★	★	—
	员工宿舍	★	★	●	—
	辅助设备用房	★	★	●	—
	交通、旅游、气象等信息发布	★	★	—	—
	场区照明设施	★	★	★	★
	加水、洗车点	★	★	★	—
	旅游推介、特产展示	★	●	—	—
	污水处理设施	★	★	★	—
	垃圾收集设施	★	★	★	★
	标识标线系统	★	★	★	★

注:"★"为必选项目,"●"为可选项目,"—"为不设。

《高速公路服务区发展模式研究》所述的定位着重于服务区自身条件,通过服务区设施硬件具体情况对服务区进行划分,随着时间发展,其所介绍的服务区分层管理标准已经不能满足现有服务区的现状。现采用层次分析法对服务区进行分析评价。层次分析法根据问题的性质和要达到的总目标,将问题分解为不同的组成因素,并按照因素间的相互关联影响以及隶属关系,将因素按不同层次聚集组合,形成一个多层次的分析结构模型。通过两两比较的方式对因素进行比较,并建立矩阵进行数学计算,从而使问题归结为最低层相对于最高层的相对重要权值的确定。

7.2.2 层次分析法计算权重

根据评价模型计算各因素的相对权重,主要包括以下计算步骤:

对于层次分析,结构模型建好以后,就可以把同一层的元素两两进行比较,构造出与元素重要度相关的对比判断矩阵。假设以上一层次的元素 B_k 作为准则,它能支配下一层元素 C_1,C_2,$\cdots$,C_n,判断矩阵主要解决以 B_k 为准则,它下一层的两个因素 C_i,C_j 重要性大小的问题。

对于 n 个元素的两两比较,我们可以建立判断矩阵 $C=(C_{ij})n\times n$。其中矩阵 C 有 3 个性质:①$C_{ij}>0$;②$C_{ij}=1/C_{ji}$ ($i\neq j$);③$C_{ii}=1$ ($i=1,2,\cdots,n$)。引用常用的 1~9 标度方法确定 C_{ij} 的值。见表 7-3。

表 7-3　指标标度表

C_{ij}	C_{ij} 含义
1	i 与 j 同等重要
3	i 比 j 重要一些
5	i 比 j 重要较多
7	i 比 j 重要很多
9	i 比 j 重要特别多

对矩阵进行一致性检验。由于专家在对复杂矩阵进行两两重要性比较时，可能会存在一定的误差，需要对其进行一致性检验。当一致性指标 $CR<0.1$ 时，则满足要求。公式为：$CR=\dfrac{CI}{RI}$，其中，一致性系数 $CI=\dfrac{\lambda_{\max}-n}{n-1}$，$\lambda_{\max}$ 是判断矩阵最大特征根，是矩阵阶数，是平均随机一致性指标见表 7-4。

表 7-4　RI 取值表

n	3	4	5	6	7	8	9
RI	0.52	0.89	1.12	1.24	1.36	1.41	1.46

层次单排序。层次单排序是指计算出某层次因素对于上层次某个因素的相对重要性，其实层次单排序问题就是求判断矩阵的最大特征根 $\lambda_{\max}$ 及其特征向量 K 的计算问题，其主要方法有方根法和积法，本研究是运用方根法得出的结果，所以在此介绍方根法：

1）计算判断矩阵每一行元素的乘积 M_i

$$M_i = \prod_{j=1}^{n} a_{ij}, i=1,2,\cdots,n$$

计算 M_i 的 n 次方根 $\overline{W}$

$$\overline{W} = \sqrt[n]{M_i}$$

对向量 $\overline{W}=[\overline{W}_1, \overline{W}_2, \cdots, \overline{W}_n]^T$ 归一化处理

$$W_i = \dfrac{\overline{W}_i}{\sum\limits_{j=1}^{n} \overline{W}_j}$$

计算判断矩阵的最大特征根 $\lambda_{\max}$。

层次总排序。总排序是对各层次元素对总目标的合成权值进行计算，计算顺序是由下而上，最终可得出最底层各个因素相对于总目标的综合权重值，即：

$$b_i = \sum_{j=1}^{m} b_{ij} a_j, i=1,\cdots,n$$

值得注意的是，总排序和单排序一样，都应进行一致性检验。当总排序的一致性

检验通过后,就可以根据总排序权重进行决策了。权重越大表明对于目标层的相对重要性越大。所以无特殊情况下,我们一般选择权重最高的方案因素。

7.2.3 服务区分层化管理评价体系的构建

根据流量条件,服务区可以将资源进行合理的配置和规划,使得各个层次的服务区能够满足相应流量需求。对于高流量的服务区,可以提供更多的服务设施、人力资源和商品供应,以满足更多的游客需求。而对于低流量的服务区,可以适当减少资源投入,避免资源浪费。

用地条件直接影响服务区的建设规模。如果拥有较大的用地面积,服务区可以建设更多的设施和服务设备,提供更多的服务内容,以满足更多游客的需求。相反,如果用地面积较小,服务区的建设规模将受到限制,需要在有限的空间内进行精细化规划。

区位条件决定了服务区的位置和可见度。如果服务区位于交通要道、高速公路或主要道路旁,可及性和可见性将提高,吸引更多的客流量。相反,如果服务区位置偏远或不易被游客察觉,可能导致客流量减少。区位条件还会影响服务区的竞争环境。如果服务区周边缺乏竞争对手,可以获得更多的市场份额和利润。而如果服务区周边已存在其他同类服务区或竞争者,需要在竞争中找到差异化和优势,以吸引更多游客选择。

经济条件决定了服务区的投资规模。如果服务区所在地区经济状况较好,投资者可能愿意投入更多的资金来建设和运营服务区,以提供更多、更好的设施和服务。相反,如果经济状况不佳,可能会限制投资者的资金和资源,对服务区的建设和运营产生影响。

通过 YAAHP 软件对所有影响因素进行评分,计算得到不同层次下各因素所占的相对权重,并构建评价体系。

表 7-5 服务区分层化管理评价体系

目标层	准则层	权重	指标层	单位	权重
高速公路服务区分层化管理评价	流量条件	0.2078	断面日均流量	辆	0.0635
			日均进站流量	辆	0.0568
			旅客日均流量	万人	0.0875
	用地条件	0.2639	用地面积	平方米	0.0748
			用地拓展条件	分	0.0612
			停车区车位数	个	0.0532
			主楼建筑面积	平方米	0.0365
			主楼经营面积	平方米	0.0382

续表

目标层	准则层	权重	指标层	单位	权重
高速公路服务区分层化管理评价	区位条件	0.2914	高速公路路网密度	公里/百平平方公里	0.0887
			高速公路通车里程	公里	0.0345
			与周边城市距离	公里	0.1121
			前后服务区间距	公里	0.0561
	经济条件	0.2369	服务区投资成本	万元	0.0826
			服务区日均收入	万元	0.0635
			服务区管理成本	万元	0.0536
			服务区所在地区生产总值	万元	0.0136
			服务区所在地区第三产业占比	万元	0.0236

服务区的分类分级，一方面需要从客观的定量角度用数据分析的方式找到基本规律，为定性分析搭建理性基础；另一方面也需要从经验的定性角度，用整体思维修正数据分析结果的偏差部分，使两者共同作用，得到更具有指导意义的结论。通过对燕赵驿行集团 104 对服务区进行综合评价打分，在数据分析的基础上，结合服务区分层化管理的原则，试图将服务区进行分类分级，形成重点服务区、标准服务区、保障服务区有序发展的逻辑。

现燕赵驿行集团共有 104 对服务区，大部分服务区为传统模式，仅提供停车、加油、餐饮、如厕等基本服务功能，一些服务区因为位置政策等一些因素的影响，客流量的不足带来的经济效益已远远落后经营服务区所需的成本，而一些客流量巨大的服务区，没有足够的业务做到经济利益最大化，没有根据具体情况进行相应调整，间接造成经济损失。现根据层次分析法将所有服务区划分为保障服务区、标准服务区和重点服务区。综合定量的数据分析与定性的经验原则，得到燕赵驿行集团排名靠前的 23 对重点服务区与 45 对标准服务区，其他服务区则为保障服务区。

其中，重点服务区占比为 26.92%，标准服务区占比为 43.27%，保障服务区占比为 29.81%。与燕赵驿行集团 2025 年服务区分类占比目标（一类服务区占比 24.04%，二类服务区占比 46.15%，三类服务区占比 24.04%，四类服务区占比 5.77%）基本相符。表 7-6 为各服务区具体分类情况。

表 7-6 基于层次分析法燕赵驿行集团服务区定位表

服务区定位	服务区名称
保障服务区	徐水西服务区、龙泉寺停车区、清家沟服务区、平泉服务区、闫营子停车区、万庄停车区、隆化服务区、涞水西服务区、崇礼服务区、丰宁服务区、莲花滩服务区、千松坝服务区、大滩停车区、水泉停车区、选将营停车区、凤山服务区、岔河停车区、围场服务区、青龙服务区、青龙东服务区、抚宁北服务区、兴隆北停车区、义和庄服务区、三河服务区、大厂服务区、黄土岭服务区、桑岗停车区、涞源停车区、衡水湖西服务区、衡水北停车区、冀州南服务区、巨鹿服务区、尹支江服务区、遵化新城服务区、阳原服务区、化稍营服务区、宣化服务区

续表

服务区定位	服务区名称
标准服务区	黄骅服务区、辛集服务区、沧州东服务区、献县服务区、清河服务区、宁晋服务区、石家庄南服务区、南宫服务区、邢台西服务区、承德东服务区、兴隆服务区 东光服务区、吴桥服务区、青县服务区、茅荆坝服务区、双峰寺服务区、冀州服务区、威县南服务区、安子岭服务区、金山岭停车区、西演服务区、肃宁服务区 任丘服务区、邢台服务区、柏乡服务区、磁县服务区、赵县服务区、沙河服务区 元氏服务区、沽源服务区、涞水服务区、涿鹿服务区、鲍家口服务区、大海陀服务区、赤城服务区、承德南服务区、邱县服务区、威县北服务区、 漳河服务区、雄县停车区、饶阳服务区、玉田郭家屯服务区、玉田大安镇服务区
重点服务区	山海关服务区、香河服务区、玉田服务区、卢龙服务区、北戴河服务区、滦州服务区、丰润停车区、迁安停车区、武强服务区、沧州服务区、衡水湖服务区、大名服务区、牛驼服务区、深州服务区、石家庄东服务区、邯郸服务区、固安服务区、廊坊服务区、野三坡服务区、狼牙山服务区、太子城服务区、白沟（雄安）服务区

7.2.4 重点服务区分类评价体系的构建

重点服务区的定位是发展"服务区+"。因此，利用层次分析法对重点服务区发展方向进行详细分类，主要选择旅游、物流、商业、文化和农业五个方面进行重点服务区评价体系的构建。重点服务区评价体系见表7-7。

表7-7 重点服务区评价体系

目标层	准则层	权重	指标层	权重
重点服务区分类	旅游资源	0.2660	景区方向客流量	0.0872
			4A级及以上景区	0.0532
			距景区距离	0.1256
	物流资源	0.1916	省级产业园	0.0500
			国家级产业园	0.0423
			物流园数量	0.0633
			服务区闲置面积	0.0360
	文化特色	0.1726	地域特色文化	0.0817
			地域特色建筑	0.0346
			地域特色产品	0.0563
	商业条件	0.2772	商业面积	0.1010
			服务区营业额	0.0659
			未来投资金额	0.0423
			入区客流量	0.0680

续表

目标层	准则层	权重	指标层	权重
重点服务区分类	农业条件	0.0926	农产品市场销售额	0.0376
			农产品知名度	0.0330
			距原产地距离	0.0220

将重点服务区各项指标数据代入，得到各服务区旅游、物流、文化、商业和农业各方面的评分。通过对各方面评分进行排名，得出适合发展"服务区+"的重点服务区，见表7-8。

表7-8 基于层次分析法重点服务区定位表

重点服务区	服务区+文化	山海关服务区、滦州服务区、丰润停车区、武强服务区、沧州服务区、衡水湖服务区、邯郸服务区、狼牙山服务区
	服务区+旅游	山海关服务区、北戴河服务区、衡水湖服务区、野三坡服务区、太子城服务区
	服务区+商业	香河服务区、玉田服务区、滦州服务区、牛驼服务区
	服务区+物流	香河服务区、石家庄东服务区、邯郸服务区、固安服务区、廊坊服务区、白沟（雄安）服务区
	服务区+农业	玉田服务区、卢龙服务区、迁安停车区、大名服务区、牛驼服务区、深州服务区

7.2.5 服务区发展方向定位

通过对上述重点服务区各种模式的关键要素、建设途径和先进案例进行详细的分析。将燕赵驿行集团各模式服务区进行代入分析，结合其当地特色和规划条件，总结出旅游、商业、文化、物流和农业五个模式服务区的具体发展方向，见表7-10。

表7-10 燕赵驿行服务区发展方向定位表

服务区定位	服务区名称
保障服务区	徐水西服务区、龙泉寺停车区、清家沟服务区、平泉服务区、闫营子停车区、万庄停车区、隆化服务区、涞水西服务区、崇礼服务区、丰宁服务区、莲花滩服务区、千松坝服务区、大滩停车区、水泉停车区、选将营停车区、凤山服务区、岔河停车区、围场服务区、青龙服务区、青龙东服务区、抚宁北服务区、兴隆北停车区、义和庄服务区、三河服务区、大厂服务区、黄土岭服务区、桑岗停车区、涞源停车区、衡水湖西服务区、衡水北停车区、冀州南服务区、巨鹿服务区、尹支江服务区、遵化新城服务区、阳原服务区、化稍营服务区、宣化服务区

续表

服务区定位			服务区名称
标准服务区	共享服务区		沙河服务区、大海陀服务区、赤城服务区
	主题服务区		黄骅服务区（螃蟹主题）、辛集服务区（皮毛皮革主题）、沧州东服务区（旅游主题）、献县服务区（冬枣主题）、清河服务区（羊绒主题）、宁晋服务区（泥坑酒主题）、石家庄南服务区（鹿泉主题）、南宫服务区（棉花主题）、邢台西服务区（信都主题）、承德东服务区（旅游主题）、兴隆服务区（板栗主题）、东光服务区（淘宝镇主题）、吴桥服务区（杂技主题）、青县服务区（蔬菜主题）、茅荆坝服务区（温泉、采摘主题）、双峰寺服务区（避暑山庄主题）、冀州服务区（商业主题）、威县南服务区（葡萄主题）、安子岭服务区（山楂主题）、金山岭停车区（旅游主题）、西演服务区（文化主题）、肃宁服务区（商业主题）、任丘服务区（白洋淀主题）、邢台服务区（旅游主题）、柏乡服务区（牡丹主题）、磁县服务区（方特主题）、赵县服务区（雪花梨主题）、元氏服务区（中央厨房主题）、沽源服务区（旅游主题）、涞水服务区（红色文化主题）、涿鹿服务区（黄帝城主题）、鲍家口服务区、承德南服务区（板城烧锅主题）、邱县服务区（农业主题）、威县北服务区（葡萄主题）、漳河服务区（货车主题）、雄县停车区（商业主题）、饶阳服务区（美食主题）、玉田郭家屯服务区（农业主题）、玉田大安镇服务区（商业主题）
重点服务区	服务区＋文化	共享服务区	山海关服务区
		主题服务区	滦州服务区、丰润停车区（曹雪芹）、武强服务区（年画）、沧州服务区（大运河）、衡水湖服务区（衡水老白干）、邯郸服务区（丛台酒）、狼牙山服务区（狼牙山）、太子城服务区（冬奥）
	服务区＋旅游	共享服务区	山海关服务区
		主题服务区	北戴河服务区（秦皇避暑）、衡水湖服务区（衡水湖）、野三坡服务区（野三坡）
	服务区＋商业	标杆服务区	香河服务区（美食）
		主题服务区	玉田服务区、滦州服务区、牛驼服务区
	服务区＋物流	标杆服务区	香河服务区
		共享服务区	白沟（雄安）服务区
		主题服务区	迁安停车区、邯郸服务区、固安服务区、廊坊服务区
	服务区＋农业	主题服务区	玉田服务区（甲鱼）、卢龙服务区（甘薯）、迁安停车区（板栗）、大名服务区（花生）、牛驼服务区（花木、贡桃）

共享、标杆、主题服务区都为表7-10中重点服务区和标准服务区。共享、标杆、主题服务区侧重内在发展形式，而"服务区＋"侧重外在发展方向。

对于标杆服务区，结合服务区所属路段车流量大小、占地面积、服务功能等实际情况，推动服务区分类、分级改造升级，按照"一区一特色，一区一主题"的原则，全面提升高速公路服务区品质。对于主题服务区，根据服务区区位资源条件，加强服务区与周边乡镇、产业园区及旅游景点的深度融合，全方位精准放大服务区复合功能，打造主题服务区。对于共享服务区，打破高速公路"服务区只为高速车辆及司乘服务"的思维定势，探索"门朝两边开"建设运营模式，通过在服务区建设收费站端口、设置车辆隔离设施等措施，树立共享开放服务区与主题重点服务区融合发展的理念，扎实开展开放式服务区实施工作。

对于重点服务区，应抓牢资源禀赋，在"服务区＋"的背景下，将当地文旅资源、商贸资源、产业资源、物流资源、农业资源等充分与服务区运营结合，使其成为具有独特亮点、辐射周边城镇、带动当地发展的高速服务设施；对于标准服务区应从主题定位、场地交通、设施设备、服务功能、立面形象、环境景观、商业策划、空间组合等进行全面提升，使其成为具有地域代表性的、能够提供优质服务的、社会经济效益突出的高速服务设施；对于保障服务区，其数量最多、分布最广，则应从基础功能着手，突出社会公益性，为最广泛的司乘人员提供基本的优质服务，提升就餐服务、商业服务、公厕服务、油气充电服务、无障碍服务等基础功能，使其成为明亮整洁、普惠便民、温馨舒适的高速服务设施。

8 燕赵驿行集团所辖服务区未来规划

随着国内经济发展水平的提高,人民群众已不再满足于服务区提供的基本保障功能,对出行体验、消费环境、消费方式提出了更高要求。全国各地服务区发展的样板工程引发社会热议并带来经营效益的显著提升表明,人民群众在高速公路服务区存在消费潜力,落后的服务区供给能力限制了这部分的消费需求。随着广大人民群众走出国门,对标国际先进,更激发了人民对美好交通的向往,提高了服务区发展的迫切性。

8.1 基于 SWOT 框架燕赵驿行集团管理能力分析和发展战略

在充分梳理分析燕赵驿行集团服务区现有资源的基础上,利用 SWOT 模型对燕赵驿行集团的管理能力进行分析,在现有基础条件和运营模式的基础上,综合分析服务区管理能力,尤其是投融资能力上的基本情况,并提出相应的运营模式发展战略。为实现服务区资源利用最大化和功能配置最优化的目标,利用等级偏好优序法等思想,力争像江苏模式所提出的"有文化,有记忆,有特色"定位一样,打造河北省"有历史,有情怀,有温度"的更新定位。

8.1.1 燕赵驿行集团的优势及劣势

(1) 燕赵驿行集团的优势

资产规模居国内服务区管理公司前列。燕赵驿行集团为河北高速公路集团有限公司单独出资,依据《公司法》设立的一人有限责任公司,是集团公司二级全资子公司,注册资本 8 亿元。主要运营省内所属 104 对高速服务区,业务包括高速公路服务区建设、管理、经营、租赁;高速公路服务区设施设备建设、管理、经营、租赁;物业管理;会议服务;企业管理服务;商务信息咨询(金融、证券、期货、教育信息咨询除外)。燕赵驿行集团现有资产共计 70.93 亿元,资产规模居国内服务区管理公司前列。

加油站自营数量居国内服务区管理公司之最。燕赵驿行集团按照"到期一座、收回一座"的原则,坚持"即到期、即收回、即营业"的行动方针,坚持以自营为主,优化现有油品业务品牌合作模式,积极向产业链上游及高速域外拓展业务,并积极探索构建能源全产业链发展模式。

目前已收回服务区加油站68对,全部实现自营,总数在国内服务区管理公司中居前列。2021年1—10月份自营加油站累计实现营业收入23.10亿元,实现利润2.6亿元,销售利润率为11.3%,经营效益显著。预计"十四五"期间服务区自营加油站数量将达到89对。

(2) 燕赵驿行集团的劣势

资源浪费较大,产品挖掘有待加强。燕赵驿行集团下辖的早期修建的服务区在开发过程中配套的附属设施较少,导致出现大量闲置空地。由于政策原因,这些空地大部分未开发利用,且大部分服务区在服务形式上过于单一,除了加油、购物、餐饮、汽修以外,很少拓展其他服务项目,导致资源利用率较低。在经营模式转型中,闲置资源的有效利用需要进行深入探索。

经营模式落后,产业发展有待改变。原河北高速公路服务区主要以成立服务区公司进行分片管理为主,服务区加油站由中石化、中石油承包,部分外卖摊点外包,其余经营项目均为自主管理。除去加油收入的高额增长点外,面对外包经营项目,服务区管理公司大多只重视招商而忽略日常管理,致使服务区内部商业管理杂乱,经营项目多却很少看见效益。自主经营的餐厅、超市等项目,由于员工市场竞争意识较弱,经营创新思维单薄,缺乏专业的管理手段,没有营销亮点,从而难以有效吸引客流。

管理机制不够顺畅。燕赵驿行集团成立以来,有效压减了服务区管理层级,实现了服务区的片区化管理,并在一定程度上下放了管理权限,赋予下属公司更多的决策权和管理权,有效增强了发展活力。但随着外部形势的快速变化和企业业务规模的增长,现有能源、餐饮、商超业务的进、销、存等环节整体协调性较弱、成本费用较高、管理漏洞较大等问题逐步显现,同时各子(分)公司缺乏统筹管理,不利于规模优势发挥,一定程度上造成了资源浪费。

人员素质有待提高。转企改制以来,燕赵驿行集团通过一系列人才引入、竞聘选拔、专业培养等措施,一定程度上调动了人员积极性,提高了人岗匹配度,促进了专业技能提升。但人员队伍年龄结构失衡,综合素质不高的问题依然存在。例如:技能方面,专业知识不强,专业技能缺失,文化程度较低;思想方面,市场意识不强,企业思维欠缺,效益观念淡薄,创新理念缺乏,推脱等靠思想严重;能力方面,缺乏长远统筹谋划,创新思维能力不足,本领恐慌及唯经验论普遍存在;执行方面,事前表态多,事后落实少,表面文章较多,畏难情绪严重,不敢担当、不善作为现象普遍存在,效率意识仍然较差等现象。

考评机制有待完善。燕赵驿行集团在考核中对总部各部室实行定位考核,对所属单位增加了经营指标的考核权重,起到了明显的激励效果。但是现有的激励机制与广大员工对劳动付出与工资薪酬、效益变动、绩效调整的期望存在一定差距,考核体系和薪酬分配机制需进一步优化。激励形式比较单调,不能很好地满足个体的差异性和动态性,在满足员工尊重、成就、动力、自我实现等的高层次精神需要上有待进一步完善。

盈利能力整体较弱。服务区运营长期处于依路吃路的状态，市场竞争力弱；子（分）公司业务主要依托内部市场，且缺乏专业性技术人才，无核心竞争力。公司整体对外开拓市场能力较弱，营销意识较差。随着新冠肺炎疫情冲击及市场环境的变化，服务区主营业务收入浮动较大，经营环境仍不明朗。与《企业绩效评价标准值（2020年度）》中高速公路全行业标准进行比较，燕赵驿行集团2020年年底营业利润率为3.12%，净资产收益率为2.1%，总资产报酬率为1.36%，后两项指标均低于评价标准的平均值。

面对错综复杂的外部环境和自身发展需要，燕赵驿行集团要胸怀两个大局，强化战略定力，树牢底线思维，准确识变、科学应变、主动求变，力争在危机中育先机、于变局中开新局。

8.1.2 燕赵驿行集团的外在机遇与威胁

（1）燕赵驿行集团的外在机遇

新发展格局为产业创新发展带来新动力。"以国内大循环为主体，国内国际双循环相互促进的新发展格局"正式列入国家"十四五"规划纲要，新格局中"双循环"战略的提出是对高速公路"宽度"的重新定义。"双循环"战略布局中，新一代信息技术深度应用带动数字化浪潮，数字转型深刻改变了生产模式、运营方式、产业组织和分工格局，加速产业技术变革、生产变革、管理变革、体制变革。以分布式发电、新型储能、能源互联网、高效燃料电池等为代表的技术正在推动能源革命，低碳、清洁、高效的新型能源体系正在加速形成。机器人、增材制造、数字孪生、产业互联网等技术正在全面推动制造业、服务业向智能化、服务化、绿色化转型，互联网＋、大数据、云计算、人工智能、5G技术等新技术加速突破、持续演进，新消费的应用场景和形式层出不穷。要坚持以更大格局、更宽视野谋划布局科技前沿领域，抢占科技竞争和产业发展制高点，构筑面向未来的战略竞争优势。

"服务＋"融入新发展格局，为产业融通发展创造新机遇。充分依托河北省独特的区位条件、良好的资源禀赋、完备的产业体系，以国内超大规模市场优势和内需潜力为战略基点，深度把握国内及相邻省份"需求侧"超大市场和消费潜力释放机遇，深化供给侧结构性改革，打造高质量供给体系、服务体系。当前，京津冀协同发展、雄安新区规划建设带来的强大势能正在加速转化为河北跨越赶超的发展动能，千载难逢的机遇优势正在加速转化为发展优势。

全方位推进高质量超越式发展，对产业高质量发展提出新要求。公司构建新发展格局，搭建互联互通道路网络，推动服务区域协调发展，是城市培育经济新动能、实现高质量发展的重要产业支撑。支撑国家战略、国家大事深入实施，要求继续完善沿海、雄安新区、张北地区等重点区域公路网络，推动深度融入"一带一路"建设，促进京津冀协同发展向深度广度拓展；国内消费市场正向发展型、服务型转变，同类型服务区经营企业经营理念先进，市场化程度高，个别省份已经开始向域外省外发展布局，抢占市场，要求不断提升信息化、经营模式、品牌连锁及主题服务区水平，在构建现代化高质量综合立体交通网络、实现高水平互联互通、提供令人民满意的交通运输服务方面开创新局面。

(2) 燕赵驿行集团的外在威胁

一是随着全球宏观经济不确定性加剧，国内经济增速放缓，区域竞争日益激烈，外部影响持续加大，燕赵驿行集团发展面临更严峻的挑战；二是随着社会主要矛盾转变，发展动能转换，燕赵驿行集团在解决发展不平衡不充分问题上的重要性不断凸显，客观上应担负起更大的发展责任与使命；三是随着国企改革步入深水区，破除国有企业体制机制障碍、完善中国特色现代企业制度、深化混合所有制改革、健全市场化经营机制等核心领域的改革亟待破题；四是国内各地竞相布局和深化国企改革，发展资源与人才争夺加剧，需加强对产业发展的精准定位，避免同质化竞争；五是随着人力、土地、融资等成本持续上升，国有企业经营压力不断增加，同时由于在环境容量、节能减排、安全生产等方面面临更高要求，各种制约因素不断增多，燕赵驿行集团面临的市场竞争更加激烈。

通过对燕赵驿行集团内、外部环境的梳理概括，综合分析其优势、劣势和面临的机会、威胁，并进行SWOT矩阵构建（表8-1），进一步明确燕赵驿行集团发展方向和战略选择，有效制定一套科学、完整的发展战略体系。

表 8-1 燕赵驿行集团 SWOT 矩阵分析图

外部因素	内部因素	
	S 优势 1. 资产规模庞大 2. 加油站自营数量多 3. 经营业务广泛 4. 管理体制比较健全	W 劣势 1. 资源浪费较大，产品挖掘有待加强 2. 经营模式落后，产业发展有待改变 3. 管理机制不够顺畅 4. 人员素质有待提高 5. 考评机制有待完善 6. 盈利能力整体较弱
O 机会 1. 新的发展格局 2. 新一代信息技术深度应用 3. "服务+"融入新发展格局	SO 战略 加强服务区数字化建设，提高高速公路服务区管理平台水平	WO 战略 寻求政策支持，加大服务区平台建设，制定有效的营销策略，提升经营收入
T 威胁 1. 同行业竞争能力增强 2. 其他交通运输方式竞争力提升 3. 服务区发展建设费用不断增长	ST 战略 利用对市场的了解和规模的优势，大力发展智慧服务区，在服务区平台管理上做到行业领先，实现弯道超车	WT 战略 引入专业人才，加强人才储备，让平台管理向专业化、系统化迈进，为公司发展注入新活力

通过表 8-1 可以看出，在 ST 多元化战略方向上，可制定以攻为守的营销策略，冲破发展瓶颈，在公司庞大规模和市场的基础上让特色商品从路内走向路外，扩充营销渠道。通过建立规模效益，进一步节约商家运营成本，让高速公路服务区运输成本等方面的劣势变为优势。提升平台管理水平，加强人才培养和创新驱动，系统化燕赵驿行集团业务，在别人不具备发展条件的实力上下功夫，实现行业领先。

8.1.3 燕赵驿行集团的发展战略及实施安排

在"新发展阶段、新发展理念、新发展格局"的背景下，结合河北省高速公路事业发展的实际，精准对位公司盈利能力较弱，运营管理水平不高、规划定位模糊等弱项短板，实施"1258"的总体发展规划，优化完善公司整体规划布局，服务经济发展，服务群众生活，服务交通事业。

1）搭建一个平台

强力全面升级服务区功能定位，搭建在规模数量上与经济社会、交通运输发展相协调，在布局规划上与自然环境、交通条件相协调，在服务功能上与需求结构相协调的，满足便捷化和人文化的现代综合服务平台。

（1）打造一流管理，强化物业管理能力

加快运营体制建设。健全服务区运营管理体系，加强制度建设，压实工作责任，加大监督检查力度，完善监督检查机制，制定出台《服务区商户管理规定》《服务区物业收费管理办法》《服务区物业管理制度》《物业服务质量考核管理办法》等规章制度。

加强安全应急保障。建立健全高效、顺畅的安全预警机制、安全事故应急处置联动机制，完善安全生产应急预案，常态化开展应急演练培训，加强应急物资储备，畅通信息报送渠道。规范设置消防供水储水设施，合理配备火灾探测器、报警器等消防设备。

提升日常维养能力。制定《服务区日常养护标准》《服务区日常养护技术指南》，明确服务区设施设备日常养护依据，规范日常养护工作流程，完善设施设备完好率考核细则，掌握充电站、光伏发电站、污水处理站等基本维养技术。

（2）打造一流环境，提升招商引资能力

推进形成市场视角。以商户满意度和司乘人员满意度为标尺，以"商户思维"和"司乘人员思维"为依据，通过访谈、问卷、调研等方式主动掌握客户需求、洞察行业发展动向，围绕市场主体制定工作重点、营销策略。

加强服务质量提升。建立"服务区日查、公司巡查、行业抽查、公众监督、政府监管"五位一体的服务质量监督体系，重点开展服务质量、环境卫生、景观美化、客货分流、车辆停放等监督检查，营造安全、便捷、周到的服务环境。

优化市场经营环境。加强服务区商户营业人员管理、商户卫生管理、商户奖惩制度建设，定期举办"文明商铺"评比活动，推动重点商品和服务实现"同城同质同标"，构建合法经营、公平竞争的市场秩序。

（3）打造一流服务，升级融合创新能力

发挥"桥梁纽带"作用。加大定向采购帮扶力度，引导社会大众自发消费脱贫地区产品和旅游服务。探索消费帮扶新业态新模式，全面巩固拓展脱贫攻坚成果，带动乡村振兴。

加快开放共享步伐。与区域经济紧密结合，积极探索开放式服务区建设。秉承开放、共享的经营理念，打破固有的空间结构和经济结构，不断延伸服务区功能，向域外市场、上下游关联产业拓展。

拓展服务内涵，全面优化形象。积极履行社会责任，提升公益服务水平，完善公共服务设施，实现硬件优化升级；加强环境卫生整治，提高保洁服务水平；加强公共秩序维护，营造良好运行环境；规范、增设服务区标志标牌，常态化抓好服务区停车、公厕、汽修及餐饮、超市等基本服务，全方位提升服务区基础保障能力水平；加强人员管理，坚持以工作标准化、流程化进一步推动服务优质化。另外，加大新能源设施布局，2023年计划在31对服务区建设智能群充电站62座，在70对服务区建设充电桩108座，在16对服务区建设"理想"充电桩124座，在11对服务区建设"蔚来"换电站12座，着力解决新能源电车用户的"里程焦虑"，全力确保"出得了城""回得了家"。

（4）打造一流设施，增强基础服务能力

科学规划配置。运用差异化运营理念，对所属服务区（停车区）采用多项评价指标进行定位动态管理，截至2021年一类服务区19对、二类服务区44对、三类服务区30对、四类服务区11对，占比分别为18.3%、42.3%、28.8%及10.6%。深度剖析服务区格局，"量体裁衣"，通过客货车流量、驶入率、停车率等关键指标，结合所属路段车辆结构特点、路段特性，深度挖掘造成各服务区驶入率、停车率差异的原因，找准发力点，有针对性地进行规划设置，到2025年服务区定位占比预期情况为：一类服务区占比24.04%，二类服务区占比46.15%，三类服务区占比24.04%，四类服务区占比5.77%。

升级便民设施。聚焦更到位、更周到、更全面，切实加强人性化服务。不断推进"公共卫生间革命"，普及应用节水节能卫生设施，规划配置室内空气净化器、自动开闭窗等。

升级服务区品质。将一批运营基础好、地域品牌特色突出的服务区打造为标杆服务区；将一批地理位置适宜、政策高度契合的服务区打造为共享服务区；将一批管理水平高、主题鲜明的服务区打造为主题服务区；其他服务区对内部业态归集整合，实现客流导向优化。同时整合并合理利用现有资源，结合高速路网整体规划，有计划地推进一批服务区新建、改扩建项目。

2）打造两个引擎

企业转变发展方式，优化经济结构，必须从选人、用人、育人、留人等方面做好人才管理；必须从引进、改善、提升、优化等方面做好改革创新。

(1) 人才战略

大力实施"人才强企"发展规划,深化人才发展体制机制改革,将人才"第一资源"与发展"第一要务"紧密对接,以产业创新和市场开拓为核心,紧紧围绕公司核心业务及重点产业,积极储备人才,优化人员结构配比,打造精简高效的人才队伍。

优化人员结构配比,整合人力资源,加大人员结构调整力度。优化调整公司整体人才队伍年龄结构,干部队伍年轻化;规范设置专业技能结构,管理型、技能型搭配合理化;培养引进科技创新、专业管理、业务经营等高水平专业人才,人才供给完善化;改善人才发展环境,深入推进"劳动、人事、分配"三项制度和深化改革工作落实落细落地;提升人才竞争力,在持续提升人员素质上,建立学习型企业,上好企业管理的入门课,打好企业管理的基本功。

(2) 创新驱动

处于当前经济发展形式下,发展动力已由传统要素驱动转化为创新驱动,创新已跃步成为企业高质量发展的关键"支点",企业发展的命脉。

思想创新。尊重市场经济规律和企业发展规律,破除利益固化的藩篱,坚决打破按身份、按级别的旧观念,树立看岗位、看贡献的新观念。强化市场竞争意识和市场开拓意识,全面推动公司管理去行政化、业态模块化、专营化等变革,加快形成反应灵敏、运行高效、充满活力的市场化经营机制。

科技创新。搭建科技创新平台,建立科技创新机制,完善科技创新体系,强化运营、信息化、养护等方面技术创新应用,打造更具包容性、协同性、激励性的创新大环境。

经营创新。全面实行职业经理人制度,契约管理,签署业绩合同,建立退出机制、激励机制、超额奖励办法;建立外部职业经理人引进制度,畅通外部职业经理人引进渠道;在各产业子(分)公司经营管理中利用阿米巴经营管理模式,通过划小核算单元,独立核算,自负盈亏,实现收入最大化、成本最小化,逐步形成具有公司特点的阿米巴经营管理模式。

3) 做优五大板块

"十四五"期间,构建"头雁领飞(能源),四轮驱动(餐饮、商贸、汽车服务、延伸产业)"的发展格局,构建以专业公司为主、多元公司为辅的公司架构,进一步增强主业的盈利能力,激发多元产业新的利润增长点,确保公司快速提质增盈,为实现企业健康、可持续、高质量发展打造坚实基础。

(1) 能源产业板块

坚决贯彻"以自营为主、保安全质量、促服务品牌、创规模效益"方针,打造油品经营上下游链条化产业布局,实现一年打基础、三年见成效、五年具规模的规划目标,夯实能源产业核心地位。

①成品油业务——核心能源

成品油"产储运销",实现全产业链布局。坚持以油品自营为主,积极探索油品上下游产业拓展渠道,努力实现"产、储、运、销"全产业链布局。与3~5家业内知名央企签署战略合作框架协议，解决油源和定价权问题，提升成品油资源创效保供能力；合理匹配市场需求与油库资源辐射范围，租赁或控股1~3家优质油库，取得成品油批发资质，优化库存管理，增强采购议价能力，同时增加直销批发业务；收购或合作3~5家社会危化品运输公司，开展自营服务区加油站油品运输业务；通过与4~5家加油站开展品牌合作，实现加油业务向高速公路域外沿线城市拓展，扩大销售网络。

加油卡"互联互通"，实现河北高速无忧。横向围绕京津冀协同发展，扩大"朋友圈"，北上对接东北地区，南下贯通大广、京港澳高速，西拓发展山西、内蒙古地区，东延对接山东地区，与中部省份、沿海省份及周边高速公路服务区管理企业合作，建设统一的商务客户服务体系，做到"统一标识、统一会员、统一权益、统一优惠"四个统一，提供一条龙服务。纵向与5~8家业内知名企业签订战略框架合作协议，建设标准化销售网点，打造中石化、中石油、中海油、ETC、燕赵能源持卡用户联卡结算平台，提高盈利能力。

②LNG加气业务——补充能源

按照河北省交通运输厅关于《河北省高速公路服务区LNG加气站布局规划（2019—2025年）》相关要求，结合市场需求，分批推进服务区LNG加气站建设，打造省内LNG加气站服务示范标杆站点，优化运营1期10对服务区19座LNG加气站点，建设完成2期10对服务区18座加气站建设，积极推进智慧加气站管理平台系统搭建工作，制定站容站貌、规范经营、服务质量标准规范，未来投资运营102对服务区、经营102对加油站、建设经营超70座LNG加气站，搭建完成高速公路服务区SaaS管理体系、智慧型加油、LNG加气站、二类修站、现代物流平台等项目建设及运营，打造全新服务区+互联网绿色经济实体企业，以优质的产品服务、高端的品牌形象、先进的数字体验、杰出的工程管理、卓越的运营表现，为客户提供低碳、环保、智能、便捷的服务。

③新能源业务——绿色能源

从光伏发电、加氢站建设、充电桩配置等方面着手，打造再生能源用能新模式。光伏发电站项目，对服务区及路域内可利用空间及场地，开展高速公路光伏（风力）发电站项目并积极探索风电综合利用、新型储能等项目，建设基于新能源发电系统与高速公路沿线配电网深度融合的用能新架构，实现光伏铺设全覆盖，服务区经营服务所需电能基本实现自给自足。加氢站建设，抢抓氢能发展重大战略机遇，加氢站建设超前布局，为汽车提供全方位的供能服务，打造氢能源示范点；充电桩配置，整合分析所属路段电动汽车交通密度、充电需求量与服务半径等要素，持续优化充电桩配置及数量，加大大功率快充桩投入力度，打造高速公路系统"碳中和"示范区。

（2）餐饮产业板块

餐饮模式布局合理。一类服务区着力推行"主力店+特色店"的经营模式，大力推广"米兰广场""那些好时光"自有品牌旗舰店，打造自身特色餐饮品牌，构建自选、零点、休闲餐饮等品类齐全的供餐模式；二类服务区通过租赁、合作等方式，引进肯德基、星巴克等全国、地域知名餐饮品牌，大力推行零点、套餐等多元供餐模式；

三类服务区主营烘焙甜点、中式快餐等可移动快闪店，形成高品质、差异化、特色化餐饮供给体系。同时，结合服务区综合体打造，启动"精而洁"的"室外步行街""室内商业圈"打造计划。

餐饮品牌连锁运营。推进"米兰广场""那些好时光"自有餐饮品牌建设，打造旗舰店、精品店、标准店共 20 家；构建规范统一、管理科学的门店管理体系，实现"品牌化""标准化"的连锁经营。"米兰广场"对标"肯德基""麦当劳"等快餐品牌，快速形成以烘焙、汉堡为主的西点品牌；"那些好时光"快速推进以冀菜为主、兼容各地特色小吃的菜品研发，针对不同受众群体，差异化推出特色菜品。

营销能力显著增强。结合餐饮经营新形势，丰富外卖餐饮种类，提供个性化餐饮定制服务；充分利用抖音、公众号等媒介，精准投放，提高曝光率；借助会员平台订单、销售管理系统，将数据会员转化成买单会员，盘活会员资产。中央厨房成熟运营，投资建设 2~3 个中转仓，不断强化核心技术储备、核心产品研发、专业队伍打造、运营经验摸索，做优做强做大自有中央厨房项目；同时发挥市场机制推动作用，与社会优质中央厨房、物流企业合作，持续优化资源配置，拓展高速公路域外市场，构建外部合作企业产能多元保障的供应配送体系。

（3）商贸产业板块

商超模式分仓布局。推行"大宗商品统采＋特色商品自采＋全部商品比价采购"模式，提高与供应商的议价能力，降低采购成本；优化商品仓储布局，结合物流配送规模，合理选定商品配送区域，借助物流配送模型科学选址商品"分仓"区域，科学调整商品配送范围及路线，实现规模采购、科学配送，提高配送质量和效率；依托集采、仓储优势，全面推行惠民平价商品专柜。

商超品牌连锁运营。推进特色商超卖场布局规划和建设，完成特色鲜明、品质优良、服务一流的自有商超品牌店建设，打造"燕520"自有品牌旗舰店 19 对，实行流程、标识统一化管理，提升"燕520"自有品牌形象；打造"荷塘月色燕520"与"国大36524"双标品牌店 8 个，在"燕520"与国大集团"36524"双标品牌合作的基础上，借助其成熟管理经验和品牌知名度，不断提升自有品牌的专业度与品牌附加值，实现自有商超品牌快速起步；通过合作等方式拓展连锁零售业务，扩大商超－品牌布局，实现路域路外深度融合发展。

营销能力显著增强。通过商城规划及上架优化，科学确定引流产品、利润产品比例，不定期开展平台推广和促销引流活动，提升商品交易总额，保持商城会员登录活跃度，引导会员商城消费习惯，稳定商城发育；整合营销、仓储、物流各环节，打造全业务流程闭环，形成供给侧的网络协同效应，进一步分摊服务成本，提高整体效益；借助高速路网点多面广优势，深入挖掘省内优质特色产品、非遗文化产品资源，逐步形成自身核心商品体系、自有品牌定制化产品系列，打造专属品牌形象，形成销售热点；与第三方平台对接，实现客户资源共享；打通网上商城与服务区销售壁垒，畅通"O2O"营销渠道，实现线上线下融合、补充，将服务区打造成司乘出行的"提货站"。

网络营销收入占比达到超市整体销售收入的5%。实施OPM战略，提升商超应收账款和存货管理能力，充分发挥燕云易购平台和进销存管理系统订单管理优势，提高商品库存周转率，缩短销售周期，将占用在存货和应收账款的资金及其资金成本转嫁给供应商，增加账面浮存现金，增强商超财务弹性，实现商超利润的增长。

(4) 汽车服务产业板块

做强维修保养业务。实现经营模式"0租赁"，全部以自营和加盟合作模式运营管理，打造规范化、标准化、科学化的连锁式汽车维修保障品牌。试行签约"店长"、技术团队等经营管理新模式；与8~10家企事业单位签订公务车辆、生产车辆维修维护业务合同；推出救援、修理一站式服务；增加汽修厂机动车维修资质，在"中心店"增加钣金喷漆业务；开展汽车服务直营店业务，在服务区以集装箱和流动车的形式开展汽车用品展销活动；在10对服务区建设自助加水机和房车补给站。

适时拓展其他业务。①汽车租赁。采取以租代购、合作分成等模式，改变现行购车出租模式，积极跑办入围河北省公务用车监督服务管理平台，发展全省机关企事业单位租车需求。拓展公务用车、个人用车、工程机械类车辆（例如叉车、清扫车、洒水车等）等租赁业务；开展环北京、天津、雄安新区周边服务区车辆换乘租赁服务。公司闲置车辆控制在5%以内。②道路救援。与汽修厂的现行合作方及道路救援企业合作，合理布局道路救援力量，使汽修厂与道路救援形成上下游产业联合，协同联动的运营机制；与汽车厂家、4S店、旅行团、自驾游联盟等开展深度合作，拓展客户群体；建立救援平台微信公众号，实现手机"一键式"救援功能。③"司机之家"建设。结合货车司机消费水平和特点，因地制宜开展"司机之家"建设运营，完成8个司机之家建设。进一步完善"司机之家"服务功能，推出让货车司机愿意用、用得起的餐饮、停车、休息、洗浴、洗衣等服务，让货车司机能够"吃口热饭、喝口热水、洗个热水澡、停个放心车"。④汽车接驳点。依托服务区及高速公路存量土地资源，选取旅游资源和接驳服务需求旺盛的服务区，在固安、廊坊、雄安等服务区设立3~5个汽车接驳点。⑤换电站建设。合理布局换电站建设，每百公里设置一处换电站。

(5) 延伸产业板块

①设施维护

成长为一家集设计、施工、环保、检测、咨询等为一体的工程建设类公司。通过自办、市场合作、企业并购等方式取得建筑、公路、电力等专业施工资质。以做优公司内部业务为立足点，全面加强现场质量、安全、技术和队伍管理，积极开展围绕提升效益的创新项目，确保工程质量全部达到良好以上水平，积累自身实力；以垃圾无害化处理和污水处理两方面作为着力点，提高自身专业技术水平，具备一定实力后，积极推进相关业务进入地方市场；以光伏发电项目为突破点，建设运营10座光伏发电站，实现稳定收益。

②酒店管理

成长为一家服务优质、智能高效的集客房、旅游、会议、培训、康养等多种业务为一体的酒店管理类公司。a. 客房业务：探索"自主连锁＋合作联营"经营模式，同时加速办理特种行业许可证，完善服务区客房业务布局；积极拓展房车营地建设、高速沿线旅游资源开发、定点扶贫村旅游项目打造及城市酒店投资等领域。培训业务：逐步替换更新老旧设施设备，配齐现代化教育培训设施设备；与知名高校、培训机构合作，筹划精品课程，培养知名讲师，打造专业教务队伍。积极关注国家有关政策，开展各类特色培训项目。b. 康养业务：精准对接人民群众对美好健康生活的需求，整合优质生态资源，加快构建医、养、旅、食、体等相关产业融合发展的康养产业体系。

③物业服务

成长为一家管理规范、服务优质、业务多元的物业服务类公司。承揽集团公司及交通系统内 8～10 家单位的物业服务；推进智能厨房，智选超市，酒、水、养殖场等项目；打造快餐及食堂品牌。以市场需求为导向，积极拓宽业务范围，实现业务领域从系统内向系统外延伸，从本地向跨地区发展。

④物流商贸

成长为一家以物流仓储为主，集服装贸易、饮用水销售、融雪剂生产为一体的物流商贸公司。a. 物流业务：建立南北两个中心仓和数个分仓，配送范围辐射域内所有服务区及公司自营中央厨房，配送项目涵盖各类商食品、原材料、特色农产品、自营加油站成品油等；积极拓展外部市场，创建定制化物流服务平台，实现定制化物流配送。b. 服装贸易业务：整合现有营销资源，扩大线上线下营销团队，积极争取集团公司支持，承接集团公司收费、养护、机电及服务区等各岗位工装业务，逐步辐射省外高速公路行业工装市场。c. 饮用水业务：与省直单位、大中型央企等单位开展合作，培养发展终端消费大客户，进军中高端商务用水市场；利用剩余产能推进贴牌加工业务，提高设备利用率；与选定水站、快消品大品牌区域经销商合作，通过合作单位销售网点拓展公司饮用水业务。

⑤文化传媒

成长为一家集多媒体、设计、策划、制作为一体的综合性文化传媒公司。以自主投资与合作经营相结合为主要运营模式，以差异化发展为主要发展战略，以精耕细作为基本工作原则，创新广告经营思维和展现模式，深入挖掘服务区广告价值，搭建全省交通领域广告资源交易平台，推动广告业务向公司外部延伸。

8.2 燕赵驿行集团所辖服务区的更新定位

随着我国经济的不断发展，人们生活水平和消费水平不断提高，对服务区提出了更高的要求。服务区需要根据当地经济发展情况，研究更新定位，以满足不同消费群体的需求。

8.2.1 更新目标

向国内标杆同行企业看齐，努力把公司打造成为领先行业的多元化经营高速公路服务产业集团，努力实现从跟跑到并跑，再到领跑。由追求速度规模向更加注重质量效益转变，由各种生产要素相对独立向更加注重一体化融合转变，转变驱动发展模式，以服务区标准化、品牌化、数字化、便利化为主方向，倡导"出行即服务"理念，发展全出行链新模式和无接触交易服务，打造河北服务区"新名片"。

基础设施持续优化，高质量发展迈上新台阶。增强企业市场化竞争力，科学合理优化服务区规划布局，新建、改扩建5～10个规模适度超前、主业突出、公共服务和应急服务设施齐全，满足车辆和人员日常服务需求的特色服务区，优化资源配置，深化央地合作、国企民企合作、京津冀区域融合发展。

绿色智能稳步推进，数字化布局实现新优化。服务区用地可优化绿化率达到100%，服务区服务智能化、信息化建设达到95%以上，推进"互联网＋"、5G等新技术在服务区相关业务的广泛应用，新能源及节能设施普及率达80%以上，实现服务区的污水处理再利用和垃圾分类覆盖率100%。

融合创新更加凸显，构筑产业体系新支柱。与社会经济发展深度融合，逐步向开放、共享、融合、高度市场化的行业转变。谋划创建新型多元化服务中心、示范化产业扶持中心、企业管理技术研发中心、企业品牌孵化中心，聚集创新要件，为争创综合性高速产业服务中心打好坚实基础。突破战略性、前瞻性、颠覆性关键核心技术，开发新一代信息技术、高端装备、新能源等领域重点产品。

"公路＋产业＋新基建"等组合发展模式，培育产业经济带。将高速公路作为产业经济重要载体和资源整合平台，发挥数字技术在公路相关服务等方面的作用，引领和创造新的消费和生产需求，进而推动产业升级、催生新兴产业和新兴经济形态，加快转变经济发展方式、因地制宜培育产业经济带、打造新型城镇集群。

结合省交通运输厅、高速集团对发展路衍经济的新要求，持续发力，拟在高标准打造基础设施、深化数字赋能、优化能源布局、加强文旅融合、全面推进乡村振兴、科学制订投资计划等方面，全面启动路衍经济项目建设。2023年年底前，完成投资10亿元，实现拓展业态更广、增量业态更优、服务品质更强的产业体系。到2024年，建成一批具有引领示范作用的路衍经济项目，路衍经济产业初具规模，产业效益逐步显现，累计实现投资20亿元。到2025年，路衍经济产业体系、产业格局、产业生态基本形成，路衍经济集群优势更加明显，累计实现投资25亿元，成为全省经济发展新的增长点和重要载体。

8.2.2 更新理念

以完成省委、省政府、高速集团战略部署和重大专项任务为主要目标，秉持"立足河北省、服务京津冀、放眼全中国"的区域定位，深耕高速市场，优化资产布局，推动"服务区+"产业发展；抢抓重大项目机遇；放眼国内市场，关注国内行业领先管理模式及相关多元产业发展经验，择机拓展。持续提供与时代匹配的优质服务，努力把公司打造成为行业领先的多元化经营高速公路服务产业集团，实现从跟跑到并跑，最终达到领跑的目标。

一是始终坚持"扭亏增盈"这个总基调。以"十四五"期间取得的成绩为依托，围绕一张蓝图绘到底、干到底，把"扭亏"作为基础和前提，把"增盈"作为方向和目标，以稳求进、以进促稳、互促共进，既持续巩固"稳中有进、稳中向好"的良好态势，又积极应对高速公路服务区事业发展"稳中有变、变中有忧"的复杂形势，确保经营利润的快速扭亏和服务水平的明显提高。

二是始终发挥好创新驱动作用。坚决破除等、靠、要思想，突破陈旧的思维观念和框架，在经营服务工作中努力培育进取思维、环保思维，加快构建现代化高质量公路网，畅通"大动脉"，完善"微循环"，加快构建综合立体交通网，全面推进省级路网云平台建设，打造公路"数字大脑"，建设多层级智慧路网运行管控与服务中心，构建全息化数字感知、精细化主动控制、智能化交通服务的公路管理服务体系，保障产业链供应链畅通运转。

三是始终聚焦服务民生这个立足点。坚持以人民为中心的发展思想，以满足人民群众日益增长的美好生活需要和为服务区取得高质量发展为根本目的，面对群众不躲避、面对矛盾不回避、面对问题不逃避，对标先进，着力提升服务能力和服务水平，实实在在为群众解决问题，公司各项工作中要以党员干部的辛苦指数换取职工群众和广大消费者的幸福指数。

四是始终突出协同发展这个共赢点。以"合作共赢"为发展理念，把自身发展建立在与高速公路附属产业、地方区域经济深度融合的基础上，以实现公司主业协同发展为目标。加强与知名企业合作，走强强联合、优势互补、合作共赢之路，借船出海、借梯登高、借势发展，进一步构建跨部门沟通协调机制，探索路网服务管理新模式，依托客货流，带动商流、资金流、信息流、人才流集聚，形成产业集群，优化关联产业布局，打通产业链供应链，发展枢纽、通道和网络经济。

五是始终围绕顶层设计这个关键点。明确公司的发展方向、发展思路和发展路径，推动公司合理决策，以促进公司持续、健康、稳定发展为目标，科学编制、有序落实中长期发展战略规划。以优质的顶层设计对公司重大建设项目、产业分布和经济效益等作出优质的系统规划，为公司明确发展愿景和方向，引导产业布局、资源配置，约束产业发展行为，为公司未来发展指引定向。

8.2.3　基本原则

坚持党建引领。坚持党对企业的领导不动摇，落实全面从严治党主体责任，把加强党的领导和完善公司治理统一起来，加快建立各司其职、各负其责、协调运转、有效制衡的公司治理机制。发挥好党组织把方向、管大局、促落实的作用，保证党和国家方针政策、重大部署坚决贯彻执行。

坚持提质增效。坚持以建设高质量企业经营管理体系为主题，从增量建设为主转向系统提质增效与结构调整优化并重，注重防范化解重大风险挑战，实现发展质量、结构、规模、速度、效益、安全相统一，提升存量、做优增量，有效保障经营利润的稳步增长。

坚持创新驱动。实施创新驱动发展战略，提高自主创新能力，完善创新体制机制，统筹创新资源，强化企业创新主体意识，加快关键核心技术攻关，把握行业创新趋势，加快实现由传统优势向创新优势的转换。

坚持服务民生。以建设人民满意出行服务为出发点和落脚点，瞄准公路服务发展不平衡不充分的问题，补短板、锻长板，强服务、提质效，结合构建场景化带来的出行新体验，不断优化发展结构，切实提供与时代匹配的优质服务，满足人民美好生活需要。

坚持协作共赢。加强全局性谋划、战略性布局、整体性推进，统筹发展和安全，坚持可持续发展，坚持实施更大范围、更宽领域、更深层次区域开放，依托高速公路市场优势，加强与多类型创新主体合作，实现互利共赢，推动现代化服务区综合平台建设行稳致远。

坚持绿色发展。提升公路服务网络的安全性和可靠性，完善公路服务网络的安全应急保障体系，提高应对自然灾害、重大疫情等突发事件的保障能力。落实碳达峰碳中和战略，秉持绿色发展理念，优化调整产业结构，加强生态化建设，将生态环保理念贯穿公路服务网络发展各环节，推进产业绿色发展。

8.2.4 指导思想

强化自主创新，集合优势资源，加快推进以数字化、网络化、智能化为特征的智慧旅游，深化"互联网＋旅游"，扩大新技术场景应用。打造一批智慧旅游服务区，培育一批智慧旅游创新企业和重点项目，开发数字化体验产品，发展沉浸式互动体验、虚拟展示、智慧导览等新型旅游服务，推进以"互联网＋"为代表的旅游场景化建设。提升旅游景区、度假区等各类旅游重点区域 5G 网络覆盖水平。推动停车场、旅游集散中心、旅游咨询中心、游客服务中心、旅游专用道路、旅游厕所及旅游景区、度假区内部引导标识系统等数字化、智能化改造升级。通过互联网有效整合线上线下资源，促进旅行社等旅游企业转型升级，鼓励旅游景区、度假区、旅游饭店、主题公园、民宿等与互联网服务平台合作建设网上旗舰店。鼓励依法依规利用大数据等手段，提高旅游营销传播的针对性和有效性。加快推动大数据、云计算、物联网、区块链及 5G、北斗系统、虚拟现实、增强现实等新技术在旅游领域的应用普及，以科技创新提升旅游业发展水平。大力提升旅游服务相关技术，增强旅游产品的体验性和互动性，提高旅游服务的便利度和安全性。鼓励开发面向游客的具备智能推荐、智能决策、智能支付等综合功能的旅游平台和系统工具。推进全息展示、可穿戴设备、服务机器人、智能终端、无人机等技术的综合集成应用。推动智能旅游公共服务、旅游市场治理"智慧大脑"、交互式沉浸式旅游演艺等技术研发与应用示范。创新智慧旅游公共服务模式，有效整合旅游、交通、气象、测绘等信息，综合应用第五代移动通信（5G）、大数据、云计算等技术，及时发布气象预警、道路通行、游客接待量等实时信息，加强旅游预约平台建设，推进分时段预约游览、流量监测监控、科学引导分流等服务。建设旅游监测设施和大数据平台，推进"互联网＋监管"，建立大数据精准监管机制。

坚持"绿水青山就是金山银山"理念，通过发展旅游业促进人与自然和谐共生，稳步推进国家文化公园、国家公园建设，打造人文资源和自然资源保护利用高地。保护传承好人文资源：坚持保护优先，在保护中发展、发展中保护，以优秀人文资源为主干，深入挖掘和阐释其中的文化内涵，把历史文化与现代文明融入旅游业发展，提升旅游品位，在依法保护管理、确保文物安全的前提下，推动将更多的文物和文化资源纳入旅游线路、融入旅游景区景点，积极传播中华优秀传统文化、革命文化和社会主义先进文化。保护利用好自然资源，贯彻落实习近平生态文明思想，坚持生态保护第一，适度发展生态旅游，实现生态保护、绿色发展、民生改善相统一。充分考虑生态承载力、自然修复力，推进生态旅游可持续发展，推出一批生态旅游产品和线路，加强生态保护宣传教育，让游客在感悟大自然神奇魅力的同时，自觉增强生态保护意识，形成绿色消费和健康生活方式。积极运用技术手段做好预约调控、环境监测、流量疏导，将旅游活动对自然环境的影响降到最低。

发挥"桥梁纽带"作用。加大定向采购帮扶力度，引导社会大众自发消费脱贫地区产品和旅游服务。探索消费帮扶新业态新模式，全面巩固拓展脱贫攻坚成果，带动乡村振兴。加快开放共享步伐。与区域经济紧密结合，积极探索开放式服务区建设。秉承开放、共享的经营理念，打破固有的空间结构和经济结构，不断延伸服务区功能，向域外市场、上下游关联产业拓展。

积极发展旅游资源保护与开发技术，重点推进旅游资源普查、旅游资源安全防护、文物和文化资源数字化展示、创意产品开发、游客承载量评估、旅游信用评估、智能规划设计与仿真模拟、旅游安全风险防范等技术研发和应用示范。推进物联网感知设施建设，加强对重要旅游资源、重点设施设备的实时监测与管理，推动无人化、非接触式基础设施应用。坚持文化引领、生态优先，把文化内涵融入旅游业发展全过程。依据相关规划，落实区域重大战略、区域协调发展战略"十四五"规划重点任务、主体功能区战略，整合跨区域资源要素，促进城乡、区域协调发展，构建推动高质量发展的旅游空间布局和支撑体系。构建旅游空间新格局：综合考虑文脉、地脉、水脉、交通干线和国家重大发展战略，统筹生态安全和旅游业发展。

8.2.5 基本思路

通过深入调研学习国内外标杆同行企业，整合服务区优势资源，充分挖掘各服务区发展潜能，丰富服务区经营业态，打造高速公路服务区新型运营模式提供理论依据与决策模型。科学合理优化服务区规划布局，新建、改扩建 5~10 个规模适度超前、主业突出、公共服务和应急服务设施齐全，满足车辆和人员日常服务需求的特色服务区，优化资源配置，深化央地合作、国企民企合作、京津冀区域融合发展。

通过系统分析服务区运营模式及其关键要素，确定高速公路服务区的更新定位应向着"服务区＋旅游""服务区＋农业""服务区＋物流""服务区＋商业""服务区＋文化"这五个方向。通过运营模式的更新定位，努力把公司打造成为领先行业的多元化经营高速公路服务产业集团，努力实现从跟跑到并跑，再到领跑。由追求速度规模向更加注重质量效益转变，由各种生产要素相对独立向更加注重一体化融合转变，转变驱动发展模式，以服务区标准化、品牌化、数字化、便利化为主方向，倡导"出行即服务"理念，发展全出行链新模式和无接触交易服务，打造河北服务区"新名片"。

8.3 激活发展内生动力

激活服务区发展内生动力有助于提高经济的可持续性和稳定性。内生动力指的是一个经济体系内部的增长动力和发展潜力，通过激活内生动力，可以促进服务区的自主发展，提升创新能力、竞争力。这一过程有助于建立更加健康、稳定的经济生态系统，为服务区的长期发展打下坚实基础。

8.3.1 与时俱进，合理规划

前面章节对服务区未来客流量进行了预测，根据客流量的预测规划未来停车位数量。燕赵驿行集团应对一些老旧服务区和规模不能满足现有乘客需求的服务区，合理的设置建筑分布布局以及停车位数量。前面章节也对主题服务区的发展方向做了说明，可以根据这些建议打造服务区网红打卡地。一是山海关文旅。利用山海关丰富的旅游资源和长城文化区位优势，打造集开放、商务、旅游、产业配套于一体的北方第一标杆综合体服务区。二是发挥京畿要地和自有品牌香河肉饼美誉优势，改建香河综合体服务区，开发新的经济增长点。三是建成包括滦州品牌、廊坊桥下、固安桥下、深州桃园、武强年画等主题服务区。高速公路服务区应该兼顾实用性和人性化管理措施，为司乘旅客提供更加舒适、温馨、优美的休息环境。改扩建服务区工程需要以满足个性化、差异化服务需求为出发点，让服务区提升管理能力和品质塑造。服务区可以利用当地的历史文化和人文特色，打造独特的景观和纪念物，吸引司乘人员前来驻足休息，为服务区带来客流。古田服务区利用当地的红色历史，在服务区还设置了红色景观、油画墙和浮雕让旅客重温当年的那段历史。服务区还建立了"红路展厅"，更充分宣扬红色精神。并且在服务区里还打造了一个公园式环境，为服务区增添了几分色彩。古田服务区利用这些举措，来吸引过往司乘人员前来服务区驻足休息，为服务区带来了客流。将独特的地域特征、历史文化和人文特色发挥到极致，服务区不断攀升的人流量、车流量对运营单位提升管理能力和品质塑造有促进作用。

8.3.2　因地制宜，特色经营

挖掘公路沿线文化旅游资源，建立以高速公路为客流主线、以高速公路服务区为集散节点的交旅融合产品体系，做好"这么近、那么美，周末到河北"品牌宣传。依托路网结构及区域文化、旅游资源，创新"交通＋旅游"模式，通过升级硬件设施、美化外观环境、丰富服务业态，打造一批集公共服务、美食购物、休闲娱乐为一体的主题服务区，探索交通支撑旅游、旅游反哺交通的融合发展新路径。

燕赵驿行集团服务区应不断开展旅游延伸服务业务，依托服务区禀赋，大力发展交旅综合服务。对接服务区所处地域对接当地文旅部门、文旅公司或旅游景区，在服务区设立门票代售点或旅游咨询服务站，开展合作联营、互动宣传，开发观光旅游门票、住宿套票。燕赵驿行集团服务区还应加强与周边特色小镇、乡村旅游景点的合作，推动服务区周边旅游资源的整合和开发。可以通过举办主题活动、文化展览等方式，吸引更多游客到访，提升地方旅游产业的知名度和影响力。同时，服务区还可以引入当地特色美食和手工艺品，打造特色餐饮和文创商铺，为游客提供丰富多样的消费体验。通过与当地农户合作，开展农家乐、采摘体验等项目，打造农耕文化体验区，进一步丰富游客的旅游体验。

此外，服务区还可以开发自有的旅游周边产品，例如定制旅游纪念品、旅游路线指南等，以及推出与周边景点联动的优惠套票，吸引更多游客选择在服务区进行中继休息和旅游体验。通过持续不断的旅游延伸服务业务拓展，燕赵驿行集团服务区将成为一个集休息、餐饮、娱乐和文化体验于一体的综合性旅游服务中心，为游客带来更加丰富多彩的旅行体验。

整合资源优势，提升品牌价值。打造"燕赵山水"品牌。积极整合河北各地具有浓厚地域特色的优质土特产资源，充分利用"燕赵山水"品牌，讲好河北故事、展示美丽河北。服务区可以通过设立特色土特产展销中心，集中展示和销售河北各地的优质土特产品，如磁州瓷器、承德水蜜桃、张家口冰糖葫芦等，打造"燕赵山水"品牌的土特产专区。通过精心设计的展示陈列和产品包装，突出"燕赵山水"品牌的地域特色和文化内涵，吸引游客的目光，促进土特产的销售和推广。

8.3.3 拓展业态，盘活闲置资源

利用高速公路闲置的土地资源，布局高速公路物流节点。积极探索服务区建设物流分拨中心、物流小镇，打造具有地方特色的物流业态。这一举措不仅可以充分盘活高速公路相关区域的闲置土地资源，还能为物流行业的发展提供新的空间和机遇。通过在高速公路服务区布局物流节点，可以有效地优化物流运输网络，提升物流效率，促进物流产业的发展。服务区建设物流分拨中心将可以为周边地区的物流需求提供集散、存储和配送等服务，为物流行业的发展提供便利，同时也为当地经济发展和就业创造更多机会。在服务区建设物流小镇，则可以打造集物流仓储、加工制造、商贸服务等功能于一体的综合性物流产业园区，为物流企业和相关产业提供更加完善的配套服务和发展环境，吸引更多的企业落户，推动物流业态的多元化发展。

拓展服务区新能源汽车电池租赁等业务，完善高速公路沿线充电基础设施网络建设，加快在沿线服务区布局充电桩，丰富充电桩业务经营管理模式，实现所辖高速公路服务区充电桩全覆盖。在服务区布局充电桩，将有效缓解新能源汽车的里程焦虑问题，提高新能源汽车的使用便利性和实用性，进一步推动新能源汽车的市场普及和发展。此外，丰富充电桩业务经营管理模式，例如可以引入第三方运营商，建立多元化的充电服务模式，包括按次计费、会员制度、定期套餐等，以满足不同用户的需求。通过灵活多样的经营管理模式，可以更好地激发充电桩的使用率，提高其经济效益，同时也为企业带来更多的商业机会。

推进路域光伏产业发展，加强与能源企业合作，借助新能源头部企业，充分利用服务区闲置资源开发风光发电等新能源项目，加快构建新型绿色能源供给和消费生态圈。加强与能源企业的合作，可以吸引更多的资金和技术投入到路域光伏产业中，推动该行业的创新发展。与新能源头部企业合作，不仅可以获取先进的光伏技术和管理经验，还可以共享品牌影响力和市场渠道。其次，充分利用服务区闲置资源开发风光发电等新能源项目，可以实现资源的最大化利用，提高服务区的自给自足能力。通过在服务区布局光伏电池板、太阳能逆变器等设备，可以将光能转化为电能，为服务区提供清洁、可再生的电力资源，降低能源消耗成本，减少对传统能源的依赖。

8.3.4 品质提升，持续发展

（1）坚持"同城同价"可持续发展

高速公路服务区管理的本质是为顾客提供实惠和利益，因此必须坚持微利原则，将微薄利润投入到改造公共服务设施、拓展免费服务项目、美化司乘休闲环境等，以保障社会效益。如果能够改变经营理念，增加人、车流量，就可以为提升服务区品质塑造打下基础。例如，赣粤高速服务区于2010年推出了"同城同价、薄利多销"的平

价经营理念，同步建立服务区商品价格监督审核机制，确保商品价格可控、可查、可管，从而吸引更多司乘旅客在服务区休闲和消费，进一步达到服务区品质提升的目的。服务区内部的价格会影响消费者的心理满足感，高价格会抑制消费欲望，导致消费者对服务区服务的满意度降低。如果服务区内的价格高于市场价，会给人们留下价格不合理的印象，长此以往会影响服务区的客流量和发展。为此，需要对服务区内的服务价格定期检查，防止经营者要价过高，促进价格稳定，同时宣传公平竞争意识，减少恶意减价等破坏性竞争行为。这样可以促进服务区经营者之间的公平竞争，减少假冒伪劣产品的流通，保障消费者的权益。同时，市场价格机制的调节作用也应该得到充分发挥，推动不同市场主体间的良性竞争，推动高速公路服务区的持续稳定发展。

（2）对服务区进行评级，打造星级服务

以"五星级宾馆"的标准管理物业和提供服务，从制度、程序等方面对服务过程进行严格规范，建立专业的物业管理团队和配备高素质的服务人员；严格管控经营商的经营服务行为，出台相配套的管理规定和办法，规范服务区运营管理和从业行为，使服务区物业和商超在管理上科学化、规范化、精细化、人性化；建立服务培训机制，为了应对服务人员流动性大和个人素质良莠不齐的情况，可在服务区设立"培训师"，负责对新进人员进行相关岗位的礼仪和技能培训，从而提高服务水平和服务质量。

服务区作为服务人员与服务对象沟通交流的场所，服务人员的素质是服务区提升服务质量的关键。为此，服务区应该提升员工的工作素质和技能，例如发放《员工工作手册口袋书》等材料，对工作重点和注意事项进行强调，同时对新员工进行培训，培养应对突发事件的能力。另外，服务区员工的工作热情和耐心也应该得到培养，针对不同年龄段的服务对象，采取不同的服务方式。增强人民群众对服务区的满意度。

（3）进行"业态统一"标准化建设

优化服务区经营布局，整合服务区现有餐厅、超市、外走廊等区域，形成多业态、串联式经营布局，打造功能多样、优势互补、互相带动、运转流畅的综合服务区。对服务区各功能区域布局进行合理规划，将便利店、餐饮、公共卫生间等功能统一到综合服务楼内，为司乘人员提供更便捷、优质的服务体验。

服务区在经营中应逐步从业态品牌的连锁逐步过渡到服务区品牌的连锁，打造服务区特有品牌，发挥服务区宣传阵地作用，可以提升服务区的软实力，增强服务区的品牌影响力和市场竞争力。同时，服务区还可以引入知名品牌，通过招商的方式引入"肯德基"、"星巴克"等知名品牌，销售当地特产，让休闲服务型知名企业对服务区休闲娱乐服务项目进行投资，从而提升服务区的品牌影响力和市场竞争力。

8.3.5 运营提升，服务升级

（1）有历史、有情怀、有温度

在公路旅行中，服务区通常是驾驶员和乘客休息和补给的地方。然而，大多数传统的服务区都相对单调和缺乏特色，难以吸引游客停留。打造"有历史、有情怀、有温度"的服务区可以打破传统服务区的单一形象，增加其吸引力，如图8-1所示。旅客更倾向于选择能够提供独特体验和文化价值的服务区，这样的服务区也能够吸引更多的客流量，对服务区的发展有着积极的影响。

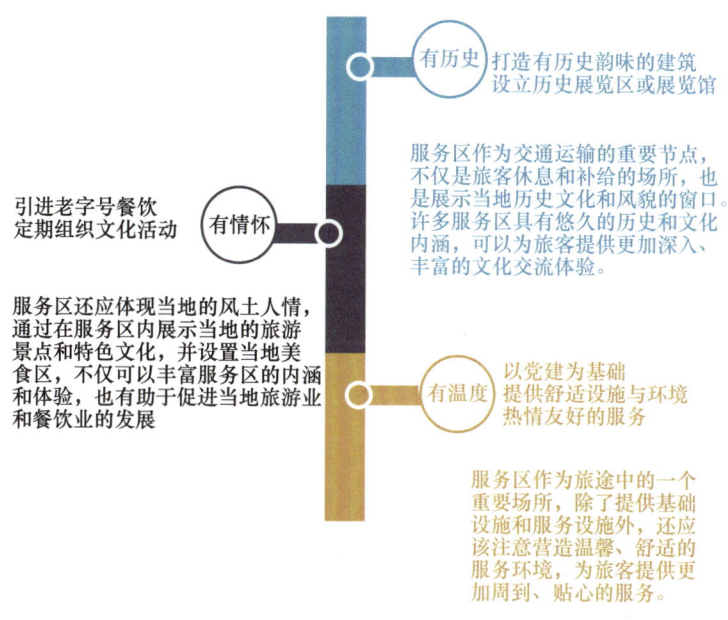

图 8-1 "有历史，有情怀，有温度"服务区简介

"有温度"应作为服务区发展的基础，服务区应致力于为出行者提供舒适宜人的休息空间，在服务区配备舒适的座椅、绿植和音乐等。这些舒适设施能够让旅客感到放松和舒适，带来家一样的温馨感受。同时，服务区应以党建为基础，充分发挥党支部在创建工作中"把方向、抓落实、做表率"的作用，深化精神文明建设。设立党员示范岗解决群众急难愁盼的问题，这些党员示范岗可以提供咨询、投诉处理、救助等服务，帮助旅客解决各种困难和需求；组建党员先锋队、志愿者服务队，在服务区入口、停车场等关键位置设立服务点，主动为过往旅客提供交通咨询、停车引导等便民服务。党员示范岗和志愿者服务队要用心对待旅客，提供热情、周到的服务。主动询问旅客的需求，帮助解决问题，用心塑造温馨旅途。

如果服务区所在地有旅游名胜地或者风土人情比较突出，如张家口服务区，可以进一步发展"有情怀"的服务区。采取"服务区＋文旅"的运营发展新模式，拓宽服务内涵、提升服务能力，通过"平台＋品牌"引进民俗工艺品销售区、茶艺馆、阅读区等多种经营业态，并在服务区引入香河肉饼等知名老字号餐饮，通过味蕾的体验，让驾驶员和乘客更加深入地了解河北省的特色。同时，聚焦深度挖掘文化软实力，结合地方特色文化、自身企业文化及自有品牌，订制一批 IP 衍生类、文化旅游类、企业品牌类文创产品。定期组织文化艺术活动，如传统表演、音乐会、书画展览等，可以邀请当地的民间艺术团队或专业演出团体参与,为前来服务区的人们带来愉悦的文化体验。有效利用空间深度挖掘地域文化,以商业综合体形式打造服务规模大、设施设备全、文化气息浓的高速驿站。

如果服务区所在地有悠久的历史,则可发展为"有历史"的服务区。有些服务区位于历史名城或古镇,如吴桥等服务区,这些地方保留着丰富的历史遗产和传统文化,服务区应充分利用这些资源,打造出具有地方特色和历史韵味的建筑和景观。旅客在服务区中就能够感受到这些地方的独特魅力和文化氛围。像江苏省阳澄湖服务区整体以"梦里水乡,诗画江南"为设计理念,以苏州"一街三园"为特色。借鉴留园、拙政园、狮子林的特色内涵,建有涵碧、荷风、木樨、修竹四座迷你园林,以传达苏州园林韵味。河北省拥有丰富的历史文化资源,可以充分挖掘和展示这些元素。在服务区内设置与当地历史相关的展示区域或主题馆,介绍当地的历史背景、文化传统、名人故事等,让驾驶员和乘客在休息期间了解和感受河北的历史魅力。

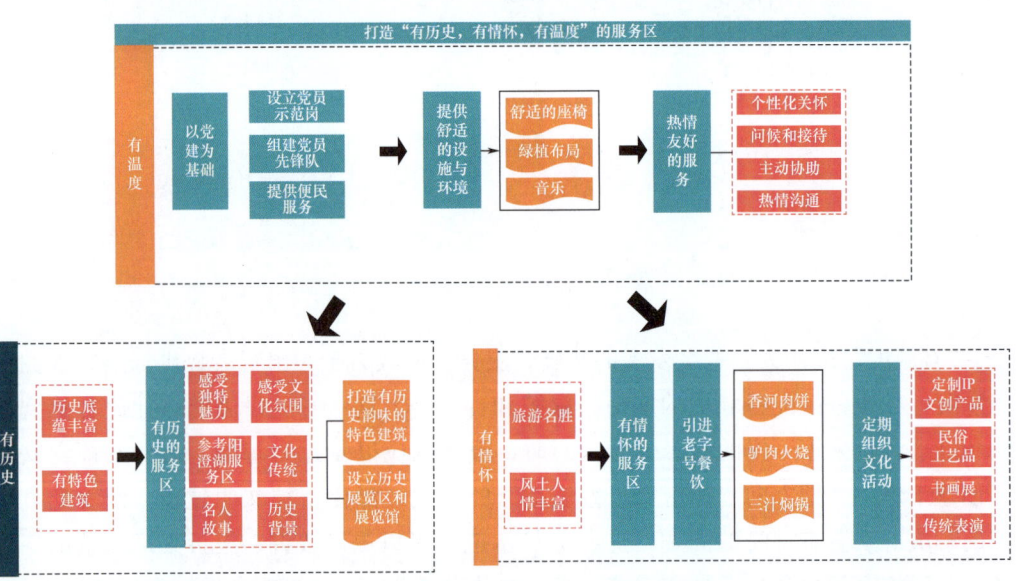

图 8-2 "有历史、有情怀、有温度"的关系

"有温度"作为所有服务区应秉持的理念,如果服务区所在地拥有丰富的历史底蕴和风土人情,那么进一步发展为"有历史"和"有情怀"的服务区将会带来更多的价值和吸引力。一个有"有历史,有情怀,有温度"的服务区可以成为当地的窗口和名片,展现当地独特的文化魅力和精神风貌,如图 8-2 所示。这有助于塑造当地的形象,提升当地的知名度。

(2) 员工满意,运营提升

提供良好的薪酬和福利:合理调整员工的薪酬水平,确保其与行业水平相符,并根据员工的绩效给予适当的奖励和激励。同时,提供完善的福利待遇,如医疗保险、年假、员工旅游等,增加员工的福利感和归属感。

提供良好的工作环境：营造一个积极向上、和谐舒适的工作环境。可以改善员工休息区的设施，提供充足的休息时间和舒适的休息条件。关注员工的工作需求和心理健康，提供必要的培训和发展机会，让员工能够不断提升自己的能力和职业发展。鼓励员工之间的合作和团队精神，营造一个相互支持、相互尊重的工作氛围。可以组织团队建设活动、培训课程等，增强员工之间的沟通和合作能力，提高工作效率和团队凝聚力。

加强沟通和反馈机制：建立畅通的沟通渠道，鼓励员工与管理层进行及时、有效的沟通。定期组织员工会议、座谈会等形式，听取员工的意见和建议，及时解决问题和改进工作。同时，建立员工反馈机制，鼓励员工提出问题和意见，并及时给予回应和解决。服务区可以建立内部沟通平台，为员工提供留言板、在线问答、意见反馈等多种渠道，以便员工随时随地与管理层沟通交流。这样可以增强员工的参与感和责任感，同时也能及时解决员工的问题和困惑。

提供培训和发展机会：为员工提供持续学习和发展的机会，通过内部培训、外部培训、职业规划等方式，帮助员工不断提升专业能力和职业素养。同时，建立晋升制度和激励机制，为员工提供晋升和发展的机会，激励其保持积极进取的态度。服务区可以定期对员工进行表现评估，了解员工的工作表现和职业发展需求。评估结果可作为员工晋升、奖惩和培训的参考依据，同时也为服务区提供改进员工管理和激励机制的建议。

关注员工生活需求：关心员工的个人生活和家庭需求，提供灵活的工作安排和福利政策，如弹性工作时间、照顾儿童和老人的服务等。通过关爱员工的家庭和生活，增加员工的幸福感和满意度。服务区可以为员工提供全方位的关怀服务，包括心理咨询、健康体检、子女教育等，以满足员工在工作和生活中的各种需求。这些服务不仅能提高员工的身体健康和心理健康水平，还能增加员工的归属感和忠诚度。

（3）硬件升级，环境改善

要提升高速服务区的硬件设施，可以考虑以下方面。根据实际需求，扩建服务区的停车场，增加停车位数量，确保能够容纳更多的车辆。同时，提供多样化的停车设施，如有盖停车位、充电桩、残疾人停车位等，满足不同出行者的需求。确保服务区内的供水系统正常运作，提供饮用水和洗手间等基本的卫生设施。定期检查和维护管道设施，保证水质安全。此外，可增加婴儿换尿布台、母婴室等特殊设施，提供更全面的卫生服务。改善服务区内的餐饮设施，提供多样化的餐饮选择，包括快餐、特色餐厅等。同时，关注食品安全和卫生，确保食品质量达标。培训员工，提升餐饮服务质量和效率，提供更好的用餐体验。为出行者提供高速、稳定的无线网络服务，可以增设更多的无线路由器或者升级现有的设备，覆盖更广的范围。此外，保持通信设施的正常运作，确保电话和网络畅通无阻。提供舒适的休息区域，配备舒适的座椅、休息室、休闲区等，让出行者可以放松休息。此外，可设置娱乐设施如电影院、游戏区、儿童乐园等，提供多样化的娱乐选择。

为提升服务区的环境质量，可以采取以下改进措施。在服务区内增加更多的绿化植物和景观设计，打造一个美丽宜人的环境。可以种植花草树木，修建花坛和草坪，营造自然和谐的氛围。同时，可以设置景观艺术品，提供观赏和拍照的机会，增加顾客的参与感和满足感；服务区常常存在噪声污染问题，对顾客和员工的健康和舒适造成不利影响。可以采取一些措施来减少噪声，如安装隔声设备、优化交通路线等。同时，也要加强对车辆和设备的管理，确保其符合环保标准，减少排放噪声。定期进行清洁和维护，保持服务区的整洁和卫生。加强垃圾分类收集和处理，设置垃圾桶和垃圾回收设施，引导顾客正确处理垃圾。同时，加强卫生设施的管理和维护，保持洗手间等设施的清洁和良好状态。推广使用环保材料和节能设备，减少能源消耗和环境污染。可以采用太阳能发电系统、LED照明系统等，降低能耗和碳排放。同时，鼓励商家提供环保产品和服务，引导顾客进行低碳消费。

（4）改善激励制度

服务区各业态由不同分公司管理，而服务区设计和管理人员并不参与其中的效益分成，因此他们的积极性就大大减少。如何安排合理的分配制度，提高他们的积极性和工作效率，就成了非常关键的问题。

将业态外包一部分租金进行内部分成。每年对服务区运营状态进行评价，确保评估设计和管理人员的工作表现的标准公正透明。可以考虑设计关键绩效指标，如服务区的客流量、满意度调查结果、经济效益等作为评估依据。如果运营状态较往年有了提升，则拿出一部分服务区各业态租金当作服务区内部奖金，确定从服务区各业态租金中划拨给设计和管理人员的比例。这个比例应该公平合理，既能够激励设计和管理人员，又不会对服务区运营造成过大的负担。让该服务区的设计和管理人员也能够参与其中，从而提高他们的积极性和工作效率。此外，还可以考虑引入股权激励计划。对于表现优秀的设计和管理人员，公司可以授予一定数量的公司股票或者股份期权。这样可以让设计和管理人员更深入地参与服务区的发展和运营，同时也能够激励他们为了公司长期利益而努力工作。此外，公司还可以通过其他方式激励员工，例如提供培训、晋升机会、福利待遇等。这些激励措施可以让员工感受到公司对他们的关心和支持，提高工作积极性和幸福感。

服务区管理人员加强与服务区各业态人员的沟通和合作。建立权责明晰、流程规范的管理制度。为了确保管理人员行使管理权限的合法性和有效性，需要建立权责明晰、流程规范的管理制度，明确各级管理人员的职责、权限和责任，并建立相应的反馈机制和问责制度。管理人员需要与服务区各业态人员建立良好的沟通和合作关系，了解他们的需求和意见，从而更好地发挥管理权限。因此，需要加强对服务区各业态人员的培训和交流，建立起互信、互利、互帮、互谅的合作关系。

服务区管理人员定期组织业态经营人员和管理人员的经验交流会议或研讨会，以提供一个开放的平台，让他们能够分享自己的经验和见解。在这些会议中，各个业态的代表可以介绍他们在经营过程中遇到的问题，并分享他们所采取的有效解决方法。同时，他们也可以向其他业态的代表请教，获取宝贵的建议和经验。建立一个信息共享平台，让服务区各业态能够方便快捷地分享信息和资源，提高协同效率。该平台可以包括线上和线下两种形式，例如微信群、电子邮件、在线会议等。通过信息共享平台，可以及时了解各业态的运营情况和问题，以便及时解决和优化。

服务区管理人员还可以组织跨业态的团队合作项目，鼓励不同业态之间的合作和协作。通过跨业态合作，可以实现资源共享、互补优势，提高整体经营效益。这样的合作项目可以是共同开展市场推广活动、共享客户资源、共同进行业务培训等。通过这些项目，业态经营人员和管理人员可以更好地了解其他业态的运营模式和管理方式，相互学习借鉴，推动整体业务的发展。

可以根据服务区各业态的绩效指标制定相应的绩效考核制度，通过对服务区各业态发放调查问卷，对管理人员在业态经营中的贡献和表现进行评价，并将其与业态的经营情况相结合进行综合评估。这样做的目的是激励管理人员更加主动地参与到业态的运营决策和执行中，从而推动整体经营效益的提升。对业绩表现优秀的业态管理人员进行奖励，对表现欠佳的业态管理人员进行督促和支持。通过绩效考核制度，可以促进服务区各业态之间的竞争和合作，提高整体经营效益。最后，为了确保绩效考核制度的公正性和透明度，公司建立一个独立的绩效考核委员会，由专业人员组成，负责制定评估标准、审核评估结果、处理申诉等工作。这样做的目的是确保考核过程的公正性和客观性，使每个管理人员都能够公平地接受评估，提高他们的工作积极性和主动性。

（5）服务区平价经营

服务区业态虽然多，但如果价格不下来，也很难让人心甘情愿消费。服务区一般采用店铺外包的方式，商家需要承担店租费，且店内的商品运输需要上高速，这就产生一笔过路费，再加上服务区位置相对偏僻，店员一周五天吃住都在服务区，这又产生一笔不小的人工成本，因此服务区内商品价格普遍比外面要高。从这几方面进行提升可以减少服务区商铺运营成本。

承租店铺，高速服务区采取"零租金＋抽成"的模式，也能为商家销售降本增效；以前服务区的承租商铺都是分散采购，高速集团可以从厂家统一采购，成本进一步降低。将商品直接从当地厂家拉到服务区卖，没有任何中间商赚差价，为商家创造更大的利润空间；通过提供在线预订服务等技术手段，可以提高服务区店铺的运营效率，减少人力成本，提升顾客体验。自助结账设备可以减少排队时间，提高结账效率；在线预订服务则可以吸引更多顾客提前下单，减少等待时间，增加销售额；服务区可以主动对接当地农户，将特色优质农产品在服务区内展销，实现土特产从"地里"直接到司乘"手中"，降低成本的同时帮助农户增收。

2022年，福建在全省高速公路服务区为货车司机提供10元管饱暖心套餐，获得广大司乘一致好评。为了延续好风尚，进一步解决司乘的烦恼，福建高速集团印发通知，要求全省高速公路服务区权属便利店全品类商品平价经营。价格降下来了，司乘得到了实惠，服务区营业额却不降反增。数据显示，福建高速服务区自营商超品牌"驿佳购"2024年春运期间零售收入5629.52万元，较2023年销售额涨幅达92.82％。因此，平价经营不仅可以为消费者带来实惠，而且也可以提供服务区的收入。

平价经营可以为服务区、商家和消费者带来多方共赢的效果。通过公平竞争环境、降低消费成本、增加销售额、提升品牌形象和促进经济发展等方面的优势，平价经营有望推动服务区的繁荣和可持续发展。

8.4 服务区功能差异化建设

由于新时代高速服务区的大场区、大车流、大人流特点，传统服务区的设置方式必然导致服务设施设置与服务对象需求的矛盾，影响服务品质，因此需要将服务区进行定位，并进行功能差异化建设。按照前文服务区的定位，将服务区分为重点服务区、标准服务区、保障服务区。

8.4.1 重点服务区

特色服务类服务区在精品服务类服务区基础上，根据服务区所处的地理位置，依托区域经济、文化、旅游等资源，规划建设商务会议室、物流仓储、冷冻室和特色旅游休闲观光区等服务设施，各高速公路运营企业自主拓展经营理念、经营业态。重点服务区突出特色纵向发展，创建品牌及品牌文化，创建全国知名的一流品牌服务区。重点服务区节点的服务区规模大、服务交通量大、服务对象层次较高，且所处的区位具有鲜明的文化特色和地域特色，主要分为旅游、物流、文化、商业、农业五大类。这一类服务区除了提供基本停车休息的功能外，还应该满足人和车的旅游需求、货运和客流运输的需求。服务区定位为满足特定功能、发挥区位优势的重点服务区。接下来研究哪些地区适宜发展"服务区+"。

8.4.1.1 适宜"服务区+旅游"的高速服务区

1) "服务区+旅游"模式发展路径

依托路网结构及区域文化、旅游资源，创新"交通+旅游"模式，通过升级硬件设施、美化外观环境、丰富服务业态，打造一批集公共服务、美食购物、休闲娱乐为一体的主题服务区，探索交通支撑旅游、旅游反哺交通的融合发展新路径。从投入、产出和目的三个阶段说明了"服务区+旅游"模式的可持续发展路径，如图8-3所示。

2) "服务区+旅游"模式商业画布构建

创建旅游主题服务区，实现交通运输与旅游业的共同发展，通过与当地政府合作获得政策支持和财务支持，发展特色乡村旅游，带动当地经济发展，完善服务区及其周边的基础设施建设，提高服务区的服务水平。与知名旅游企业合作，学习其先进的管理方式，招聘相关人才，培养职业化管理团队。同时，要与环保组织合作，走可持续发展的道路。高速公路服务区希望为向往美好生活的人们提供特色的娱乐服务，致

8 燕赵驿行集团所辖服务区未来规划

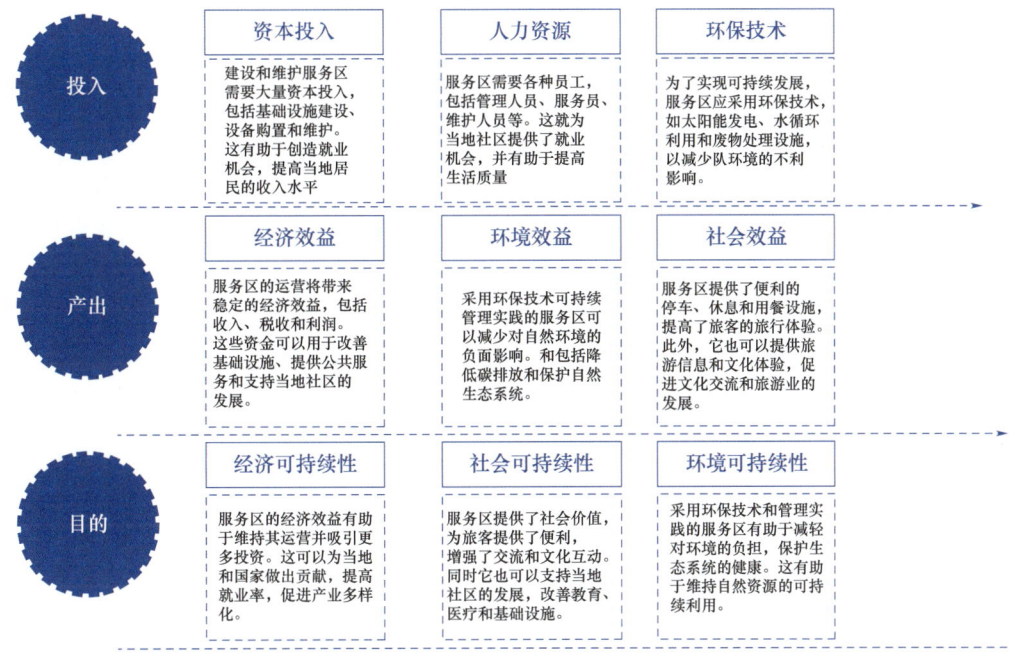

图 8-3 服务区＋旅游模式发展路径图

力于打造民俗、文化等多元高质量服务区。通过向游客销售美食、文创产品以及提供住宿、娱乐等服务获得收入。通过高品质的服务与客户建立黏性关系，让客户在服务区得到良好的旅游体验。接下来将从重要合作、关键业务、价值主张、客户关系等 9 个方面构建服务区＋旅游模式商业画布，如图 8-4 所示。

（1）重要合作

酒店和住宿提供商：与当地酒店和住宿提供商合作，为游客提供住宿选择。

餐饮供应商：与餐饮供应商建立合作关系，提供各种餐饮选择。

旅游景点和活动提供商：与当地旅游景点和活动提供商合作，为游客提供各种旅游体验。

零售商：与零售商合作，在服务区内提供购物选择。

加油站和维修服务提供商：与加油站和维修服务提供商合作，为驾车游客提供加油和车辆维修服务。

当地政府：获得政策支持和财务支持，发展特色乡村旅游，带动当地经济发展，完善服务区及其周边的基础设施建设，提高服务区的服务水平。

环保组织：走可持续发展的道路。

（2）关键业务

住宿管理：管理服务区内的酒店和住宿设施，确保提供舒适的住宿环境。

餐饮服务：提供各种餐饮选择，包括快餐、餐厅和咖啡馆等。

旅游活动组织：组织各种旅游活动，如观光游览、户外探险等。

零售管理：管理服务区内的零售店铺，提供各种商品和纪念品。

加油和维修服务：提供加油和车辆维修服务，确保驾车游客的出行顺利。

（3）价值主张

便利性：为旅客提供方便快捷的服务，满足他们在路途中的需求。

多样性：提供多样化的住宿、餐饮、购物和旅游活动选择，以满足不同旅客的需求。

舒适性：提供舒适的住宿环境、优质的餐饮服务和愉快的旅游体验，让旅客感到宾至如归。

（4）客户关系

客户服务：提供 24 小时客户服务，解答旅客的问题和需求。

个性化体验：根据旅客的偏好和需求，提供个性化的服务和建议。

反馈和改进：收集旅客的反馈意见，不断改进服务质量和体验。

（5）客户细分

驾车旅客：通过服务区的高速公路经过的驾车旅客。

公共交通旅客：通过服务区的公共交通工具经过的旅客。

（6）收入来源

住宿收入：通过提供住宿服务获取收入。

餐饮收入：通过提供餐饮服务获取收入。

旅游活动收入：通过组织和销售旅游活动获取收入。

零售收入：通过销售商品和纪念品获取收入。

加油和维修收入：通过提供加油和车辆维修服务获取收入。

（7）核心资源

酒店和住宿设施：提供舒适的住宿环境。

餐饮设施：提供各种餐饮选择。

旅游活动资源：包括旅游景点、导游和活动设施等。

零售店铺：提供商品和纪念品。

加油和维修设施：提供加油和车辆维修服务。

政策与财政支持：当地政府支持发展旅游业。

（8）渠道通路

线上预订平台：通过在线预订平台接受住宿、餐饮和旅游活动的预订。

服务区展示牌：在服务区内设置展示牌，宣传和推广各种服务和活动。

服务区工作人员：通过服务区工作人员提供服务和建议。

（9）成本结构

设施和设备成本：包括建设和维护酒店、餐饮、旅游活动和零售设施的成本。

人力资源成本：包括员工工资和培训成本。

营销和推广成本：包括广告和宣传费用。

运营成本：包括能源、物流和设备维护等运营费用。

重要伙伴KP KeyPartnerships	关键业务KA KeyActivities	价值主张VP ValuePropositions
酒店和住宿提供商； 餐饮供应商；旅游 景点和活动提供商； 零售商；加油站和 维修服务提供商； 当地政府；环保组织	住宿管理； 餐饮服务； 旅游活动组织； 零售管理； 加油和维修服务	便利性； 多样性； 舒适性
客户关系CR CustomerRelationships	客户细分CS CustomerSegments	核心资源KR KeyResources
客户服务： 个性化体验； 反馈和改进	驾车旅客； 公共交通旅客	酒店和住宿设施；餐饮 设施；旅游活动资源； 零售店铺；加油和维修 设施；政策与财务支持
渠道通路CH Channels	成本结构CS CostStructure	收入来源RS RevenueStreams
线上预订平台； 服务区展示牌； 服务区工作人员	设施和设备成本； 人力资源成本； 营销和推广成本； 运营成本	住宿收入； 餐饮收入； 旅游活动收入； 零售收入； 加油和维修收入

图 8-4 "服务区＋商业"模式商业画布

3)"服务区＋旅游"模式建设理念

服务区作为高速公路系统人流、车流的聚集平台，是司乘人员下车的地方，蕴含着无限的可能性；服务区还是天然的优良的服务区平台，这都决定了"服务区＋旅游"必然是"公路＋旅游"的重要组成部分，决定了"服务区＋旅游"是"公路＋旅游"的最佳突破口和重要阵地。

积极推动"服务区＋旅游"有利于进一步优化服务区功能，提升服务区运营水平，提升服务能力；有利于服务区借助旅游因素，构建服务区的服务特色和产业特色；有利于整合、优化区域旅游资源，推进全域旅游发展；有利于提升服务区和区域旅游资源的品牌化影响力。所谓的"服务区＋"，最主要的就是要跳出服务区看服务区，要跳出交通看服务区。"服务区＋旅游"，从交通行业来讲，就是要用旅游业的思维方式，用旅游业的发展模式和发展理念，重新审视高速公路服务区，赋能传统服务区的各类资源。现阶段,要发展"服务区+旅游",首先要在服务区原有功能和服务的基础上,积极培育旅游服务区功能,用发展旅游的理念和思维,在服务区引入旅游要素,提升服务区的休闲功能。实际上,每个服务区的区位优势不同,所占有或所能调动的旅游资源也差别很大。在以旅游产业发展规律提升服务区功能和服务的过程中,一定要结合服务区自身条件,分类分级制定不同的策略,有重点地推进,以免造成资源浪费。

4)适宜发展"服务区+旅游"模式的服务区

结合调研以及文献资料的查阅结果,接下来对河北省适宜发展旅游的服务区进行简要的介绍。适宜发展旅游的服务区见表8-2。

(1)茅荆坝服务区

茅荆坝服务区位于河北省承德市G45大广高速西50m,所属地茅荆坝镇,隶属于河北省承德市隆化县,地处隆化县东北部,东与内蒙古宁城县四道沟乡相邻,东南与承德县磴上乡毗邻,南与七家镇为邻,西南、西与荒地乡相连,西北与围场县蓝旗卡伦乡相接,北与内蒙古美林镇相通,东北与内蒙古黑里河镇接壤。区内丰富的森林资源和水资源,对于维护区域生态平衡,为京津乃至整个华北地区阻挡和减少沙源,涵养和增加水源具有重大作用,是京津地区生态安全的重要绿色屏障,具有较高的保护价值和科学研究价值。

(2)磁县服务区

磁县服务区为四星级服务区,位于京珠高速公路(石安)K468处。磁县服务区经营项目有餐饮、超市、住宿、加油、汽修;占地面积90亩(60000m^2),停车场面积40000m^2,建筑面积6500m^2,其中餐厅面积800m^2,能同时满足300人就餐,超市面积140m^2,加油站面积500m^2,汽修厂面积400m^2,住宿客房10间,35个床位。交通运输便利,附近风景名胜丰富且拥有一个方特乐园。

(3)双峰寺服务区

双峰寺服务区地址位于大广高速公路北,所属地双峰寺镇,隶属于河北省承德市双桥区,地处双桥区东北部,东与承德县仓子乡相邻,南、西与狮子沟镇毗邻,北与承德县高寺台镇接壤。

(4)任丘服务区

任丘服务区位于大广高速公路京衡段K1427km处,成立于2010年12月24日,占地面积80亩(53333m^2),建筑面积9.7亩(6464m^2),绿化面积37.2亩(24800m^2),现有员工65人,是一个集餐饮、超市、加油、汽修于一体的综合性服务区。南距西演服务区37km,北距雄县停车区19km。

(5)清家沟服务区

清家沟服务区位于东吕高速邢汾段K73km处,五朝古都、十朝雄郡的邢台市西部。服务区于2015年12月建成并投入使用,分南、北两区,共占地超100亩(66667m^2),建筑面积6000m^2,设施更加先进,集餐饮、购物、住宿、加油、停车、汽修等功能于一体,是邢汾高速路上服务项目和设施最为齐全的服务区之一。服务区位于邢台市西部,是前往太行山脉旅游风景区必经之路,周边主要景点有:前南峪、抗大纪念馆、峡谷群、天河山风景区(又称爱情山)、紫金山风景区、七步沟风景区、九龙峡风景区、英谈古镇等、环境优美,风景迷人,是旅游、放松心情的最佳去处。

(6)太子城服务区

太子城服务区紧邻太子滑雪小镇、崇礼太子城小镇、张家口冬奥村等旅游度假地,并且周围历史古迹和风景名胜居多。适合将服务区和当地冰雪运动结合起来,打造一个具有旅游特色的开放式服务区。

(7)野三坡服务区

野三坡服务区所处地带有着非常丰富的旅游资源。服务区的正北方是号称三坡第一峰的白草畔景区,东面是拒马河景区,南面为百里峡景区,西南方紧邻佛洞塔景区,西北方是龙门天关景区。野三坡风景名胜区,地处北京西部、河北省西北部、保定市涞水县境内,位于中国北方两大山脉(太行山脉和燕山山脉)交汇处。太行从该处沿冀、晋、豫边界千里南下,峥峥燕山从这里顺京、津、冀一路东行。野三坡地处特殊的大地构造位置,雄踞紫荆关深断裂带北端之上,多起强烈的构造运动和岩浆活动造就了野三坡内容丰富、类型齐全、独具特色的地质遗迹。它是一部生动的地质教科书,又是一座天然的地质博物馆。

(8)北戴河服务区

北戴河服务区位于京沈高速公路254km处,秦皇岛市抚宁县榆关镇境内,北戴河服务区于1999年9月份开始运营,占地96亩(64000m²),建筑面积4942m²。经营面积2547m²,区内设餐厅、商品部、客房部、加油站、修理厂。北戴河区境内国家级风景名胜区有北戴河风景名胜区1个,国家级旅游景区有秦皇岛野生动物园等,风景点有老虎石海上公园、联峰山公园、集发农业生态观光园、奥林匹克大道公园、碧螺塔海上酒吧公园、怪楼奇园等,爱国主义教育基地2个。

表8-2 适宜发展旅游的服务区

服务区名称	茅荆坝服务区	双峰寺服务区	野三坡服务区	任丘服务区	磁县服务区	北戴河服务区	清家沟服务区	太子城服务区
当地资源	依托丰富的生态资源,在服务区内打造"绿色公园"开展生态旅游	依托当地磬锤峰国家森林公园	依托当地野三坡旅游景区,打造野三坡主题服务区	依托当地白洋淀旅游景区,打造白洋淀主题服务区	依托当地方特乐园,打造儿童乐主题服务区	适合打造成海洋主题旅游服务区	前南峪、抗大纪念馆、峡谷群、爱情山之称的天河山风景区	紧邻张家口冬奥村等旅游度假地,适合开展冰雪旅游
类型	生态旅游	生态旅游	主题旅游	主题旅游	主题旅游	主题旅游	开放式旅游	冰雪旅游

8.3.1.2 适宜"服务区＋商业"的高速服务区

1)"服务区＋商业"模式发展路径

改变服务区的传统观念,树立服务区的新观念、新理念,让河北省服务区由休息式服务区向休闲式服务区转变。引进特色商家,将服务区打造成消费广场。将服务区打造成商贸流动平台,让服务区不再是旅行的路过地,而是旅行的目的地。

这就要求燕赵驿行集团扩大总体规模和商业规模,增加商品种类,降低商品价格。逐渐完善购物区、餐饮区、娱乐区和休息区的建设,引进各种商家,不断丰富业态形成规模效应。拿休息区举例,管理者可以引入特色民宿,有条件的还可以打造温泉酒店。从投入、产出和目的三个阶段说明了"服务区＋商业综合体"模式的可持续发展路径,如图 8-5 所示。

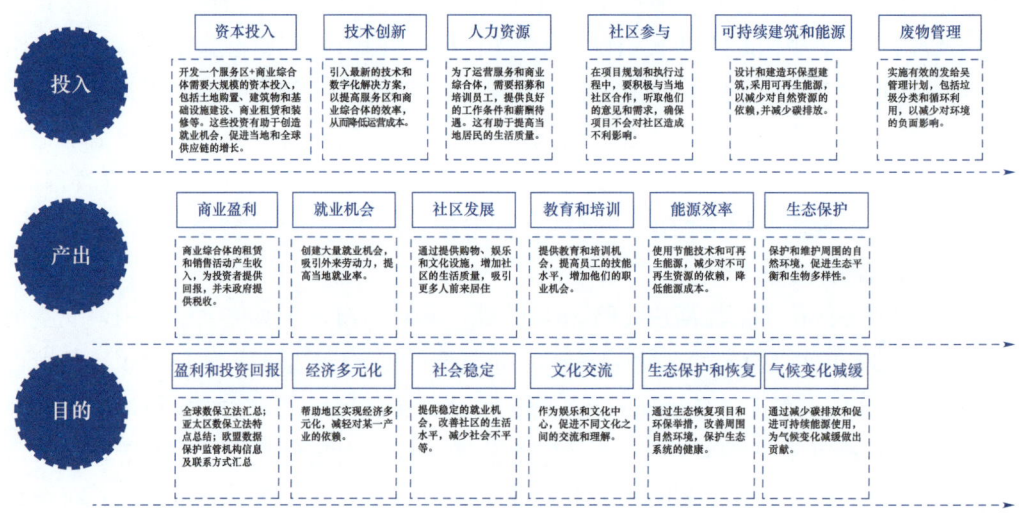

图 8-5 "服务区＋商业模式"发展路径图

2)"服务区＋商业"模式商业画布构建

由于不同路段车流量不同,各服务区应根据当地情况,对服务区的经营模式进行探索,加强对经营方式的研究,根据地区打造适合的经营模式。在服务区的经营过程中为顾客提供良好的餐饮、加油、休憩服务。与具有一流经营管理水平的公司对口合作,按照"一体化、品牌化、专业化、市场化"的方向,引进优秀服务区的先进经营管理经验,培养职业化经营团队,培育各种本土品牌,引进国际品牌和地方小吃,试点超市连锁经营,加强与中石油等国有企业合作,布设加气、充电等新能源设施,稳步增加服务区的消费吸引力。充分利用场地内的显示屏、广告牌、宣传栏,为司乘人员提供广告推送服务,收取广告费用,扩大经营模式,提高经济效益。要充分利用好服务区的空间和优惠政策,不断延伸服务区产业链,扩大服务范围,不断提升服务水平。接下来将从客户细分、价值主张、渠道通路、客户关系等 9 个方面服务区＋商业综合体模式商业画布,如图 8-6 所示。

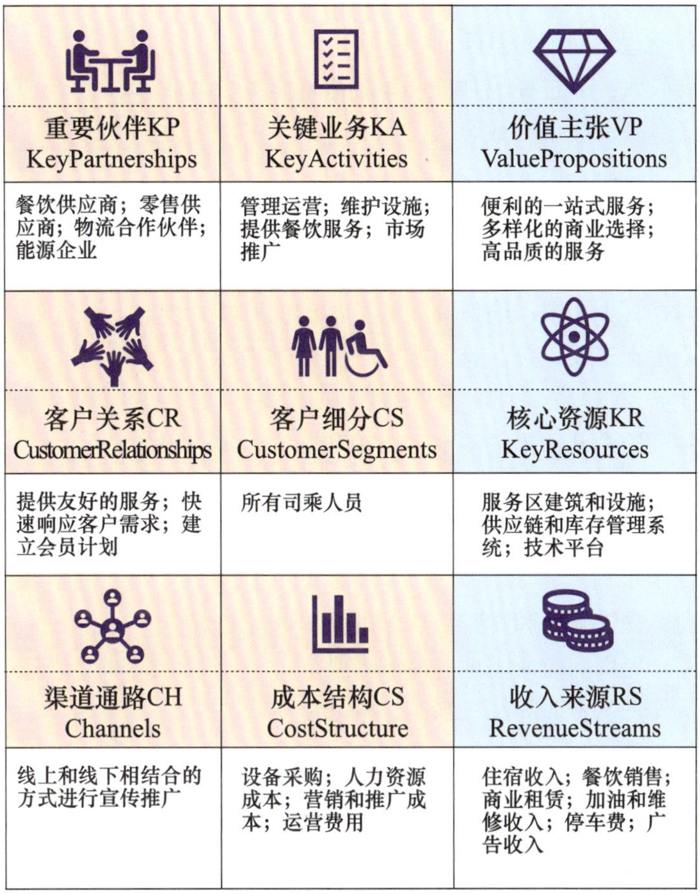

重要伙伴KP KeyPartnerships	关键业务KA KeyActivities	价值主张VP ValuePropositions
餐饮供应商；零售供应商；物流合作伙伴；能源企业	管理运营；维护设施；提供餐饮服务；市场推广	便利的一站式服务；多样化的商业选择；高品质的服务
客户关系CR CustomerRelationships	**客户细分CS** CustomerSegments	**核心资源KR** KeyResources
提供友好的服务；快速响应客户需求；建立会员计划	所有司乘人员	服务区建筑和设施；供应链和库存管理系统；技术平台
渠道通路CH Channels	**成本结构CS** CostStructure	**收入来源RS** RevenueStreams
线上和线下相结合的方式进行宣传推广	设备采购；人力资源成本；营销和推广成本；运营费用	住宿收入；餐饮销售；商业租赁；加油和维修收入；停车费；广告收入

图 8-6 "服务区＋商业"模式商业画布

（1）客户细分

驾车旅客：通过服务区的高速公路经过的驾车旅客。

公共交通旅客：通过服务区的公共交通工具经过的旅客。

（2）价值主张

便利的一站式服务：为旅客提供休息、用餐、购物和其他服务的便利。

多样化的商业选择：提供多种餐饮、零售和娱乐选项，以满足不同客户的需求。

高品质的服务：提供高质量的服务和产品，以提升客户的满意度和忠诚度。

（3）渠道通路

线下宣传：通过广告、标识等方式进行宣传和推广。

线上宣传：通过应用程序、网站等方式进行宣传和推广。

（4）客户关系

提供友好的服务、快速响应客户需求、建立会员计划等。

（5）收入来源

住宿收入：通过提供住宿服务获取收入。

餐饮销售：通过提供餐饮服务获取收入。
商业租赁：通过将商铺租赁给商家获得收入。
加油和维修收入：通过提供加油和车辆维修服务获取收入。
停车费：通过停车收费获取收入。
广告收入：通过出租服务区广告牌获得收入

（6）核心资源
服务区建筑和设施：包括休息室、餐厅、商店、停车场等。
供应链和库存管理系统：确保商品和产品的供应和管理。
技术平台：用于在线预订、支付和客户关系管理的技术系统。

（7）关键业务
管理运营和维护设施：提供清洁、维护和安全管理等服务。
提供餐饮服务：提供各种餐饮选择，包括快餐、餐厅和咖啡馆等。
市场推广：提供广告服务。

（8）重要合作
餐饮供应商：提供餐厅和咖啡店所需的食材和原材料。
零售供应商：提供商店所需的商品和产品。
物流合作伙伴：负责商品和产品的运输和配送。
能源企业：布设加气、充电等新能源设施，稳步增加服务区的消费吸引力。

（9）成本结构
设备采购：包括建设和维护酒店、餐饮、零售设施的成本。
人力资源成本：包括员工工资和培训成本。
营销和推广成本：包括广告和宣传费用。
运营费用：包括能源、物流和设备维护等费用。

3）"服务区＋商业"模式建设理念

多数服务区管理者从提升管理、出行基础设施等角度提升服务区服务体验做了较多研究，对通过创造商业价值来提升服务区出行体验的研究较为匮乏。可以从商业营销角度出发，以建立自我商业价值与结合外部商业价值为突破点，从商业化角度探究服务区如何转型升级改善旅客的出行体验，提高公众出行满意度，以满足社会公众对日益增长的美好出行生活的向往。

随着人们生活消费水平不断提升，出行游玩的旅客越来越多，特别是春节、五一、国庆这几个假期，高速公路上处处是拥堵、繁忙的车流。对于封闭运营的高速公路，出行人们的各种需求主要靠服务区来满足。以往人们对服务区的基本需求是停车、如厕、便利店等，但现在越来越多的人对服务区从简单的功能需求升级为有品质的消费服务。近年来，国内已有不少省市开始对高速公路服务区升级改造，并把城市商业综合体的概念引入高速公路服务区内，打造成涵盖交通、休闲、购物、服务等"服务区＋商业"模式的综合型服务区。将服务区内的供给扩容，既满足基本服务的需求，也引领了消费潮流，为经营企业创造更丰厚的经济收益，为社会配套商业开发创造有利条件。

4) 适宜发展"服务区+商业"模式的服务区

结合调研以及文献资料的查阅结果，接下来对河北省适宜发展商业的服务区进行简要的介绍，详见表8-3和表8-4。

（1）山海关服务区

山海关服务区位于G1京哈高速291km处，是东北进入华北的必经之地，距离北水关长城300m，距离山海关古城1km，距离长城文化博物馆1.3km，距离山海关火车站直接距离3.0km，是集餐饮、住宿、加油、商品零售、汽车修理为一体的高速公路服务区。

（2）衡水湖服务区

衡水湖服务区紧邻衡水湖，生态、自然就成为主题。服务区在餐厅设置了衡水湖地域沙盘，沙盘以衡水湖为中心，明确周边旅游景点和县城的位置及高速信息，将衡水湖服务区及周边旅游资源与服务区融为一体，让前来就餐的司乘人员对景区和服务区的位置一目了然。

（3）深州服务区

深州服务区位于大广高速K1532km处，南距衡水服务区40km，北距饶阳服务区12km；成立于2010年12月24日，占地面积114077.27m^2，建筑面积6781m^2，绿化面积14667.4m^2，现有员工60人，是一个集餐饮、超市、加油、汽修、充电桩、加气站于一体的综合性服务区。服务区进区车（人）流量情况：每日两区进区车流量平均达3600余辆，人流量达5200余人次；国家法定节假日两区进区车流量平均达8000余辆，人流量达18000余人次。

（4）沧州服务区

沧州服务区位于沧黄高速公路14km（桩号：K14+000）处，服务区为南北两区，共占地152亩（约101333m^2），建筑面积共7192.299m^2，营业面积共4658.704m^2，设备齐全、环境优雅，集加油、餐饮、购物、洗浴、住宿、修车为一体，内设加油站、餐厅、超市、汽修、汽配等服务系统。服务区进区车（人）流量情况：每日两区进区车流量平均达4000余辆，人流量达8000余人次；国家法定节假日两区进区车流量平均达8000余辆，人流量达12000余人次。

（5）沙河服务区

沙河服务区位于河北省邢台市。建于1998年11月，位于京珠高速408km处，沙河市中旺村东。沙河服务区占地面积41580m^2，建设面积8000m^2，绿化面积10000m^2，停车场面积16000m^2，有货车位88个，小车位78个。

（6）张家口服务区

张家口服务区位于河北张家口万全区丹拉高速附近，位处张承高速。张家口市地处河北省西北部，东靠河北省承德市，东南毗连北京市，南邻河北省保定市，西、西南与山西省接壤，北、西北与内蒙古自治区交界。张家口高速公路网发达，京新高速公路、京藏高速公路、首都环线高速公路、张石高速公路、京大高速公路、张承高速公路、绕城高速公路四通八达，交通极为方便。

(7) 滦州服务区

滦州服务区综合体改造项目位于滦州王店子镇孟店子村西京哈高速 175 km 处，是京秦、津唐两条高速公路汇合的第一个服务区，分为南、北两区。北区规划总用地面积 31000m^2，规划净用地 31000m^2，总地上建筑面积（计容）2812m^2，基底面积 2812m^2，建筑密度 9.07%，容积率 0.0907；机动车车位 98 辆，其中小型车停车位 48 辆，大型车停车位 50 辆。南区规划总用地面积 31000m^2，规划净用地 31000m^2，总地上建筑面积（计容）3897 m^2，其中利旧建筑面积 1648m^2，新建建筑面积 2249 m^2，基底面积 3600m^2，建筑密度 9.61%，容积率 0.1257；机动车车位 97 辆，其中小型车停车位 47 辆，大型车停车位 50 辆。

(8) 辛集服务区

辛集服务区地处河北省辛集市位伯镇，位于石家庄正东方向，骑跨于石黄高速公路 K252+100 处，距离辛集市区 4km，距离石家庄 54.7km，服务区东接京沪高速、大广高速，西接京港澳高速、青银高速。辛集服务区共分南北两区，占地面积约 207 亩（138000m^2），总建筑面积约 13971m^2。辛集拥有从制革到制衣、制鞋、皮具等为主要产品的较为完整的产业链条，实现了就地转化深加工，形成了皮革机械、皮革化工、毛领加工、皮革辅料等近十个配套行业，催生了原辅材料、毛皮交易、物流配送等专业市场，是世界最大的生态制革工业区和全国最大的皮革皮草生产基地和销售中心。

表 8-3　适宜发展商业的服务区（1）

服务区名称	山海关服务区	衡水湖服务区	深州服务区	沧州服务区	张家口服务区
当地资源	是东北进入华北的必经之地，客流量较大。	模式衡水湖服务区紧邻衡水湖景区，游客众多，当地风景极具特色	每日两区进区车流量平均达 3600 余辆，人流量达 5200 余人次；国家法定节假日两区进区车流量平均达 8000 余辆，人流量达 18000 余人次。客流量众多	每日两区进区车流量平均达 4000 余辆，人流量达 8000 余人次，国家法定节假日两区进区车流量平均达 8000 余辆，人流量达 12000 余人次，客流量众多	高速公路四通八达，交通极为方便，且背靠当地农产品原产地、客流量众多且背靠商品原产地。
类型	"生力店＋特色店"模式	"主力店＋特色店"模式	"租赁合作"模式	"租赁合作"模式	餐饮模式和商超模式

表 8-4 适宜发展商业的服务区（2）

服务区名称	滦州服务区	辛集服务区	沙河服务区
当地资源	客流量众多，适合发展餐饮模式的烘焙甜点、中式快餐等模式	紧邻世界最大的生态制革工业区和全国最大的皮革皮草生产基地和销售中背靠商品原产地，适合依托当地特色产品，开展商超模式。	背靠商品原产地，适合依托当地特色产品，开展商超模式
类型	烘焙甜点、中式快餐等模式	商超模式	商超模式

8.3.1.3 适宜"服务区＋文化"的高速服务区

1)"服务区＋文化"模式发展路径

党的二十大报告提出，用好红色资源，深入开展社会主义核心价值观宣传教育。这就要求我们要把红色资源利用好、把红色传统发扬好、把红色基因传承好。毗邻丰富红色资源的服务区如西柏坡服务区、邯郸服务区、狼牙山服务区、黄土岭服务区在为人们提供舒适休息场所的同时，也创造了展示当地红色文化的窗口。游客可以通过欣赏服务区内具有创意的红色文化景观，领略当地革命文化的特色。在设计上要将物质文明和精神追求高度结合，既能提高服务区环境设计质量，又能解决服务区特色不明显，千篇一律的现状。

基于地域文化的高速公路服务区品牌化构建，是以当地文化与地方资源为基础，推动服务区特色创新，让服务区拥有更为人性化、多层次的人文、审美与实用价值，满足人们对服务区高品质、多样化的服务需求，创造更加舒适的旅途环境。例如苏州阳澄湖服务区以"梦里水乡、诗画江南"为总体设计理念，室内，景观河道、江南古桥，再现水乡风情；户外，涵碧、荷风、木樨、修竹四座迷你园林，尽显江南韵味。阳江服务区围绕"海上丝绸之路"导入"海洋元素"，引入了海鲜市集特色餐饮、十八子文化馆、阳江特色的城市展厅，让旅客司乘不用到海边就可吃到海鲜，更好地体验阳江渔村和海鲜特色，打造粤西文化旅行新支点。梁金山服务区定位为"旅游、商贸特色"服务区，运用"村落肌理"的理念，打造"以现代诠释传统"，融合侨乡文化、创意时尚的新中式服务区。与地方文旅局开展"时光与爱、幸运常在"为主题的互动式展览，展出 180 多幅小林漫画作品，进一步促进交通文旅融合。美国 66 号公路上的每个服务区，都是 66 号公路所代表的西部气质与开拓精神的不同表达。

一方水土养一方人，不同的自然地理环境、气候条件、社会经济状况、种族与社会结构等长期以来孕育出了具有独特性的地域文化。通过提炼这些文化基因转化的视觉符号，承载了这个地区千百年传承下来的文化养分与艺术积淀，既具有独特的视觉记忆，也具有淳朴天然的美感。在此基础上，通过传统文化与现代设计的视觉同构，形成具有地域情怀的审美意象，创造出具有浓郁地域特色的服务区，不仅增加了服务区的独特性与魅力价值,丰富了高速公路视觉特征,也使人们获得了美的熏陶与享受。图 8-7 从投入、产出和目的三个阶段说明了"服务区+文化"模式的可持续发展路径。

图 8-7 "服务区+文化"模式发展路径图

2)"服务区+文化"模式商业画布构建

服务区是地方面向高速出行人群的窗口,它与地方有着密不可分的关系,其相互依托的关系决定了服务区文化品牌创建具有强烈的地域归属性。将地域文化融入服务区品牌设计中,既符合当地人的认知与共识,也为过往的旅人提供了新鲜的感观与新奇的知识。以文化场域、文化体验与文化产品等方式,把人们的心理需求与在地文化连接起来,既提升了服务区的文化内涵,也提升了产品与服务的新价值。同时,服务区巨大且持续的客流量也为地域文化的交流与传播创造了条件,为宣传地域特色搭建了平台,保持了地域文化的生命力与活力,提升了交通和地方形象。接下来将从客户细分、价值主张、渠道通路、客户关系等 9 个方面构建服务区+文化模式商业画布,如图 8-8 所示。

(1) 客户细分

高速公路用户:需要休息、用餐、加油的驾驶员和乘客。

文化爱好者:寻找文化体验和旅游的人群。

本地居民:周边地区的居民,可能会成为定期客户。

(2) 价值主张

便利性:提供便利的停车、用餐、加油、洗手间等服务。

文化体验:提供文化展示、艺术品展览、演出、文化活动等。

重要伙伴 KP KeyPartnerships	关键业务 KA KeyActivities	价值主张 VP ValuePropositions
地方政府；艺术家和表演者；餐饮供应商	提炼文化基因	便利的服务区；文化体验；本地特色
客户关系 CR CustomerRelationships	客户细分 CS CustomerSegments	核心资源 KR KeyResources
文化互动	高速公路用户；文化爱好者；本地居民	地理位置；文化展示；餐厅和设施
渠道通路 CH Channels	成本结构 CS CostStructure	收入来源 RS RevenueStreams
高速公路广告；网站和移动应用；社交媒体	运营成本；文化活动成本；员工薪酬	停车费用；餐厅和食品销售；文化活动门票

图 8-8 "服务区＋文化"模式商业画布

本地特色：展示当地文化、美食和手工艺品。

（3）渠道通路

高速公路广告：在高速公路上宣传服务区的特色和文化活动。

网站和移动应用：允许客户查找信息、预订服务和购买门票。

社交媒体：通过社交媒体平台推广文化活动和特别优惠。

（4）客户关系

文化互动：与文化爱好者建立互动，收集反馈并改进文化活动。

（5）收入来源

停车费用：收取停车费用。

餐厅和食品销售：通过餐厅、咖啡店和小吃摊销售食品。

文化活动门票：出售文化展示、演出和文化体验的门票。

（6）核心资源

地理位置：位于重要高速公路交汇处。

文化展示：艺术品、文物、演出场馆等。

餐厅和设施：提供各种餐饮和服务设施。

(7) 合作伙伴

地方政府：推广文化活动和提供基础设施。

艺术家和表演者：提供文化表演和展示。

餐饮供应商：提供美食和食品服务。

(8) 成本结构

运营成本：维护服务区的运营。

文化活动成本：策划、准备和运行文化活动的成本。

员工薪酬：雇佣员工提供服务。

(9) 关键业务

提炼文化基因，转化为视觉元素。

3) "服务区＋文化"模式建设理念

"服务区＋文化"建设理念的核心是创造以人为本、与自然和谐统一以及功能多元化的高速服务区。随着社会经济发展及生活水平的提高，人们对物质的需求逐渐转向对精神文明的需求。党的十九大提出了积极发展文化产业，激发文化活力，大力推动文化繁荣发展的要求。服务区作为高速公路的附属建设设施，也是高速公路的形象展示平台，为"服务区＋文化"建设模式提供了设施基础。通过结合服务区周边的历史、民族、人文、旅游等文化资源，打造成有多元文化特色的服务区，在提升服务区整体形象的同时，也宣传了地方特色文化，丰富了服务区的内涵，吸引出行旅客的驻足观光，也带动了服务区的整体消费。打造具有品质特色的文化型主题服务区，迎合新时代下服务区的创新与发展，对挖掘地方文化资源、推动地方文化发展及优良文化的传承起到了良好的促进作用。服务区的文化建设不仅为经济建设提供一定的方向指导和预测信息，而且也为经济建设发展提供强有力的规范和保证。高速公路服务区文化建设在不断探索新形势下的文化建设规律，它利用开放式窗口和平台优势进行交流，同时围绕高速公路服务区的经营、管理、服务等工作，对当地经济、政治、文化发展具有不可或缺的作用，形成了具有明显时代特征和高速公路服务区特色的行业文化。

4) 适宜发展"服务区＋文化"模式的服务区

结合调研以及文献资料的查阅结果，接下来对河北省适宜发展文化的服务区进行简要的介绍，详见表8-5。

表8-5 适宜发展文化的服务区

服务区名称	邯郸服务区	狼牙山服务区	黄土岭服务区	平山服务区
当地资源	周围有著名的一二九师司令部旧址，可以与之相结合，在服务区开展红色文化宣传。	大力宣传狼牙山五壮士英勇事迹，在服务区设立红色故事展览馆，吸引广大旅客前来学习。	此地发生过著名战役"黄土岭战役"，可以在服务区开展红色宣传。	平山服务区位于西柏坡高速公路，是通往中国共产党革命圣地西柏坡的一条高速公路。
类型	红色文化	红色文化	红色文化	红色文化

(1) 邯郸服务区

邯郸服务区位于京港澳高速公路石安段K438km处，南距磁县服务区23km，北距沙河服务区32km，是京港澳高速公路石安段——服务项目齐全、设施完善的仿汉代复古型建筑服务驿站；成立于2014年12月21日，占地面积300亩（200000㎡），建筑面积6800㎡，绿化面积80000㎡，现有员工75人，是一个集餐饮、超市、加油、汽修、新能源汽车充换电站、物流仓储于一体的综合性服务区。在我国抗日战争和解放战争中，邯郸是晋冀鲁豫解放区的中心。晋冀鲁豫《人民日报》《人民画报》在邯郸创刊，中央人民广播电台的前身华北新华广播电台在邯郸开播。在抗战中创建于邯郸的《新华日报（华北版、太行版）》影响深远，催生出了如火如荼的边区大众文化。现代最早的纪念性建筑——晋冀鲁豫烈士陵园和涉县的"一二九师司令部旧址"及"将军岭"名列为全国百个爱国主义教育示范基地。

(2) 狼牙山服务区

狼牙山服务区位于G18荣乌高速上，狼牙山位于河北省保定市易县，国家级森林公园，国家4A级旅游景区，河北省爱国主义教育基地，为易州十景之一，因其奇峰林立、峥嵘险峻，状若狼牙而得名，又因八路军五名勇士浴血抗击日寇舍身跳崖而出名。狼牙山旅游区现已被命名为省级爱国主义教育基地，每年前来接受爱国主义教育的党员、团员、军人、学生等络绎不绝。尤其是"七一"、"十一"期间，由当年老党员所作的专题报告更是吸引游客驻足倾听。由杨成武将军亲笔题写的狼牙山五勇士陈列馆，馆内设有图片、历史资料、抗战文物、战斗场景等四个展厅，再现了我抗日军民在党的领导下，抗击日寇、保家卫国的业绩和历史。

(3) 黄土岭服务区

黄土岭服务区位于河北省保定市涞源县银坊镇黄土岭村K965km处，此地发生过著名战役"黄土岭战斗"。为有效用好革命老区红色资源，中国老区建设促进会协调相关部门共同出资200多万元，丰富了作为国家级抗战纪念设施、遗址的参观内容，修缮了黄土岭战役纪念碑、纪念亭、击毙阿部规秀战场遗址和相关道路，增添了黄土岭战役展室、增加了击毙阿部规秀战场遗址小院等。

(4) 平山服务区

平山服务区位于西柏坡高速公路，是通往中国共产党革命圣地西柏坡的一条高速公路，同时亦是京昆高速石太北线与太行山高速公路的并行线路，京昆段与中国国家高速公路网相联。西柏坡为中国五大革命圣地之一，是全国重点文物保护单位、国家AAAAA级旅游景区，位于河北省石家庄市平山县内，属于温带季风气候。该服务区曾是中共中央所在地，党中央和毛主席在此指挥了震惊中外的辽沈、淮海、平津三大战役，召开了具有伟大历史意义的七届二中全会和全国土地会议，解放了全中国，故有"新中国从这里走来"、"中国命运定于此村"的美誉。

8.3.1.4 适宜"服务区+物流"的高速公路服务区

1)"服务区+物流"模式发展路径

物流业是集运输、仓储、货运代理和信息处理等为一体的新兴复合型服务产业,也是国民经济发展的基础性和先导性产业之一,大力发展物流业对于提高经济运行质量和效益、实现经济增长方式转变具有重要的促进作用。近年来,随着我国经济社会的快速发展,高速公路通车里程及交通流量的迅速增长,给物流业的发展带来了重要契机。物流中转站由于土地租金、建设面积等一系列问题,一般建设在城市的边缘,而服务区依附于交通方便的高速公路,且服务区附近无高密度建筑,较为空旷。可以将物流行业与服务区相结合,这无疑节省了物流时间且充分利用了土地资源。而对于服务区来说可以收取广告费、物流费和土地租金,这是一举两得的好办法。图 8-9 从投入、产出和目的三个阶段说明了"服务区+物流"模式的可持续发展路径。

图 8-9 "服务区+物流"模式发展路径图

2)"服务区+物流"模式商业画布构建

高速公路发展物流具有很大的潜力,而位于其沿线的服务区在其中起着重要的作用。因此服务区可与物流企业合作,实现优势互补,共同拓展物流领域的业务。服务区占地面积大,具有一定的堆存能力,且交通运输方便,应充分利用服务区土地资源,建立物流集散中心。服务区具有经济地理优势,其周边往往工业发达,因此可以建立物流产业园,同时利用高速公路管理信息系统,建立物流信息港,为物流信息系统提供数据交换平台。在客户关系方面,不仅可以为客户提供门到门的省内配送服务，还可以利用高速公路信息系统方便客户查询快递的信息，与客户建立长期黏性关系。成本结构包括管理费用和人才成本。服务区应建立统一的管理系统，提高管理能力，提供快速、高效、低成本的物流服务，形成高速公路物流品牌。收入来源主要是征地费用以及餐饮、加油站等品牌的招商引资。接下来将从客户细分、价值主张、渠道通路、客户关系等9个方面构建服务区＋物流模式商业画布，如图8-10所示。

重要伙伴 KP KeyPartnerships	关键业务 KA KeyActivities	价值主张 VP ValuePropositions
餐饮供应商；物流合作伙伴	运营服务区；管理物流网络	便利的服务区；高效的物流服务
客户关系 CR CustomerRelationships	客户细分 CS CustomerSegments	核心资源 KR KeyResources
长期黏性关系	长途旅行者；物流公司	服务区设施；物流网络
渠道通路 CH Channels	成本结构 CS CostStructure	收入来源 RS RevenueStreams
服务区网站和应用程序；物流平台	员工成本；设施成本；物流成本	服务区收入；物流服务费

图8-10 "服务区＋物流"模式商业画布

（1）客户细分

长途旅行者：需要休息、用餐和卫生设施的驾车旅客。

物流公司：需要便捷的停车和配送服务的货运公司。

（2）价值主张

便利的服务区：提供舒适的休息区、餐饮服务和卫生设施，满足长途旅行者的需求。

高效的物流服务：提供快速、可靠的停车和配送服务，满足物流公司的需求。

（3）渠道通路

服务区网站和应用程序：提供服务区信息、预订和支付功能。

物流平台：提供物流服务的在线平台，使物流公司可以预订停车和配送服务。

（4）客户关系

提供友好和专业的客户服务，解答顾客的问题和需求。

与物流公司建立长期合作关系，提供定制化的服务和解决方案。

（5）收入来源

服务区收入：通过餐饮销售、停车费和其他服务收费产生收入。

物流服务费：通过停车和配送服务的收费产生收入。

（6）核心资源

服务区设施：包括建筑、设备、员工和供应链。

物流网络：包括停车场、配送车辆和物流管理系统。

（7）关键业务

运营服务区：提供清洁、维护和安全管理等服务。

管理物流网络：处理停车和配送请求，确保及时和准确的服务。

（8）重要合作

餐饮供应商：提供食品和饮料供应。

物流合作伙伴：提供停车和配送服务。

（9）成本结构

员工成本：包括工资、培训和福利。

设施成本：包括租金、维护和设备采购。

物流成本：包括车辆维护、燃料和人员成本。

3）"服务区＋物流"模式建设理念

物流是以仓储为中心，对货物运输进行组织与调配，物流业的发展对促进地方经济增长具有重要作用。近年来，随着高速公路服务区规模与功能不断扩大与完善，服务区发展物流业有了显著的潜力和优势。首先服务区作为物流配送的中心，可以借助高速公路网发散开来，具备高效性与便捷性，满足物流发展的基本需求；其次可以借助服务区大面积的土地资源构建仓储、运输、信息集散中心，整合交通资源开展物流综合业务；再者，服务区内拥有食宿、超市、车辆维修、加油等基本功能，能为车辆及司乘人员提供良好的基础服务，同时物流站点也促进了服务区内的经济消费。最后，结合地方的政策资源及周边交通运输资源，打造"服务区＋物流"的建设模式，有目的性地在服务区发展物流产业，对于增进物流业与服务区的协调发展以及带动社会经济的发展，都具有长远的意义。

4）适宜发展"服务区＋物流"模式的服务区

结合调研以及文献资料的查阅结果，接下来对河北省适宜发展物流的服务区进行简要的介绍，详见表8-6。

8 燕赵驿行集团所辖服务区未来规划

表 8-6 适宜发展物流的服务区

服务区名称	香河服务区	石家庄东服务区	固安服务区	廊坊服务区
当地资源	香河服务区南区西侧存在 90 亩闲置土地可用于建设 2.3 万 m² 物流仓打造成京津冀关键节点的物流仓储中心。适合发展仓储业务。	石家庄东服务区周边存在大量的物流园区，包括河北瑞川物流园、河北墨霖物流园、河北博山智慧物流园、国达物流等。承接货运车辆方便，具备运输上的快捷性和方便性，途经和辐射的地区经济大多比较发达，有较大的物流市场需求。	当地周边存在大量商超，适合与当地自有商超形成"前店后仓"模式	由"采购端＋零售端（门店）"的传统产品供给模式，向"生产基地＋种植/养殖＋仓储分拣＋区域配送＋农村/社区超市"互联网平台化模式转变。
类型	仓储业务	仓储业务	前店后仓	互联网平台化

(1) 香河服务区

香河服务区南区西侧存在 90 亩（60000m²）闲置土地，可用于建设 23000m² 物流仓，打造成京津冀关键节点的物流仓储中心。服务区是北京通往北戴河、秦皇岛、清东陵等国家著名旅游区的必经之地，交通便利、区位显要，适合将服务区进行物流业发展。

(2) 石家庄东服务区

石家庄东服务区于 2014 年 12 月建成并投入使用，位于京港澳高速 AK277＋750km 处，分东、西两区，共占地 380 亩（约 253333m²），建筑面积 9685m²，是紧邻河北省省会石家庄的服务区，可为旅客提供餐饮、购物、加油、汽修等一系列服务，是京港澳路上服务项目和设施最为齐全的服务区之一。石家庄东服务区周边存在大量的物流园区，包括河北瑞川物流园、河北墨霖物流园、河北博山智慧物流园、国达物流园等，承接货运车辆方便，具备运输上的快捷性和方便性，途经和辐射的地区经济大多比较发达，有较大的物流市场需求。

(3) 固安服务区

固安服务区位于廊涿高速公路 26km 处，地处京畿要地，东行 3km 与大广高速接轨；西距 20km 与京港澳高速交汇；东西延伸分别与京台高速、京昆高速互通；客运交通极其便利。

(4) 廊坊服务区

廊坊服务区位于河北省廊涿高速公路 54km 处，服务区占地 270 亩（180000m²），建筑面积 9800m²，于 2009 年 12 月开始试营业，由于北区现由廊涿管理处所使用，服务区现只南区超市、餐厅投入使用，现有员工 22 人。廊坊地处京津两大都市之间、环渤海经济圈腹地，享有"京津走廊上的明珠"和"联京津之廊、环渤海之坊"等美誉。市区距天安门广场 40km，距天津中心区 60km，距首都和天津两大机场 70km，距天津新港 100km，境内 6 条铁路干线、8 条高速公路、25 条国家和省级公路纵横交错。廊沧高速纵贯廊坊中南部,京沪高速铁路以及北京新机场等,进一步使廊坊与京津无缝对接。

8.3.1.5 适宜"服务区＋农业"的高速服务区

1)"服务区＋农业"模式发展路径

为贯彻落实国家乡村振兴战略,选取车流人流量较大、土特产品集中、地方文化浓厚的地区开展服务区土特产品展销活动,重点发挥产品展销、地方展示、文化旅游宣传等综合作用,推深做实"服务区＋农业"模式,将发展服务区经济同乡村振兴有效衔接。通过与地方政府共同搭建农产品展销平台,在服务区多次开展名优农产品展销活动,展品有着鲜明的地方特色,多以无公害农副产品为主。在展销会上顾客能品尝到迁西板栗、石家庄的赞皇大枣、赵州雪花梨、藁城宫面、白洋淀松花蛋、涉县核桃、金丝小枣等。进一步拓宽扶贫农产品销售渠道,促进脱贫地区特色产业可持续发展。图8-11从投入、产出和目的三个阶段说明了"服务区＋农业"模式的可持续发展路径。

图8-11 "服务区＋农业"模式发展路径图

2)"服务区＋农业"模式商业画布构建

服务区＋农业模式可以在服务区搭建特色农产品展销平台,在符合行业管理要求的前提下,通过设置专馆、专柜、专区、展销中心等方式,为扶贫农产品生产经营主体展销产品提供场所及必要设施。在此基础上,进一步丰富拓展展销形式和功能,组织开展直播带货、电商服务等,推进线上线下销售渠道深度融合。依托客运场站服务区,结合区域文化、民俗和产品特点,组织策划形式多样的展示展销活动,集中宣传

8 燕赵驿行集团所辖服务区未来规划

推介扶贫农产品,进一步丰富扶贫农产品展示展销共同行动的内涵。有条件的客运场站服务区在重要节日,组织举办农产品展销会、推介会,推动批发市场、电商平台、大型超市等与脱贫地区建立稳定合作关系,推动构建扶贫农产品产销对接常态化机制。完善各地带贫新型经营主体目录和扶贫产品认定目录,建立客运场站服务区展示展销农产品目录。鼓励通过减免费用、设置绿色通道等方式,支持开展绿色、有机、地理标志农产品认证。对工作成效明显的客运场站服务区相关运营主体和归口管理部门,在有关考核评比、行业表彰宣传、典型选树等方面给予倾斜。对纳入客运场站服务区展示展销农产品产品目录的生产经营主体,在冷链仓储、品牌创建、质量检测、基地建设等方面加强工作指导和政策扶持。接下来将从客户细分、价值主张、渠道通路、客户关系等 9 个方面构建服务区＋农业模式商业画布,如图 8-12 所示。

(1) 客户细分

高速公路用户:需要休息、用餐和加油的长途驾驶者。

重要伙伴 KP KeyPartnerships	关键业务 KA KeyActivities	价值主张 VP ValuePropositions
农产品生产者;高速公路管理机构;周边社区组织	采购、储存和烹饪新鲜食材;维护和管理高速公路服务区;推广可持续农业和当地食品	提供新鲜、健康、当地产的食品;促进可持续农业;增加周边社区的经济活动,提供就业机会
客户关系 CR CustomerRelationships	客户细分 CS CustomerSegments	核心资源 KR KeyResources
长期黏性关系	高速公路用户;农产品生产者;周边社区	农产品供应链;厨房和餐饮设施;营销和推广
渠道通路 CH Channels	成本结构 CS CostStructure	收入来源 RS RevenueStreams
建立合作伙伴关系,从当地农产品生产者购买新鲜食材;设立农产品市场;在高速公路服务区内设立农场展示区,提供教育和互动体验	食品和农产品采购成本;人力成本;设施维护成本	食品销售;农产品销售;服务费

图 8-12 "服务区＋农业"模式商业画布

农产品生产者：寻找销售途径，提高产品可见性。

周边社区：寻找当地农产品和工作机会。

（2）价值主张

提供新鲜、健康、当地产的食品，满足高速公路用户的饮食需求。

促进可持续农业，帮助农产品生产者推广和销售其产品。

增加周边社区的经济活动，提供就业机会。

（3）渠道通路

建立合作伙伴关系，从当地农产品生产者购买新鲜食材。

设立农产品市场，销售新鲜农产品和农产品制品。

在高速公路服务区内设立农场展示区，提供教育和互动体验。

（4）客户关系

与高速公路用户建立良好关系，提供友好的服务和清洁的环境。

与农产品生产者建立长期伙伴关系，支持其农业活动。

与周边社区互动，参与社区活动，建立社区信任。

（5）收入来源

食品销售：通过餐饮服务和零售销售获得收入。

农产品销售：从农产品生产者购买并销售农产品。

服务费：提供汽车维修和其他附加服务，增加收入。

（6）核心资源

农产品供应链：确保新鲜农产品的稳定供应。

厨房和餐饮设施：提供食品和餐饮服务。

营销和推广：宣传和推广农产品和服务区的特色。

（7）关键业务

采购、储存和烹饪新鲜食材。

维护和管理高速公路服务区。

推广可持续农业和当地食品。

（8）重要合作

农产品生产者：提供新鲜农产品。

高速公路管理机构：在服务区内设立农场展示区。

周边社区组织：支持社区活动和项目。

（9）成本结构

食品和农产品采购成本。

人力成本：员工工资和培训成本。

设施维护成本。

3)"服务区＋农业"模式建设理念

2021年2月25日国家乡村振兴局正式挂牌，这不仅代表着我国全面打赢了脱贫攻坚战,同时也是乡村振兴战略全面实施的起点。随着县县通高速的加快实现,我国高速公路建设网络密度不断扩大,对周边地区经济发展的带动作用日益显现。作为高速公路网的配套基础设施,高速公路服务区紧邻乡村地区,土地资源丰富,是大量车辆和旅客的聚集地,也是发展物流业务的良好交通区位。交通运输部发布的《2018年全国公路服务区工作要点》,鼓励高速公路服务区积极探索开展物流服务;《2020年全国公路服务区工作要点》指出,在符合条件的服务区,应因地制宜,采取产品销售援助、针对性采购等多种扶贫方式,助力打赢脱贫攻坚战。农业农村部于2020年12月11日发布《关于开展客运场站服务区扶贫农产品展示展销共同行动的通知》,要求高速公路服务区举办扶贫农产品展销活动。因此,在乡村振兴战略的背景下,探究在高速公路服务区内开展农业业务创新的可行性,助力服务区拓展经营项目,在为服务区经营管理方提供新的经济增长点的同时,不断扩大社会服务价值,主动助力乡村振兴发展。

4) 适宜发展"服务区+农业"模式的服务区

结合调研以及文献资料的查阅结果,接下来对河北省适宜发展农业的服务区进行简要的介绍,详见表8-7。

表8-7 适宜发展农业的服务区

服务区名称	大名服务区	黄骅服务区	清河服务区	牛驼服务区
当地资源	当地小麦和香油产业发达,适合利用服务区发达的交通开展农产品配送	紧邻黄骅港口,当地海产品丰富,适合依托服务区开展配送及销售服务	清河被誉为"中国羊绒之都",是世界最大的羊绒及羊绒制品集散地。适合利用服务区进行配送服务。	服务区附近有生态园、农业基地以及农业科技公司等与农业相关的支柱产业,可以与服务区结合开展生态园体验服务
类型	农产品配送	配送和销售服务	配送服务	生态园体验服务

(1) 大名服务区

大名服务区位于河北邯郸大名县G45大广高速附近,大名县小麦日加工能力达到4.3万吨(县内加工能力6000吨),年产面粉1300余万吨;花生产业方面,播种面积35万亩,总产10万吨,年加工转化花生10万吨以上,年产值近10亿元;香油产业方面,全县拥有小磨香油专业村40多个,香油专业户7500多户,县内年生产小磨香油4.5万吨,占全国香油总量的四分之一,年产值达13.5亿元,利润1.6亿元。

(2) 黄骅服务区

石黄高速黄骅服务区位于石黄高速公路48km处,坐落于黄骅市前沙洼(黄骅市东南方15km处),与津汕高速相连,紧邻黄骅港口。黄骅市新希望六和、正邦二期建成投产,培育市级以上龙头企业6家,金汇水产、新好科技获评省级龙头企业;优质旱碱麦现代农业园区晋位市级精品园区,2100亩盐碱地水稻试验田实现丰收,天天食品、国润冬枣被认定为省级示范农业产业化联合体,"黄骅梭子蟹"荣获省农业品牌创新创意设计一等奖。

（3）清河服务区

清河服务区位于河北邢台清河县 G20 附近，清河县特色经济为羊绒制品，被誉为"中国羊绒之都"，是世界最大的羊绒及羊绒制品集散地，年经销总量占世界 40%、全国 60%，总产值逾 200 亿元。

（4）牛驼服务区

牛驼服务区坐落于河北省廊坊市固安县境内大广高速公路 1378km 处，北临首都北京，南接霸州，具有餐饮、超市、住宿、汽修、加油等功能，有大小停车位近 200 个，可同时容纳 400 位宾客就餐，有近 800 种商品供顾客选购。服务区附近有生态园、农业基地以及农业科技公司等与农业相关的支柱产业。

8.4.2 标准服务区

标准服务区位于国省主干线、交通流量较大、占地和建设规模相对较大的服务区，服务区整体营收水平较高（年收入达到服务区的平均水平），或能有效联动重要旅游景点、地方特色资源产业，能提供完善服务功能的服务区。在保证保障功能的基础上，充分挖掘服务区所在地的旅游、文化、特色饮食等，或引进国内外知名品牌入驻，着力打造服务区特色，辅以信息化智慧化计算手段，在"特"字上做足文章，打造区域知名度，将此类服务区打造成河北高速集团服务区的中坚力量。

标准服务区以服务乘员为重点、以需求为导向、以品牌为目标，重点支持、重点发展；标准服务区的节点重要度和服务区规模较重点服务区小，但服务交通量较大，仍然是承担重要汇聚作用的大型服务区。这一类服务区主要以满足车流量和人的生理需求为主，除了提供基本的停车休息功能外，兼顾人的部分心理需求。这一类服务区定位为以开展差别化经营为主，考虑不同层次需求者的出行需求的综合服务区。精品服务类服务区较基本服务类服务区，相关配套设施更加充裕，设施功能更加完善、优质，做到一区多亮点，处处有精品。

改善基础设施：确保服务区的基础设施完善，包括道路、停车场、洗手间、照明等。保持设施的良好维护和清洁，提升客人的使用体验。

升级公共服务功能：司机之家、司机休息室，智慧卫生间，智慧加油、充电指引，提供快充服务、充电车位数量不少于小客车停车位的 10%，剩余车位提示，园林小品等。

提升服务质量：培训员工，提高他们的专业素养和服务技能。员工应具备友好、专业的态度，能够提供准确、及时的信息和帮助。同时，提供快捷方便的支付方式和行车服务，提高客户满意度。

使用技术改进管理：采用先进的技术解决方案，如智能停车系统、人脸识别系统、客流分析软件等，提升服务区的管理效率和客户体验。

引入创新营销策略：通过社交媒体、手机应用、电子邮件等渠道进行推广和营销，并提供个性化的优惠和服务。利用数据分析和市场调研，了解客户需求并针对性地开展营销活动。在服务区内创造独特的体验，例如提供地方特色美食、手工艺品展销、文化展示等。这些特色体验能够吸引更多客人驻留和消费。

提升基础设施和服务水平：确保服务区设施和服务的质量和水平达到国际标准。投入资金改善服务区的道路、停车场、卫生间等基础设施，并提供高品质的餐饮、休息、娱乐等服务，以满足不同消费者的需求。

挖掘地方特色资源：充分利用服务区所在地的旅游景点、文化遗产、特色产业等资源，开展宣传推广活动，吸引更多游客前来体验。可以合作推出特色旅游线路、主题活动等，提供独特的旅游体验。

引进知名品牌入驻：与国内外知名品牌进行合作，引进其在服务区内设立门店，提供高品质的商品和服务。这不仅可以提升服务区的形象和知名度，还可以吸引更多顾客前来消费。

信息化智慧化建设：利用现代科技手段，将服务区打造成智慧化的交通枢纽。可以引入自助服务设备、无人售货机、移动支付等，提升服务效率和用户体验。同时，通过大数据分析和智能调度，优化服务区的运营管理。

增加特色饮食和文化体验：开设具有地方特色的餐饮店铺，推广当地的美食文化，为顾客提供独特的饮食体验。此外，可以开展文化演出、手工艺品展销等活动，让顾客感受到地方的文化魅力。

加强营销和宣传：通过有效的营销和宣传手段，提高服务区的知名度和美誉度。可以利用互联网、社交媒体等渠道进行线上宣传，同时在服务区内设置标识、海报等宣传物料，吸引更多潜在顾客。

建立合作联动机制：与周边的旅游景点、商业机构、地方政府等建立紧密的合作关系，共同推动服务区的发展。可以开展联合促销活动、共享资源、互换客流等合作形式，实现互利共赢。

8.4.3 保障服务区

保障服务区处于一般路段、交通量一般，能提供必需、必备服务功能的服务区。这类服务区以满足司乘人员保障性功能为主，首要任务是保证服务区房屋建筑、室外工程及设施设备的完好率，保证服务效率与服务满意度，同时根据服务区所在地资源禀赋，适当拓展服务功能，实现服务区可持续健康发展。保障服务区以服务乘员为核心，拓展服务手段与方法，创新管理与经营，以全面提升服务质量为目标。保障服务区含停车区。在保证目前停车休息基本功能的基础上，进一步提高服务效率，提高服务满意度。

设施和服务：干净整洁的卫生间、充足的停车位、24小时供应的清洁饮用水等。

此外，还可以提供其他基本需求的设施和服务，如婴儿换洗室、无障碍设施、充电设备、自动售货机等。

安全管理：加强服务区的安全管理，确保过往车辆和乘客的安全。这包括安装监控摄像头、加强巡逻和安保力量、设置紧急报警设备等。同时，提供紧急救援服务，如医疗急救设施和服务。

供应链管理：确保服务区内的物资供应畅通，如食品、饮料、燃油等。优化供应链管理，保持库存充足，提供多样化的选择，以满足不同消费者的需求。

价格合理化：根据市场需求和竞争情况，制定合理的价格策略。价格要公道，并提供明确的价格信息，以保证顾客的满意度和公平性。

清洁和维护：定期清洁和维护服务区内的设施、设备和周边环境。保持服务区的整洁和良好的卫生状况，提供舒适的使用环境。

人员培训：培训服务区员工提供专业、友好和高效的客户服务。员工应具备基本的服务技能和产品知识，能够及时回答顾客的问题并提供帮助。

环境保护：在运营过程中注重环境保护，如垃圾分类处理、节能减排措施等。通过减少环境污染和资源浪费，提升服务区的可持续发展能力。

客户反馈和改进：建立健全客户反馈机制，及时收集和回应顾客的意见和建议。根据反馈进行改进和优化，以不断提升服务质量和顾客满意度。

合作联动：与周边相关服务商和机构建立合作关系，共同提供更完善的基本保障服务。例如，与附近的医院、旅馆、餐饮等进行合作，提供一体化的服务解决方案。

由于保障服务区所处高速线路车流量很少，所以到访保障服务区的旅客就大大减少。但是服务区的设施如灯光、水、空调等则需要日常运营，这就会给服务区造成一比不小的支出。所以建议普通型服务区所采用的设施应尽量符合低能耗的要求，一方面可以积极响应国家低碳的要求，也可以尽量减少保障服务区的成本支出。通过查阅相关资料，列出几项可以减少服务区能耗的措施。

围护结构性能是否良好是决定建筑节能的重要因素，同时建筑外围护结构的传热性能将直接影响建筑采暖空调的能源消耗，因此选用节能围护结构材料是实现服务区建筑节能的必要手段：（1）尽量选用传热系数较小的材料作为外墙，从而减少在冬季取暖和夏季降温方面的能源消耗；（2）门窗框最好选用空心型材料，其内部可以形成封闭的空气层，保温性能较好；（3）选用合理的窗墙比，窗户在围护结构中的热损失中占有很大的比例，因此合理地控制窗墙比是减少热量损耗的必要手段，在设计时应遵循《公共建筑节能设计标准》的规定，建筑中每个朝向的窗墙面积比均不应大于0.70。

暖通系统也是影响能源消耗的一大因素。根据调查现有建筑的暖通系统节能措施，暖通空调系统中绿色节能技术主要采用多联式空调系统。多联机系统具有节能、舒适、运转平稳、利用电能，不污染空气等诸多优点，而且各房间可独立调节，能满足不同房间、不同空调负荷的需求。

照明系统应尽量选用节能的 led 灯光，对于部分公共场所的一般性照明，对显色性要求不高的场所，可采用 LED 作为光源；应急照明及疏散诱导照明灯具的光源完全可以使用 LED 光源。在夜晚尽量减少不必要的灯光，只需要亮起必要的指示灯光即可。

8.5 服务区前瞻性建设

随着我国经济发展水平的提高，人民群众已不再满足于服务区提供的基本保障功能，对出行体验、消费环境、消费方式提出了更高要求。全国各地服务区发展的样板工程引发社会热议并带来经营效益的显著提升也表明，人民群众在高速公路服务区存在消费潜力，落后的服务区供给能力限制了这部分的消费需求。随着广大人民群众走出国门，对标国际先进，更激发了人民对美好交通的向往，提高了服务区前瞻性建设的迫切性。

8.5.1 以新时期出行者为导向

近年来，随着人们收入的增加和消费水平的提高，旅游等弹性出行已成为排名第一的出行目的，达到 44.33%。数据显示，自驾出行因其私密性、安全性、自由性，成为七成用户的选择，20 岁至 40 岁的中青年是自驾出行的主力，其中 90% 以上是上班族，他们更青睐 300km、3 天的中短途出行，高速公路成为必选途径之一。由此可对新时期公路交通出行用户行为精准画像：紧凑型出行对能够提供"一站式"服务的目的地依赖性更高；中青年年龄结构对社交网络和新媒介的信息获取方式更重视；受大众文化影响，中青年的审美更趋向个性化、差异化；受文化产业市场快速发展影响，中青年的消费观念开始由物质消费向以精神文化为内在的符号消费拓展。

建立关于服务区相关信息的 APP 或者公众号。登录以后可以查看沿线的每个服务区提供的服务和特色产品。比如出行者想吃肯德基的话，通过这个 APP 或公众号可以查到最近的哪个服务区有肯德基。用户可以在 APP 或公众号上预订特色产品或餐饮服务，然后在服务区停车路过时直接取货，无需下车进店。

数据采集与整合：收集各个服务区的特色产品、餐饮信息，包括品牌、位置、服务内容、价格等，并整合到一个数据库中。地理定位功能：在 APP 或公众号中集成地理定位功能，让用户可以根据当前位置或路线查询附近或沿线服务区的信息。搜索与筛选功能：提供搜索和筛选功能，让用户可以根据自己的需求查找特定品牌、服务内容或类型的服务区，比如肯德基、星巴克等。在线预订与取货：提供在线预订和取货功能，用户可以在 APP 或公众号上预订特色产品或餐饮服务，然后在服务区停车路过时直接取货，无需下车进店。用户评价与推荐：提供用户评价和推荐功能，让用户可以分享自己的体验和推荐，帮助其他用户做出选择。信息更新与维护：确保服务区的信息及时更新和维护，保证用户获取的信息准确可靠。营销与推广：通过各种渠道进行 APP 或公众号的推广，增加用户量，同时可以与特色产品品牌合作进行营销活动。

通过这样的平台，用户可以轻松了解到沿线各个服务区提供的服务和特色产品，方便他们在旅途中选择并享受到各种餐饮和购物体验。因此，高速公路服务区的引流应从人的需求出发，打造集停车、洗车、加油、充电、如厕、娱乐、餐饮、社交、道路救援、人性化服务等路上、线上不同维度的"一站式"服务；深入挖掘融合腹地文化，在景观设计、动线规划、服务设施、对外宣传等方面营造有形和无形的主题特色概念和形象，通过展览展陈、文创产品、市集路演等具体手段，进一步引导和满足用户的物质消费和符号消费，从而实现服务区热度和出行者需求的相互成就。

8.5.2 着力科技数字赋能

我国高速公路服务区正处于以"智慧化"为主要特征的新发展阶段。这意味着高速公路服务区的建设将以全要素、全周期数字化为主线，智慧化将不断赋能服务区管理、用户服务、商业拓展等层面。可以说，大数据里藏着服务区的"流量密码"，如何使用这些数据则是关键的密匙。

可以通过大数据获取有关服务区的轨迹数据、定位数据、迁徙数据等，结合逻辑算法，可以开展不同时期内的出行活跃度变化趋势分析、相邻服务区相同评价指标交互分析等。灵活运用大数据可以为运营管理提供实时人流量、设备使用率、充电/加油费率、出行热度等；可以为出行提供前期的信息查询、推荐等，出行过程中的伴随、安全提醒或诱导分流等，后期的服务评价、驾驶行为分析等。通过大数据切实提高服务区从业者的管理效率，提升服务区使用者的体验感受。同时，大数据还可以用于服务区的后期服务评价和改进。通过分析用户的评价数据，了解用户的需求和满意度，从而有针对性地改进服务品质。例如，通过分析用户的评价关键词和情感倾向，发现服务区存在的问题并及时采取措施进行改进。

（1）数据的收集

燕赵驿行集团服务区现在只统计了车辆的入区交通量，但是具体有多少车进到服务区、有多少车消费、每辆车停留时间的长短、车辆是从哪儿来到哪儿去、车的型号等信息都没有记录。对于后期分析这些车的消费或者偏好就没有依据，所以应该在服务区设立数据收集的机制。通过灵活运用大数据，燕赵驿行集团服务区可以提高从业者的管理效率，例如优化人员调配和设备使用，提升服务质量；同时也能提升服务区使用者的体验感受，提供更加个性化的出行服务。服务区的数字化建设是现代化管理的重要组成部分，可以提高管理效率、优化资源配置，并为未来发展提供数据支持。

安装车辆识别系统：使用车牌识别技术，实现对进出车辆信息的自动采集和监控。建立车辆通行记录数据库：将进出车辆的信息记录在数据库中，并建立相应的查询和分析系统，方便管理和监控车辆通行情况。实时监控系统：通过视频监控和智能识别技术，实时监控服务区的进出车辆情况，确保安全和秩序。使用会员制度：建立会员系统，收集消费者的个人信息和消费习惯，为服务区提供精准的消费人群数据。数据分析工具：利用数据分析工具对消费人群数据进行挖掘和分析，发现消费趋势和偏好，为服务区提供决策参考。互联网技术：结合互联网技术和大数据分析，对消费人群进行行为跟踪和预测，实现个性化营销和服务定制。电子支付系统：在服务区内建立电子支付系统，记录每辆车的停留时间和消费金额。这样就能够获取车辆的停留时间和消费情况。电子支付系统：推广电子支付方式，实现消费数据的自动记录和统计，方便管理和监控消费金额情况。财务管理系统：建立完善的财务管理系统，对服务区的消费金额数据进行实时监控和分析，及时发现异常情况并采取措施。

综合利用现代化技术和管理手段，对服务区的进出车辆信息、消费人群和消费金额等数据进行获取和监控，有助于提升服务区的管理水平、提高运营效率，为服务区的可持续发展和智能化转型奠定基础。

（2）数据的分析

数据收集起来以后可以建立一个数据处理中心，通过对数据分析来挖掘它背后的商业潜力和商业特征，然后为整个服务区更好经营提供依据和指导。

确定数据处理中心的组织结构：确定数据处理中心的组织架构，包括人员配备、部门设置、职责分工等，确保数据处理工作有条不紊地进行。

建立数据管理流程：设计并建立完善的数据管理流程，包括数据采集、清洗、存储、分析和应用等环节，确保数据质量和安全。选择合适的数据分析工具：选择适合服务区数据分析的工具和软件，如数据挖掘工具、统计分析软件等，以便对数据进行深入分析。制定数据分析策略：根据服务区的经营需求和目标，制定数据分析的策略和方法，确定分析的重点和方向，以挖掘数据背后的商业潜力和特征。培训人员：对数据处理中心的工作人员进行培训，提升其数据分析和挖掘能力，确保他们能够熟练运用相关工具和技术进行数据处理和分析。建立数据报告机制：建立数据分析结果的报告机制，定期向管理层和决策者汇报数据分析成果和发现，为决策提供依据和指导。持续优化和改进：数据处理中心需要持续优化和改进数据分析和挖掘的方法，不断提升数据分析的水平和效果，为服务区的经营提供更有力的支持。

对收集到的数据进行分析可以帮助机构更好地理解市场和用户，优化决策和运营，降低风险和成本，提高效率和创新能力，从而实现可持续发展和竞争优势。

8.5.3 引进外部力量，实现优势互补

近几年来，随着河北高速事业的蓬勃开展，高速公路服务区在多元化开展过程中，力求把品牌建设与"转型创业"深度融合，对标新思路、找准新方向，砥砺前行，为河北高速又快又好开展尽自己的一份力量。现阶段对于高速公路服务区来说，多元化之路应力求创新、努力开发，使工程具有"自我造血"能力，在合法合规的前提下，探索多元化经营路径，寻求新的经济增长点。

（1）与经济开发区合作

河北省拥有众多的经济开发区，服务区作为交通枢纽和商业中心，其地理位置优势可以与经济开发区实现深度合作，切实发挥便利交通作用。服务区可以通过物流配送业务和经济开发区建立合作关系，为经济开发区提供货物、物流配送等服务，加快经济开发区的发展速度。通过服务区与经济开发区的物流配送合作，经济开发区的企业可以专注于核心业务，减少物流环节带来的成本和风险，加快产品流通速度，提高企业的竞争力和市场占有率。同时，服务区也能从中获得良好的运营收益和口碑效应，实现双方的互利共赢。

服务区可以为经济开发区的企业提供产品销售渠道，将经济开发区的产品销售到服务区的消费者中，拓宽市场份额。服务区可以通过建立销售专区或展示柜等形式，为经济开发区的企业提供产品展示和销售平台。服务区可以利用自身的品牌效应以及消费者的信任，增加经济开发区产品的曝光度和吸引力。同时，服务区可以提供专业的销售人员和售后服务，为消费者提供良好的购物体验和满意度，增加经济开发区产品的口碑和忠实度。

服务区可以与经济开发区合作，在产业上实现对接，引进相关产业和企业到服务区发展，打造经济聚集区。服务区可以为经济开发区引进相关产业和企业提供重要的支持。服务区的地理位置优势和交通网络，为企业的物流配送提供了便利，同时服务区自身的商业设施和服务设施也能为企业的发展提供良好的条件。经济开发区可以通过与服务区的合作，将自身的优质产业吸引到服务区，借助服务区的品牌影响力和消费者流量，加速企业的发展和产品的推广。

高速服务区与经济开发区的合作关系将为两者带来更多的机遇和发展空间。通过共同努力，可以打造一个具有较高影响力的经济聚集区，促进产业发展、投资引进和市场拓展，实现双方的共同繁荣和可持续发展。

（2）与旅游景区合作

服务区和当地的旅游景区联动。服务区招揽来消费者以后，他们对于旅游有不同层次的需求。比如去服务区所在地的旅游景点，当地的旅游部门直接就能和乘客进行对接，这样就可以省下最后一公里。在服务区就可以知道怎么去当地的景点，避免了被欺骗的风险，同时节省了消费者筛选的时间。

合作协议：服务区可以与当地旅游部门、景点、酒店等达成合作协议，建立合作关系，共同推广当地旅游资源。这可以包括联合推广活动、互惠互利的宣传推广等。信息共享：建立服务区与当地旅游部门的信息共享机制，包括交通、景点介绍、特色美食等信息，使游客能够在服务区获取到相关的当地旅游信息。定制服务：服务区可以根据游客的需求提供定制化的旅游服务，比如提供当地景点的导览、交通指引、特色体验等，帮助游客更好地了解当地的旅游资源。电子商务平台：建立服务区与当地旅游资源的电子商务平台，让游客可以在服务区就预订当地景点门票、住宿、交通等服务，实现一站式服务。客流分析：通过对服务区客流数据的分析，了解游客的偏好和需求，为当地旅游部门提供有针对性的合作建议和服务优化建议。活动合作：举办旅游主题的活动，邀请当地旅游部门参与，共同策划吸引游客的活动，增加服务区和当地旅游资源的曝光度。反馈机制：建立游客反馈机制，及时收集游客对当地旅游资源的体验和意见，向当地旅游部门反馈，促进服务质量的提升。

8.5.4 建设一批智慧服务区

近年来，随着我国经济社会的快速发展，社会公众对提升高速公路服务区服务质量的期盼更加迫切，对解决部分服务区在重大节假日期间车辆进出难、加油难、旅客如厕难、环境卫生差等问题的愿望更加强烈。因此，需要通过探析技术手段，完整、实时记录服务区内外环境情况，记录、分析进出车辆和人员信息，并通过信息发布、信息服务，提升服务区综合品质和服务质量。

智慧服务区作为智慧高速的重要应用场景，是高速公路重要的延伸产业，也是交通运输行业服务民众的重要"窗口"。相较于路面设施和收费站，服务区的修建可以更为个性化，可以更加灵活。智慧服务区通常以网络传输体系、技术与标准体系、运行保障体系为基础，以大数据处理中心和云服务平台为核心，通过视频监控、车流检测、人流检测、WiFi系统、发布系统、广播系统等方式，将采集到的车流、人流、监控等基础信息以及交通流量数据、交通事件等路况信息进行数据分析和深度学习，实现服务区管理、公众出行服务、商业拓展等业务的智能化。

服务区遵循"先进、实用、开放与共享"的设计原则，以"数据挖掘、智慧服务"为核心理念，以内置人工智能算法和智能互动技术的智能终端为载体，借助5G万物互联平台，以通用大数据平台的包括引擎库、算法库、工具库在内的基础能力为核心构建，以无处不在的云服务为环境，采用"平台＋分析应用"的形式，挖掘高速公路通行数据和服务区经营管理数据，辅助运营决策，以改善出行服务体验、提升管理效率、增加经营收入，最终构建一个品牌形象更佳、公众服务更优、运营成本更低、经营效益更高的智慧化服务区体系。在国家政策的大力支持以及社会需求、技术发展的推动下，各地智慧公路建设热情高涨，纷纷开展了大胆创新实践和探索，从建设成果来看，充分证明了智慧公路在提升交通安全、运输效率、通过能力、服务水平以及降低管养成本方面成效显著。根据中国智能交通协会公布的数据，2012—2020年，我国高速公路智能化市场规模从198亿元增长至600亿元，呈现不断上升的趋势，智慧公路正成为新的产业增值点。

8.5.5 先进性建议试点运营

（1）对侧服务区互通

对侧服务区互通是指在高速公路上设置两个相对应的服务区，通过道路连接使得驾驶员可以方便地在两个服务区之间来回穿梭。这种互通设计可以给过往的司机和乘客提供更多的选择和便利性。

对侧服务区互通可以节约驾驶员的时间和成本，驾驶员在走过高速路口时无需再绕行到下一个出口或服务区，直接通过连接道路即可到达对侧服务区，减少了额外的行驶距离和时间。两侧服务区的资源可以共享，这种设计理念可以有效地减少重复建设，提高资源利用效率。一侧的服务区专注于提供特定的服务，比如加油、洗车和临时停车等基础服务，而另一侧的服务区则提供更多的生活便利服务，比如餐饮、购物、休闲娱乐等。这样的设计不仅可以最大限度地发挥服务区资源的效益，还可以满足驾驶员不同的需求。对侧服务区互通可以使服务区工作人员更便捷地到达对侧服务区。工作人员上班时无需绕行，直接通过连接道路即可到达目的地，减少了他们的出行时间和成本。而且，连接道路的存在使救援车辆、工具车等紧急车辆能够快速到达对面服务区。在紧急情况下，这些车辆可以通过连接道路迅速赶往事发地点，提供及时的救援和支持，为驾驶员和乘客带来更高的安全保障。连接道路提供了一条新的疏导交通的路径，可以分流部分车辆，减少高速公路上的交通拥堵，对整体交通流量的管理和道路安全都有着积极的影响。

对侧服务区互通中，高速公路收费的问题是需要考虑的重要因素。服务区之间的连接道路应当安装车辆识别设备，如摄像头或电子标签识别系统。并且连接道路的车辆识别设备与收费站联网，将驶入的车辆进行计费。确保车辆信息能够实时传输至收费中心。这样一来，收费中心就能够根据车辆的进出情况进行计费。此外，两侧服务区之间的信息共享也至关重要。通过实时数据共享，驾驶员可以提前了解到达对侧服务区的情况，包括停车位情况、交通状况以及服务设施等，从而更好地安排行程，提高行车效率。

对侧服务区互通充分展示了服务区的便利性和高效性，体现了服务区对驾驶员和乘客的关心和关注。这将提升服务区的形象和声誉，增强驾驶员对服务区的好感度，促进服务区的发展和提升。

（2）加油站自营管理

服务区内大部分消费都来自加油站，所以实现加油站服务区自主化运营，可以为服务区带来较大的收益。自主化运营意味着服务区加油站可以自主制定价格政策和销售策略，在合理的范围内调整燃油价格或通过其他增值服务来提升利润空间。自营管理可以获得更多的收益和利润，而不是将一部分收益交给第三方运营商，提高加油站的盈利能力。

自营化管理可以树立加油站自身的品牌形象，提升消费者对加油站的认知和信任度，进而增加顾客忠诚度。自营化管理让加油站有机会设计和采用独特的标识和装饰风格，形成统一的视觉形象。通过精心设计的标识牌、标志性建筑、装饰元素等，增加加油站的辨识度，并传递出专业、可靠的形象。自营化管理使得加油站能够更加灵活地接受顾客反馈，并及时进行改进。加油站可以建立有效的投诉处理机制，积极倾听顾客的意见和建议，及时解决问题，不断提升服务质量和用户体验，增加顾客对加油站的信任和忠诚度。

自营管理可以更好地与服务区内其他设施进行整体规划和协调，提供更便捷、高效的服务组合，增加消费者满意度。加油站可以与服务区内的便利店合作，推出联合会员卡或优惠套餐，让顾客在加油的同时可以享受到购物的便利和优惠。比如，加油满一定金额即可获得便利店的购物优惠券，这样可以增加顾客在服务区内的停留时间和消费额。加油站还可以与服务区内的餐厅合作，推出加油送餐的优惠组合，为顾客提供一站式的用餐和加油服务。例如，加油满额可获得餐厅用餐券，或者在餐厅用餐时获得加油优惠券，从而增加顾客的消费黏性。

（3）建设服务区综合能源站

构建公路充电网，推动新能源与新交通融合发展。通过打造群管群控充电系统，集中调度管控公路上使用的电动汽车，满足离散性充电需求。通过搭建充电管理云平台，与高速自有平台实现互联互通，通过充电网智能运营，引导用户有序充电，实现充电基础设施和用户需求的匹配。面对新能源市场变革，公路充电网可以将充电站升级变、配、光、储、充、放、检综合能源站，将光伏发电系统、储能系统、充放电系统进行整合，还能够通过有序充电、聚合售电、移动+梯次储能、辅助服务、需求侧响应、碳交易等方式，进行能源经营，充分挖掘电力容量服务能力，降低源头购电成本，获得辅助服务、需求响应、峰谷差和绿电收益，实现一度电赚六次钱。贵州高速、黑龙江高速服务区均已落地光储充放综合能源示范站，实现新能源发电自发自用。

燕赵驿行集团服务区可以借鉴其他地区的经验，将充电站升级为综合能源站。通过整合光伏发电系统、储能系统、充放电系统等，实现能源的综合利用和管理。综合能源站可以参与能源经营，如聚合售电、辅助服务、需求侧响应等，提高能源利用效率和经济效益。

建立合作机制：与电力公司、充电设备供应商、车联网公司等建立合作机制，共同推动公路充电网的建设和运营。通过合作，可以更好地整合资源，降低建设和运营成本，提高充电服务的质量和覆盖范围。

搭建充电管理云平台：建立充电管理云平台，实现充电设备的集中调度和管控。通过云平台，可以监控充电设备的状态、电量、充电速度等信息，实现对充电过程的远程管理和控制，提高充电设备的利用率和运营效率。

推广智能充电服务：引入智能充电服务，在服务区内安装充电桩与车辆之间的通信设备，并提供充电预约、支付、导航等功能。通过智能充电服务，用户可以方便地找到离他们最近的可用充电桩，预约充电时间，并实时了解充电进度和费用，提升用户体验。

8.6 结论

我国高速公路建设经历了前所未有的高速发展，通车里程的不断增加，服务区作为高速公路配套服务设施的需求也快速增长。随着国内经济的快速发展和高速公路网络的形成，人们的车辆出行方式和消费观念有了较大的变化，对服务区功能形态和经营模式产生了重大影响。在此大背景下，高速公路服务区从规划到建设、运营各个阶段均应做出相应的调整，已建设投运的服务区对新需求的适应性问题则更为凸显。国内外对服务区的研究主要集中在设计和建设阶段，对服务区进入运营阶段的研究较少，由于服务区实际运营有别于传统高速公路以收费管理的方式，在服务区运营上缺少成体系的研究，各地对服务区运营模式的选择方式主要以实践经营为主，高速公路管理单位在选择运营模式时没有相应的指导依据支持，最终导致服务区经济效益低下，服务功能不能充分体现，阻碍了高速公路经济的发展。课题针对服务区在运营模式研究方面存在的问题，在大量实际调研的基础上，采用数据分析结合实例的方式，以燕赵驿行集团的 104 对服务区为例研究高速公路服务区运营模式选择策略。

①通过对服务区现状的分析，得出服务区缺乏一种合理的评价机制。对服务区的客流量进行预测并构建消费者潜力分析模型和服务区运营状态评价模型。通过对服务区的综合分析，将服务区分为保障服务区、标准服务区和重点服务区。

②通过对燕赵驿行集团发展的基本原则、任务和目标的总结，得出重点服务区应该发展"服务区＋"模式，并进行了旅游、物流、文化、商业、农业五个方向的案例分析和关键要素的总结；进行了示范服务区的研究。

③对燕赵驿行集团服务区管理方面进行了研究，基于 SWOT 对公司管理能力和发展战略的分析以及与国内先进省份的对比，分析出燕赵驿行集团的机遇和风险并提出了一些发展建议。

8.7 展望

本次研究重点对燕赵驿行所属服务区进行了大量研究，其中的一些结论可能存在一定的局限性。在以后的研究中，要从高速公路服务区整体出发，同时充分阅读其他文献，从而实现更科学的分析。

参考文献

[1] 程楠. 从中美运输规划的发展看运输规划的层次性[J]. 北京交通大学学报（社会科学版），2008（3）：48-51，64.

[2] 关欣. 美国交通部2000—2005年战略发展计划[J]. 全球科技经济瞭望，2001（6）：39-40.

[3] 王太. 高速公路服务区协调布局与运营管理模式研究[D]. 西安：长安大学，2012.

[4] CHATTERJEE S, MORSHED A K M M. Infrastructure provision and macroeconomic performance[J]. Journal of Economic Dynamics & Control，2011，35（8）：1288-1306.

[5] EECKE W V. Public goods：an ideal concept[J]. The Journal of Socio-Economics，1999，28（2）：139-156.

[6] SCHAN F T. Interactive selection model for supplier selection process：an analytical hierarchy process approach [J]. International Journal of Production Research，2003，41（15）：3549-3579.

[7] Kim, ByungHoe, Song, et al. Astudy on service quality management in the hybrid sector：focused on expressway service-area as infrastructure of tourism & leisure[J]. Journal of Tourism & Leisure Research，2015，27.

[8] WON J, JIN W. A development of the service evaluation criteria for the expressway service areas on the side of users[M] // The Clash of Culture and the Contact of Races：G. Routledge，2012：353-5.

[9] AL-KAISY A, KIRKEMO Z, VENEZIANO D, et al. Traffic use of rest areas on rural highways[J]. Transportation Research Record Journal of the Transportation Research Board，2011，2255（-1）：146-155.

[10] KOO C, HONG T, KIM J. A decision support system for determining the optimal size of a new expressway service area：Focused on the profitability[J]. Decision Support Systems，2014，67（C）：9-20.

[11] WAHAB M S A, RAMLI I, HASSAN S A, et al. Demand analysis of parking at machap northbound rest and service area[J]. Science and Engineering 2015，76（14）：9-21.

[12] NAKAGAWA N, KAWAMURA A, AMAGUCHI H. Environmental load reduction by introduction of super water-saving toilets at highway service areas in Japan[A]. Engineers Australia[C]. 2014.

[13] N Bosonetto Thesis (M. S.) in Civil Engineering—University of Maine，2000.

[14] KIM, TAE-HYEONG, BAE, et al. Analysis of factors affecting customer satisfaction of HACCP applied restaurant in highway service area[J]. Journal of Nutrition & Health，2017，50（3）：294.

[15] YOUNGPIL C, MOOYOUNG J. Satisfaction assessment of multi-objective schedules using neural fuzzy methodology[J]. International Journal of Production Research，2003，41（8）：1831-1849.

[16] MICHIMASA M, NAO S, MIO S, et al. A study on differentiation strategy in sale of goods and effective sales floor creation at highway service area / rest area：focusing on the experiment in sales Floor[J]. Research Reports，2010，51：69-81.

[17] BLOMQUIST D T, CARSON J L. Investigating the needs and expectations of rest area users：A critical step in long-range rest area planning[J]. Ite Journal，2002，72（7）：44-48.

[18] PERFATER M A. Operation and Motorist Usage of Interstate Rest Areas and Welcome Centers in Virginia [M]. Transportation Research Record，1989.

[19] 中华人民共和国交通部. 高速公路交通工程及沿线设施设计通用规范：JTG D80—2006[S]. 北京：人民交

通出版社，2006.

[20] 石东浩，周江．国内外高速公路服务区比较［J］．中外建筑，2013（7）：51-55.

[21] 李欠标．美国运输战略规划的特点及启示［J］．综合运输，2008（12）：63-66.

[22] 程楠．从中美运输规划的发展看运输规划的层次性［J］．北京交通大学学报（社会科学版），2008（3）：48-51，64.

[23] 曹豫涛．欧洲高速公路服务区设计要点分析［J］．公路交通科技（应用技术版），2011，7（1）：47-49.

[24] 王芝松．浅谈美国高速公路的建设与运营管理［J］．北方交通，2013（S2）：33-35.

[25] 孔佳伟，孙家驷．台湾高速公路服务区规划设计介绍［J］．重庆交通大学学报（自然科8学版），2011，30（6）：1366-1369.

[26] 颜飞，周国光．民营化的日本高速公路公司及其社会责任［J］．中外公路，2008（2）：231-234.

[27] 王勇，雷红尧，卢冬生．高速公路服务设施规划布局探讨［J］．交通科技，2009（1）：56-59.

[28] 付建广，周伟，王元庆．高速公路沿线服务区布局规划研究［J］．中国公路学报，2001（S1）：83-86.

[29] 孙瑜，程建川．高速公路服务区设计［J］．中外公路，2008（3）：205-208.

[30] 徐英俊，姜彩良，胡铁钧，等．高速公路服务区类型划分及功能配置研究［J］．交通世界（运输·车辆），2008（8）：119-120.

[31] 黄兵，何霞，杨自成，等．服务于区域社会经济发展的高速公路服务区选址布局研究［J］．公路，2014，59（4）：124-128.

[32] 杨向莲．基于功能需求的高速公路服务区规划设计新思路［J］．交通企业管理，2016，31（5）：43-46.

[33] 蒋贵川，易术，傅霆．网络化条件下高速公路服务设施设置布局研究［J］．公路，2009（2）：92-100.

[34] 杨楚屏．对高速公路服务区规划设计的探讨［J］．工程建设与设计，2004（3）：51-52.

[35] 段新，岑晏青，路敖青．公路交通投资与经济增长动态关系的实证研究［J］．公路，2012（3）：139-143.

[36] 王殊．面向用户的高速公路服务区综合评价研究［J］．公路交通科技，2016，33（2）：125-129.

[37] 赵献卫．我国高速公路服务区经营现状与营销管理策略研究［J］．科教文汇（上旬刊），2009（7）：211-212.

[38] 孙志忠，张晓燕．甘肃高速公路服务区经营战略的SWOT分析［J］．甘肃联合大学学报（社会科学版），2013，29（5）：49-53.

[39] 赵君莉，汤毅，王建伟．高速公路服务区系统服务水平综合评价方法［J］．长安大学学报（自然科学版），2008，28（6）：73-75，84.

[40] 郭跃东，汤毅．高速公路服务区适应性评价方法研究［J］．公路，2007（4）：106-110.

[41] 施益军，周姝天，陈伟．新常态下高速公路服务区经营管理模式探索：以福建贡川高速公路服务区为例［J］．综合运输，2017，39（11）：103-110.

[42] 吴远仁．我国高端服务业集聚形成机理与集聚效应研究［D］．厦门：华侨大学，2016.

[43] 冯美军，王红星．"服务区＋旅游"主要实现路径探究［A］．中国科学技术协会，交通运输部，中国工程院．2018世界交通运输大会论文集［C］．2018：2193-2198.

[44] 王秋影．浅析高速公路服务区成本控制的问题及对策［J］．财会学习，2018（25）：83，85.

[45] 张景涛，邢文杰．乡村振兴战略背景下高速公路服务区物流业务创新研究［J］．物流科技，2021，44（7）：33-36.

[46] 吴丽琳．福建：2025年战略性新兴产业增加值达1万亿元［N］．中国电子报，2021-11-16（003）．DOI：10.28065/n.cnki.ncdzb.2021.001425.

[47] 徐黎一．抓住新机遇　迎接新挑战［N］．连云港日报，2022-01-25（004）．DOI：10.28550/n.cnki.nlygb.2022.000134.

[48] 国务院关于印发"十四五"旅游业发展规划的通知［J］．中华人民共和国国务院公报，2022（5）：28-46.

[49] 王珂．推动冰雪旅游高质量发展［N］．人民日报，2022-03-17（015）．DOI：10.28655/n.cnki.nrmrb.2022.002696.

[50] 范亚曦．江苏高速服务区商业化转型升级初探［J］．现代商业，2022（23）：55-58.DOI：10.14097/j.cnki.5392/2022.23.042.

[51] 王达. 河北 GJ 高速公路投资管理有限公司发展战略研究 [D]. 河北经贸大学, 2021. DOI：10.27106/d. cnki. ghbju. 2021.000198.

[52] 傅志妍, 杨林, 陈坚. 面向转型升级的高速公路服务区定位研究 [J]. 交通企业管理, 2019, 34 (2)：28-31.

[53] 吴思凡, 李叶, 吴文凯. 新时代高速公路服务区的商业升级建设研究 [J]. 湖南交通科技, 2022, 48 (4)：108-110, 173.

[54] 马赛. 基于高速公路服务区智慧化管理的"司机之家"实践研究 [J]. 上海商业, 2022, 526 (12)：232-234.

[55] 王艺瑾. 融合地域特色的高速公路服务区设计策略研究 [J]. 中国建筑装饰装修, 2022, 250 (22)：91-93.

[56] 张燕. 高速公路服务区商业模式创新及发展策略研究 [J]. 江苏商论, 2022, 457 (11)：14-16, 26. DOI：10.13395/j. cnki. issn. 1009-0061. 2022.11.010.

[57] 兰良, 龙思颖. 高速公路智慧服务区系统研究与设计 [J]. 西部交通科技, 2022, 183 (10)：168-169, 208. DOI：10.13282/j. cnki. wccst. 2022.10.053.

[58] 谭国娟. 细论高速公路服务区经营管理模式改革创新与功能体系重组改进 [J]. 中国管理信息化, 2022, 25 (14)：199-201.

[59] 罗二娟, 刘文辉, 原国华, 等. 多源数据驱动的高速公路服务区运营状态评价 [J]. 科学技术与工程, 2022, 22 (14)：5914-5920.

[60] 杨向莲. 基于功能需求的高速公路服务区规划设计新思路 [J]. 交通企业管理, 2016, 31 (5)：43-46.

[61] 唐耀祥, 张艳秋. 结合消费行为分析的高速公路服务区功能定位研究 [J]. 公路交通技术, 2020, 36 (2)：145-152. DOI：10.13607/j. cnki. gljt. 2020.02.023.

[62] 苏清华, 汪晓红, 王建伟, 等. 基于使用者需求的高速公路服务区功能配置和规模研究 [J]. 公路交通科技（应用技术版）, 2016, 12 (8)：256-258.

[63] 胡晓红. 关于公众对高速公路服务区需求的探讨 [J]. 工程建设与设计, 2022, 488 (18)：63-65. DOI：10.13616/j. cnki. gcjsysj. 2022.09.220.

[64] 王艺瑾. 融合地域特色的高速公路服务区设计策略研究 [J]. 中国建筑装饰装修, 2022, 250 (22)：91-93.

[65] 刘丝丝, 米梦凡, 崔洪军, 等. 基于 DEA 方法的高速公路服务区运营质量评价 [J]. 河北工业大学学报, 2018, 47 (5)：69-74. DOI：10.14081/j. cnki. hgdxb. 2018.05.011.

[66] 张全胜. 高速公路服务区产业开发研究 [D]. 西安：长安大学, 2009.

[67] 张波. 高速公路服务区经营开发与功能布局 [D]. 西安：长安大学, 2007.

[68] 汪晋宇. 重庆高速公路服务区功能扩展及管理研究 [D]. 重庆：重庆交通大学, 2012.

[69] 吴沐暄. 关于我国高速公路服务区转型升级发展的思考 [J]. 改革与开放, 2017 (17)：28-30.

[70] 周昇助, 黄琛杰. 基于实证分析的高速公路服务区功能创新升级研究：对广西服务区发展的启示 [J]. 科技经济导刊, 2017 (16)：5-7.

[71] 李俊昇. 浅谈高速公路服务区服务功能拓展 [J]. 江西建材, 2009 (1)：136-137.

[72] 杨倩, 程俊博. 浅谈高速公路服务区管理模式 [J]. 经营管理者, 2016 (3)：1.

[73] 林嵩. 结构方程模型原理及 AMOS 应用 [M]. 武汉：华中师范大学出版社, 2008.

[74] 温忠麟, 叶宝娟. 中介效应分析方法和模型发展 [J]. 心理科学进展, 2014, 22 (5)：731-745.